本成果得到国家留学基金资助

〔日〕一之濑正树 著
邓习议 译

原因与理由的迷宫
—— 因由哲学

原因と理由の迷宫
「なぜならば」の哲学

· uncertainty

· cause

· call
response

· reason

· objective
subjective

上海三联书店

目 录

前　言

“为什么那样理解?”从中学时期开始我就这样想。在数学 i
课上，学习了有关“球”等立体。那时，老师说球与球是以
“点”相连接。并且同时还说，“点”既不是“面”也不是
“线”，既不是宽也不是长。呀，难道球与球是以“点”相连接，
而不是面?但是，所谓连接，难道不是有所接触?所谓接触，
难道不是有接触面?这么说，所谓以点相连接，难道不是实际
上并非连接，而是漂浮的?因此，难道不是无论球与球怎样接
近也并未真正相连接，而总是漂浮的?到了课间休息，我开始
为所想到的这类问题感到如坐针毡，就问老师:“老师，所谓球
与球以点相连接，难道不是球与球即使贴上也是漂浮的?因为
‘点’没有面积。”我想起老师那难以形容的神情。记得我似乎
是被告知“不用想得那么复杂。记住以点相连就行了”。我无法
同意。不惟无法同意以点相连接这一事态。对于这种不可思议 ii
的事情，任谁也无法毫不费力地说“理解了”。为什么那样
理解?

这种不同意、不认可和不理解的感觉，直到长大之后也还

深深地保留着。当然，并非特别想要那种状态。这种不理解的状态，虽说时常感到超现实的快感，可我并不喜欢。第一，若处于不理解状态，总觉得轻浮无着放心不下。要是有一种稳固的绝对可信的东西，以此为基础，就能脚踏实地地生活吧。不过，好像也能发现世间有能够自信地断言某事的人，具有坚定的人生观的人，对某一事物具有牢固信念的人，不懈地追求某一价值的人。那样的人多数得到人们的信赖，受到人们的尊敬（其中不乏走向危险方向的人）。但是，我做不到。在我的头脑中总会浮现一种冷淡的“是否真的那样”的疑问。这种倾向，如果只涉及自己一人的个人生活，那应该不会另外加害他人，更何况毋宁说这恰恰适于**学习**哲学。因为，所谓哲学，首先是以“提问”、“怀疑”为重要契机的学问。但是，世间、社会仅靠这点是不行的。这成为我教哲学的立场。教学必须传达规定的具有自信和确信的信息或实践方法。必须声明，我在大学讲哲学时总是注意自我辩解。因为，所谓教哲学，与其说是表示“提问”、“怀疑”，毋宁说是不能抱持自信和信心说话。哲学家
iii 康德曾经说过，“不能学习**哲学**，顶多只能学习**做哲学**”[1]（参照康德 2005 下，第 160 页），以我个人的感觉来说，甚至**做哲学**这种实践方法也无法学习。因为什么样的实践方法是好的，我对此并没有绝对的确信。呀，怎么回事！这哲学老师的话岂

[1] 参见康德《纯粹理性批判》，邓晓芒译，北京：人民出版社 2004 年版，第 633 页。

在本书中，作者注原书采用的是尾注，为便于阅读，中文版全部调整为脚注。译者注则标注“译者注”字样，以示区别。——译者注

不存在语义矛盾！

但是，如果进一步观察的话，也可以发现自信地断言什么、因而受到尊敬的人，他们并不认为自己自信的根据乃是绝对确定的东西。这是因为，他们有时也会丧失自信，犯错误或受损失。可是，他们并不气馁，而是一如既往地继续前进。绝对的自信和确信，并不意味着有绝对确定的根据，“根据”乃是不确定的某种态度的形式。这也许就是叫做“意志”、“勇气”的东西。不管怎样说，实际上问题在于，如何对待不确定性的根据？想到这里，不由得感觉通往哲学讨论的教室之地面，多少有点变得坚固了。

“不确定的根据”，是这本书的主题。这里，“根据”是通过“原因”和“理由”这两个概念来分析的。当被问及“根据”的时候，我们回答“因由是如此这般”。这个作为“如此这般”的回答而出现的就是“原因”或“理由”。无论如何，在事物的本性上，“原因”或“理由”是不确定的，聚焦于这一迷宫，主要以现代哲学所论述的主题为素材，并且沿着我自己亦持续地细加思考的方向，试着碎步快走地推进讨论。如前所述，这可以说是一种从我自身的实际感受出发，给自己以勇气的作业。 iv

先讲一下全书的概貌。首先在序章中，指出“原因与理由的迷宫”这一问题设定的意义乃是“不确定性的认识论”。接着在前半部分的第一章和第二章中，主题性地论述对构成不确定性之内容的“概率”和“模糊性”。然后，在后半部分，探讨前半部分谈到的“原因”和“理由”这两种形式，即提及过去式和包含未来式的各自应用。首先在第三章，在“历史认识”的主题下讨论过去式的“原因”和“理由”的问题。其次在第四章，从“假说的确证”的场面探讨未来式的“原因”和“理由”的情形。正如从这一线索也能理解的那样，本书在聚焦于“不确定性”的同时，过去和未来的“时态”构成讨论的基轴。几年前，我同劲草书房出版了《原因与结果的迷宫》一书。按照计划，那是我的因果性研究三部曲之第一部。本书是第二部（虽然不确定是否真正为第二部）。因此，很多内容都是接续《原因与结果的迷宫》。此为继承重视“时态”的方针之一。希望读者配合前书进行阅读。当然，我认为本书亦有作为本书的独立性，即使单独阅读也能充分理解。至少，我是一边假定与眼前的读者互相召唤、应答，即一边强烈地想要得到理解，一边执笔。因此，用“你”来称呼诸位读者。

文献的引用，依照书末的参考文献，将作者、出版年份、
v 页码置于正文的括号内。另外，前一作品《原因与结果的迷宫》，标记为《迷宫 1》。

那么，就让我们进入“原因”和“理由”的迷宫吧。

序章　不确定性的认识论　call and response

1. 原因抑或理由

据说社会上对日语的关心正在高涨。确实，日语有些难以 1
辨识的词语，而这无疑引发人们的兴趣。当突然被问到“おざなり”和“なおざり”[1]的区别时，即使是大学文学部教师，不，正因为连文学部教师也常常会弄错，也觉得不好意思，感到很狼狈（“我自己是哲学专业，不是日语专业”之类的辩解太丢人了）。像日语的“おざなり”和“なおざり”这种词语虽然有明确的区别（不懂的人请自己查阅），却并非由于没有深入思考所以很难识别，而是本质上难以区别，因此经常交换使用这类词语。再比如，“首相”和“总理”，或者“认错”（謝る）和“道歉”（詫びる）等等也是如此。这些几乎都是同义词。那么，“原因”和“理由”的情形呢？这两个词到底有没有像“おざな

---

[1] おざなり，意为“应景”、“捧场”、“敷衍”、“走过场”、“应付”、“虚应故事”。なおざり，意为“马虎”、“忽视”、“玩忽”、“等闲”。——译者注

2 り”和“なおざり”这种明确的区别？抑或像“首相”和“总理”那样几乎是同义词？

我之所以这样提出问题，是因为发觉“原因”和“理由”既有很多同义地使用的情况，也有很多非同义地使用的情况。假设因为下大雪，高速公路非常拥堵。这个时候，对于我们通常讲日语的人来说，在“堵车的原因是大雪”和“堵车的理由是大雪”这两种叙述方式之间，不会认为有很大差异。对于“劳资谈判决裂的原因”和“劳资谈判决裂的理由”等情况，可以说仍旧没什么不同。实际上，在各种各样的新闻机构发布的信息中，“原因”和“理由”在可交换的场合上也大致同义地被使用。比如，在网上搜索《朝日新闻》的网站，发现在 2005 年 10 月 25 日“富山版”中，报道了黑熊出没而受害减少的情况。开头是“关于其理由及今后的课题”，接着写有“至于减少的原因，县自然保护科推测是‘因为山上树木的果实比去年好，没有造成食物不足，受害程度低于往年’”（http：//mytown. asahi. oom/toyama/news. php? k _ id = 17000178888880437）。这里，显然“原因”和“理由”大体上被同义地使用。

但是，另一方面，也有很多“原因”和“理由”明显相距甚远的语境。对于小学特定孩子中经常恶作剧的少年，老师若是问“说说做坏事的理由”，那是有意义的；不过，若是问“说
3 说做坏事的原因”，作为日语来说那是妥妥的不合适。相反，对于突然因痉挛而跌倒的人，倘若询问“原因是什么”，那是可以理解的，倘若询问“理由是什么”，则是听起来怪怪的。在这种场合询问“理由”，听起来好像是预料其**故意**倒下一样。报纸上

也有很多区分地使用“原因”和“理由”的例子。以《朝日新闻》为例，2005 年 4 月 20 日的报纸登载了关于电脑引起眼睛不适的健康咨询的报道。在那里，描述了使用电脑工作的人的眼睛疲劳“有时是由于对适宜劳作的工作环境条件理解不足等理由而形成的社会问题”。接着还提到干眼症，描述了干眼症“具有伴随衰老而来的除了种种自然变化之外的诸多原因”（http：//www. asahi. com/health/soudan/jhealth/TKY200504200196. html）。这里，可以看出干眼症的“原因”是衰老和自然变化，眼睛疲劳成为社会问题的“理由”则是理解不足，大致进行了“原因”是自然现象，“理由”是人为现象的这种区分。

但是，也许你会想“那有什么问题吗”？词语各有微妙的语感，根据语境和条件的不同，其意义相近或不同地使用，这是理所当然的。“喧闹”（騒がしい）和“吵闹”（うるさい）不也是或相同地使用，或不同地使用？但是，对于吃了哲学之禁果的人而言，“原因”（cause）和“理由”（reason）的对比极为重要。这甚至决定了思考问题的根本，是根源性的。之所以这样说，是因为“原因”和“理由”之对比，与推论、认识和行为这类哲学的几乎所有主题的根本有着本质的联系。从最近的语境来说，在“行为的说明”这一问题域中这种对比明显被主题化。美国哲学 4
家戴维森通过论述人类行为应该由“原因”来说明、抑或应该由“理由”来说明这个问题，提出了“行为的理由是行为的原因”这一独特的因果说而为人所知。在那里，他把合理化行为的“理由”区分为“赞成的态度”（pro attitude）和“相信的事情”（believing），将“赞成的态度”具体表述为“愿望、需求、冲动、各种道德观点和审美标准”等（Davidson 1980，3－4）。与此相对，“原因”则根据状态、个性、事件等模式来加以把握（Davidson 1980，11ff）。正如这里所看到的那样，哲学家基本上采取首先区别“原因”和“理由”，再在此基础上论述两者的关系性这一模式。这种情况，并非现代才开始的。19世纪德国哲学家叔本华在其早期著作《充足理由律的四重根》中，就阐述了明确区分认识、逻辑的“理由”原理和自然现象的“因果”原理的重要性，批判将两者混为一谈的亚里士多德、笛卡尔和斯宾诺莎等等（See Schopenhauer 1977）。只是，就像被与叔本华的说法相反的说法暗示了那样，毋宁说直到近世前期也还有混淆“原因”和“理由”的情况（参照村上 2005，181－199）。附带说一下，我个人认为，若以如何把握“原因”和“理由”的对比为基准来叙述哲学史，那么思考的倾向就可以明确地浮现出来。至
5 少，要比理性论、经验论和德国唯心论之类的叙述更富有内容。

2.“因由”句的响应

本书是我的因果性研究三部曲的第二部，是以探究这种错综复杂地构成一种迷宫的“原因”和“理由”的关系为主题。这里，我想首先以日常语感以及现在接触的一些哲学史知识为当前线索，从以下三点大致整理“原因”和“理由”之对比。

（1）“原因”是包含**时间**推移的概念，“理由”则是**非时间的概念**。因此，“原因”适用于因痉挛而倒下这类随着

时间推移的事件；而若是询问朋友做坏事的根据，则是想要了解做坏事的合法化逻辑，那种逻辑在某时某某欲对某某做坏事的意义上独立于时间，所以适用于“理由”概念。

（2）“原因”适用于**自然事件**，“理由”适用于**意义内容**。意义内容是人为、语言的东西，因此它包含意义本身之外的认识、信念、意向和需求等内容。这种对比，大致对应“因果性”（causality）和“意向性”（intentionality）这类哲学的基本对比（参照《迷宫 1》序章）。不管怎么说，根据这种对比，眼睛疲劳成为社会问题的“理由”是出于对劳动环境的“理解不足”这一认识、信念的内容所作的区分。 6

（3）在原理上，原因是**外延的**（extensional），理由是**内涵的**（intensional）。这一点是来自（2）的归结。即，如果“原因”指代事件，那么在指代事件的这种表达的事态下无论以哪种表达来描述它都是一样。因此，指代相同对象的表达（外延相等的表达）可以互换。与此相对，“理由”在本质上是依赖于语言的，即使事件相同，也意味着根据表达（内涵）的不同而有所差异。

但是，从这种粗略对比可以马上看出，以上三点说到底是大致的，并非严格的。实际上，以上三个观点所划的边界，至少为日常生活所简单超越，乃至反转。虽说“原因”是时间的，但是使用“原因”概念的自然规律可以理解为无时间的；虽说“理由”是无时间的，但是当从“具有理由”到“陈述理由”而把它捉到时，它又可以转变成时间的。另外，如果考虑到自然事件中出现的“原因”实际上仍旧只能用语言来描述，具有意义的内容也只有通过叙述“理由”才能够发现它，那么这实际上可以说仍是事件。这样一来，“原因”的外延性与“理由”的内涵性之间的边界就直接产生波动。从这一点看，可以知道我们以大致相同的方法使用“原因”和“理由”有其充分的合法性。虽然“原因”和“理由”具有不同根基，但是可以相互混
7 合、反转，形成我们理解世界的框架。因此，我们不打算讨论“原因”和“理由”有何不同的问题。只想通过“原因”和“理由”这一形式的区别，着眼其相互反转、相互区别的波动情况。（这样，在并不认为两者绝对不相容这一点上，或许可以说我是立足于近世前期以前的传统。）

实际上，“原因”和“理由”有很强的共性。其用于“为何”（なぜ）、“如何”（どうして）这类问题的“因由”（なぜならば）句（以及事实上与此相应的句子）的用法是相同的。“因由”之疑问，承载着人类知识的扩大、人类的相互交流，是我们知识活动中的基本指针。与之相应的基本形是“因由”句，由于“原因”和“理由”也伴随句子而出现，由此可知这两个概念有着怎样的根源。从对应“原因”的英语“because”也可以直接看到同样情况。正如许多辞书所写的那样，“because”源自“by cause”（因故），意为“for the reason that”（由于如此这般的原因）（E. g. see Compact Oxford English Dictionary，2000，84）。因此我认为，要想了解这类情况，只要探讨“原因”和“理由”的对比性存在方式，聚焦于“因由”句就可以了。只不过，需要稍微说明以怎样的形式进行聚焦。

我是从实际发话时使用“为什么”和“因由”的场合来把握其基本型。基于此，我想将除此之外的仅存于自己头脑中的自我问答的情况，也理解为使用母语词语发话的状态。不管是 8
读书，通过媒体获取某种信息的情况，还是理解其信息内容的情况，都是旨在通过“为什么”和“因由”的自我问答来加以把握。即，总的来说，不管是推论还是认识抑或行为，我把诸如此类对某事的理解这种理智行为，理解为借助“为什么”和“因由”这种发话而进行的“原因”和“理由”的理解实践。由于没有借助逻辑、认识或行为等“因由”句的发话来表示“知道”这一认知行为的总体活动的通行用语，以下我将其表述为“理解实践”。不管怎么说，上述构想，与我此前展开的“音乐化认识论”的想法是联动的（参照一之濑 1999。设想源自奥古斯丁的《论音乐》）。如果将关于某事的理智理解把捉为理解实践，并且把捉为发话，那么所谓理智的理解实践就是作为“声音”，因此（不管是否美）必须承认当中有节奏·旋律·和声这种音乐结构[1]。所谓理解实践是音乐，并非比喻，而是有其名副其实的含义。但是，大概谁都听过以低音、绝妙的间隔来讲演的名课，这种深刻入脑的事情或可成为突出的例子。我认为，所谓知识和理解原本就与“音”和“声”有关。虽有将灵魂注入词语这种说法，但是若考虑到所谓灵魂就是“spirit”，“spirit”原本是“呼气”的意思，其肯定与“音”相纠缠。不管

---

[1] 其原理的阐述，可参阅阮籍的《乐论》、嵇康的《声无哀乐论》。——译者注

怎么说，在本书中，我想把“原因”和“理由”的问题作为“因由”句的声音问题加以探讨，并以此为基本立场。“因由”
9 句的响应，是应予探讨的对象。

3.“召唤与应答”

从以上立场来看，成为“原因”和“理由”这一理智的理解实践之现场的“为什么”和“因由”的应答，来自非洲音乐，今天为黑人灵歌（gospel）、布鲁士（blues）和爵士乐（jazz）等所继承，可看作不过是“召唤与应答”（call and response）之形式。这种形式，可见于西洋音乐的“唱和”及“对位法”的方法，根据听者的不同，该方法亦可听作“召唤与应答”。这种“召唤与应答”，基本上“通常为不同音乐家所演奏的两个个别短乐句之间的联系，其中第二个短乐句可听作对第一短乐句的直接解说或应答。这是与人类交流的召唤与应答模式相对应的”，在作为发祥地的非洲西部，“与基于声音和乐器的音乐表现一样，与市民相关的问题、宗教仪式之类的正式集会等，也有民主参与的模式”[1]（Call and response 2005）。我想将其进一步普遍化，而把捉为人类的理解实践的一般模型。

---

［1］ 根据樱井雅人的研究，“黑人灵歌”实际上带有模仿欧洲音乐的想法。比如，乔治·布丁·杰克逊主张“呼唤与应答、反复和切分音（syncopation）应该都与非洲无关，它由露天舞会上白人的歌唱发展而来，是黑人特别强调的东西”（樱井 1993，328）。这种想法所显露的，倒不如说“call and response”这种表现形式从一开始就具有极为普遍的性质，因此好像暗示着人类文化存在的普遍情况。

若是遵循这种模型，将带来“原因”和“理由”之对比的
一些不同外观。例如，作为表示“原因”和“理由”在原理上
之不同的例子，作为探讨“原因”和“理由”如何相关的试金
石，有众所周知的“女高音问题”。这是德雷斯基以令人印象深
刻的方式提出的。它指的是“女高音歌手哀恳调其的歌声也许 10
能打破玻璃，但其意义无关其带来的结果”（德雷斯基 2005，
132）的事态。虽然女高音歌手的物理意义上的歌声是玻璃碎裂
的“原因”，但歌曲的“意义”却并不说明玻璃碎裂的事实，也
没有成为任何“理由”。德雷斯基自己进一步提炼戴维森路线，
设法使“意义”即“理由”自然化（将其视为自然现象），试图
将“意义”包含在因果术语中。但是，从我把“因由”句的声
音作为探讨对象这一立场来看，这一“女高音问题”好像有碍
正确地把捉“意义”和“理由”的概念。何以见得？无论是女
高音歌手还是普通人，声音的音调、高低或强弱等自然现象的
特征，都直接构成“意义”的一部分。用高音说“注意”、用微
弱的颤音说“注意”和由于听见了多瑟河的低音而缓缓地说
“注意”，自然而然其表现的意义也不同。“意义”当然是以字面
包含的内容为主，但也由声音的特征所构成。这种事情毋宁说
是自明的吧。探讨“原因”和“理由”之对比，必须考虑到这
种极其理所当然的事态[1]。

---

[1] 除了“声音”之外，说话的意义当然也体现在“表情”、“动作”等方面。在我讨论的语境中很难定位这类要素。不过，声音是随着表情的变化而发生的，自然在这当中伴随一定的动作。它们应该是与声音有着因果联系，还可谓是伴随发生的？但是，“表情”和“动作”是在时间流逝中发现的，其意义上确实具有某种节奏。总之，对这些问题的进一步追问，是我未来的课题。

由此更进一步，我认为在各种语境中出现的各种情形的“原因”和“理由”，可以说在给出“因由”句的**瞬间**就形成了那种“原因”和“理由”，在本质上与“因由”句处于一种共生关系。极而言之，“原因”和“理由”是作为“因由”句的声音
11 （包括如上所述的自我问答的母语）而产生。并且，如果我们的理解实践确实是与“召唤与应答”相联系或相重叠，那实际上将产生“因由”句本身“是什么”的疑问，引发后面的“因由”句。试想一下，如果根据先前整理的“原因”和“理由”之对比的三个观点重新把握两者之对比，那么岂不产生由“因由”句生成的“原因”就是“因由”句的“音”，由“因由”句生成的“理由”就是“声”这种大胆的推论？换句话说，“因由”句中出现的“原因”是“响应”，而“理由”则是“歌词”。“为什么堵车?”①“因为下雪。”“为什么这个时期下雪?”②“因为气候异常。”“为什么气候异常?”③“因为新闻是那样解释的”云云。在这种“召唤与应答”的阶梯式联系所出现的三个“因由”句中，①的“雪”这一音·响成为堵车的“原因”这一现象的本体。若一开始就没有这种音，任何地方都不会产生堵车的“原因”。说那种异常的、所谓“雪”这种音，独立于“雪”而降落下来，引起堵车，这种说法是自相矛盾的。之所以这样说，是因为讲述人（仅是想到的人亦然），正是发出“雪”这种音（包括母语）的人。我们的理解实践，只要它是理解实践，就彻底伴随着声音。并且当音作为声·歌词被听见之际，就产生我们将堵车和雪的关系作为信念这种意义关系的“理由”。进而，①的“雪”这一音·响，又成为引发后面的“为什么”这

第二段的“原因”，直到②的“因由”句。从①到②的信念推论结构成为“雪”是声·歌词这第二段的“理由”，并支撑着它。12 同样地，直到③也如此继续。但是同时，在各个阶段中，气候异常是雪的“原因”，就这样，引入作为阶梯性联系的所谓原因·理由亦形成逆溯的原因·理由结构，由此可看出理解实践的重层性活力（dynamism）。不管怎样，正如已阐述的那样，既然即使像这样来把握作为“音·响”和“声·歌词”的“原因”和“理由”之对比，“原因”和“理由”也不断地相互反转，那么这种对比当然也必须不断地反转。音可以作为声来听，歌词也可以作为响应而吟。

不过，我的上述讨论，也许会被看作“存在就是被感知”（esse is percipi），不过是恶劣的贝克莱主义的故弄玄虚的蹩脚模仿者。是否是故弄玄虚的蹩脚讨论，只好请作为读者的你来判断，不过我只想说明两点。能否思考与声音完全无关的词语以及没有词语的理解实践？能否“理解”与理解实践无关的世界及“理解”无法“理解”的世界？我做不到。因此，如果把这种率直地承认与声音·词语·理解实践·世界的联系的立场称作贝克莱主义的话，那么我就是贝克莱主义者。我想说的另一点是，“音乐”不仅是理智活动的比喻，而且是本体，这虽是传统的把捉，不过今天的哲学对此并未注意乃至遗忘了（虽然也想谈谈德里达的“声音-逻格斯中心主义”批判，但因为与这里的语境差异太大，现在暂且不谈）。作为 music 语源的希腊语“Musica”（μουσική）意为一般“学艺·教养”，前面谈到奥古斯丁《论音乐》是通过“节奏”概念来把握整个自然现象。并且，13

认识和行为的主体“person”即是“persona”（人格）的概念，显然与“persono”（反响、发出声音）一词相对应[1]。

我所讨论的上述条理，《迷宫 1》有展开的自我指涉的方法和“因果的超越”的观点。正如《迷宫 1》“前言”所描述的那样，当讨论“什么是理解”这一理解实践时，我采用了将理解实践本身也作为考察对象的方法。这就是自我指涉[2]。因为仅以自身为特别对象进行哲学讨论的这种做法不够彻底。若是这样来看，就会发现因果的理解实践（包括基于理由的意义理解实践亦然）本身就是因果性的生成，并且理解实践本身的原因（高阶原因）可以说处于定义性理解的外部，而超越理解实践。当然，改变考察视域，虽然也能够理解那种原因，但其中又将再次产生超越那种理解实践的新的理解实践的原因这一事态，就这样原因不断地被超越、后退。这就是我所称之为“因果的超越”[3]之事态。这就注定了我们的“理解”这种想法在根本上是不稳定的。在《迷宫 1》中，我把这种不稳定性称作“可能性”(probability)，最终，在想到自己“知道某事”这种想法是或然的瞬间之“际”，我找到了逃避因果的超越之可能

[1] 关于“persona”与“persono”的联系，我受到坂本百大的启发。对我来说，这是关系到研究方向的一个重大启示。我想谨记于此，以表感谢。

[2] 此种“自我指涉”，可谓是一个“头尾相缠”的哲学问题。其原理是当要研究蛇头，那么就必须同时顾及蛇尾，反之亦然。这里的蛇头和蛇尾，可代入精神和物质、主体和客体之类的概念。——译者注

[3] 可借用广松涉所谓“‘套匣型’的多重性结构”（广松涉：《世界交互主体的存在结构》，邓习议译，南京大学出版社 2020 年版，原书第 60 页），描述“因果的超越”之状貌。——译者注

性。接受这种讨论，重新定位那以瞬间之“际”为“召唤与应
答”的理解实践之现场，以当中汇集的“音·响”和“声·歌
词”的形式，重新把捉“原因”和“理由”的情况，这是我这
本书的基本问题设定。（因此，我想特别强调一点，前面那种堵 14
车例子的“因由”句之联系，并非“因果的超越”。）

4. 不确定的“应答”

但是，如果只是这样提示问题设定，实际上几乎什么都无法开始。毕竟，在以上构架的基础上，探讨“因由”句的内容才是最重要的。并且，当像这样推进讨论时，无论如何我想强调所要完成的主题是，“因由”句所出现的“原因”及“理由”的“不确定性”（uncertainty）充满各个角落这一问题。这当然也是继承了《迷宫 1》的“或然的瞬间”之相位。首先，就经验知识比如“狗活不过 30 岁”这种知识而言，当作为“原因”或“理由”的“因由”句而被提及的时候，不用说它缠绕着不确定性。未来可能会发生意想不到的事情。这种事情对自然科学一般有效。物理学家费曼说：“科学家早已习惯面对‘存疑’和‘不确定性’。所有的科学知识都是不确定的。”（Feynman 1998，26）而且实际上，在逻辑的·数学的真理配置为“原因”或“理由”的场合，只要是从“召唤与应答”这一理解实践的场面来把握问题，就无法避免不确定性。这是因为，即使可以将逻辑的规则、定理和语法之类的规律·规范群归结于必然性，但是倘若必然性意味着“永远成立”的话，就与经验知识一样，

陷入“归纳问题”（“既然无法保证过去与未来相同，那么如何
15 从过去的数据导出未来之预测”的问题）。当然，围绕“召唤与应答”而使用的词语也具有不确定性。只要看一下近来的日语现象，就很容易了解词语的意义及用法实际上是动态地起作用，要固定确定的意义，严格说起来是非常困难的。并且，这与进行“召唤与应答”的说话者的不确定性有关。显然这既与记忆、推理能力和词语的恰当性这些不确定性有关，也与根据不同情况而故意使之混乱这种掺杂恶意的情形有关。介入了人的信息的“可靠性”是现代认识论的主要课题之一（See Bovens & Hartmann 2003，56－88）。

在这种不确定性中，为了表达我这次的主题性观点，我想援引视这种不确定性为哲学问题的先驱者亚当斯和爱丁顿的例子（See Adams 1976，1－2 and Edgington 1995，27－28），假定如下推论。

上司B法官，吩咐作为某地方法院新入职法官的我和同事A君：“我要重审1981年承担的审判。资料室里保存着装有当年审判记录的箱子，请把它搬过来。应该在正对面最里头的架子上。有两个箱子，分别贴着红色标签和黄色标签，标签上写着‘1981，B’的年份和我的名字。比较重，请你们去搬过来。”于是我与A君进了资料室，唰唰地找起来。A君说：“啊，这是其中之一吧”，说着搬起一个贴有朱红色标签的箱子。看到这
16 里，我心想：“后面再找黄色标签的箱子就行了。”

即使并非新入职的法官，与此类似的推论，也可以说在日常生活中时常进行吧。在此意义上，这可以说是我们思考・判断的典型例子。那么，从形式上说，此例中的我进行了怎样的推论？若用 R 表示“我取走红色标签的箱子”，Y 表示“我取走黄色标签的箱子”，$\vee$ 表示“或”，$\sim$ 表示否定，$\to$ 表示推论，则可列式如下：

$$(R \vee Y)\ \&\ (\sim R) \to Y$$

若用 $\supset$ 表示“假设”，利用它改写为实质意义律（$(A \supset B) \equiv (\sim A \vee B)$）的话，则变成：

$$(\sim R \supset Y)\ \&\ (\sim R) \to Y$$

这无非是作为逻辑学基本定理而为人所知的“肯定前件”（modus ponens）式推理。即，这是一般“有效”（valid）的推论。但是，如乍一看就知道的那样，这个推论的结论带有“不确定性”（uncertainty）。首先，在两个前提中，就第一前提（$\sim R \supset Y$）而言，其前提是基于 B 法官的记忆，不能说具有绝对可 17
靠性。进而就第二前提（$\sim R$）来说，不能确定我看到的朱红色标签就是 B 法官所说的“红色”标签，这种意义仍然带有不确定性。从这种不确定性前提所得的结论，即使其遵循“有效”且恒真的逻辑形式，也无法保证确定性。与其这样说，不如直观地说，这种场合的结论，由于其各自前提的不确定性而对双方产生着影响，进一步加深了各自前提的不确定。并且，在第一前提出现的不确定性不能断定为真、完全不具有真理性及可靠性之程度的意义上，是适应于“概率”（probability）用语的事态。另外，第二个前提的不确定性，不过是与适应于“红”这一谓词相关的不确定性，与“模糊性”（vagueness）这一问题域相关的不确定性。我想在本书加以主题化的是，“概率”和“模糊性”这两个与“原因”和“理由”相关的不确定性观点。关于“概率”，在《迷宫 1》中也有一定程度的讨论，但并未完全展开。确实，关于“概率”和“模糊性”的问题，即使事情本身反映了现代哲学的争论状况，也是错综复杂的。在这里，矗立着盘根错节、错综复杂得让人不知所措的迷宫，它不亚于在《迷宫 1》所看到的迷宫。哲学不能不向这里挑战。

但是，作为“因由”句的“应答”而生成的“原因”或“理由”的不确定性，具体是如何分析出来的？正如前面堵车的例子那样，是对该“因由”句的二段结构，从三段结构反问
18 “为什么”，进而导出高段的“因由”句。当有人传播西亚发生导致多人死亡事件，问他“为什么知道”时，那人试着引证媒体的报道作为“原因”或“理由”而给出“因由”句。与之相对，可以想到这种情况，如果问其“为什么媒体的报道是真实的”这第二段“为什么”，那么最初的“原因”并非确定的，而是概率的。因为媒体的信息不可能总是确定的。另外，若从上面的例子来看，当我问道“为什么知道同事 A 君搬起的箱子是红色标签的箱子”，回答是“因为贴着红色标签”。与此相对，还可以出现这种情况，当问及“为什么知道朱红色标签就是红色标签”这第二段“为什么”，如果我给出“因为红色大体上具有朱红色的含义”这第二段“因由”句，显然这里我提示的“原因”及“理由”是模糊的。

我想把这种从不确定性的观点来理解我们关于“原因和理由的迷宫”的各种理解实践的企图，称作“不确定性的认识论”。虽然实际内容是理解实践的分析，但与“理解实践”的说法相比，倒是压倒性地贯穿着“认识论”一词，所以用认识论作为主题的称呼。并且，与其这样说，毋宁说所谓的认识论本应是理解实践的分析，因此我想将此种信息置入这一称呼中。但是，这并不是说因为全面地提出了不确定性，就打算展开怀疑论的讨论。不是那样，我是想提出，我们的理解实践，乃是对弥漫着不确定性的事态，按其实态原原本本地加以接受，对作为理解实践之分析的认识论这种不确定的实在加以整理、建
立秩序，这一实在论的观点。实际上，我在《迷宫 1》对“因 19
果的超越”这种无穷后退的不稳定性，提出了一种名为“制度的实在”的实在性概念来与之抗衡，并将这种追求作为课题，而本书正是解开这种“制度的实在”这一实在概念之实质的前进过程。

那么，就让我们首先面对“概率”这一不确定的堡垒。

第一章　概率的原因　a tempo primo

1. 意识之迷

21 困惑，是人类生存与活动的证明。是睁开眼睛，从空洞的
状态醒来，与世界交流的姿态。且不说结婚与就业的困惑，诸
如假期该如何度过、晚饭要吃什么、用哪支钢笔回信之类，我
们的生活充满着困惑。尽管我们大概总是抱着想要变得幸福、
想要实现什么等需求和愿望，却对实现它们的手段感到困惑。
实际上，要想看穿一切，没有一丝困惑，除非是达到了对肉身
的人类来说是不可能的真正解脱之状态，否则那只不过是一个
可悲的狂热信徒罢了。不过，作为与明显伴随着“困惑”的就
业和结婚那种场面相反的一极，在我们的生活中好像也有很多
果断地进行的场面。在我们的生活中也有可谓是无意识地自动
22 进行的多种反射性或习惯性的行为，或瞬间完成的行为。但是，
暂且撇开睡觉时翻身及纯粹生理的反射活动不说，我认为几乎
无意识地进行的习惯性行为及瞬间性动作，事实上，大体上也
伴随着应付困惑本身的程序。生活中不乏由于程序迅速、简单，

乃至不由得困惑地进行的事实。当被人搭话的时候，马上把脸转向搭话方。这基本上自动的。不能不把脸转向搭话方吗？可以的。实际上，当明显知道打招呼的是谁，可是不想与对方打招呼的时候，应该不会转过脸去。若是如此，可以说那时我们应注意到了传过来的声音，瞬间决定了该怎么做的态度，也就是说，这是当场选择确认搭话的对方，对召唤作出反应的行为。即，虽然那时发生了“该怎么做”、“想怎么做”这种困惑，但还是在瞬间就得到了解决。如果在这种当场行为的水平上承认这一点，那么可以说人类有意识的行为大体上是伴随着这里所谓的“困惑”而形成的。

但是，稍微仔细想来，可以看出这种指认与极为理所当然的事情相联系。人类有意识的行为，一般根据什么特征来囊括？是基于所谓的“自由”吧。当睡觉翻身或乘电车因遇到急刹车而推倒了旁人这种事，之所以不能认定是故意行为，是因为那种事态并非是“自由”进行的。换句话说，因为是并非“自由”选择的结果，而是没有选择的余地。这意味着人类是无意识地 23
做这种事情，甚至并非作为人类而做这种事情。由此可见，“自由”与选择密切相关。在传统上，“能以其它方式而行动”(could have done otherwise) 这种说法，将“自由”与“责任”联系起来，并非毫无理由[1]。然而，所谓选择，作为最初的成立条件，就意味着可选项的“困惑”。否则，就不能称之为

---

[1] 关于“能以其它方式而行动”这种别的可能性与自由概念的关系，请参照我（一之濑 2005C）有关休谟的一些论述。

“选择”。并且，正是在预先含有那种“困惑”的地方，“自由”才成为意识行为的核心。若是如此，意识行为伴随着这里所指认的“困惑”，乃是遵循我们极为常识性的人类理解的观点。

我这里所说的“意识行为”，不过是现代哲学语境中所表述的“意向行为”（intentional action），它是行为理论的重大主题。这一语境所追问的是，譬如意向（也包括安斯库姆的“非观察的知识”（Anscombe 1976，13ff））、需求和信念，是行为的原因还是理由的问题。显然，这个问题与本书的主题即“原因和理由”之比较相接近。实际上，我想通过第三章的观点进一步切入这一问题。并且，从“困惑”到“选择”这一我在前面已阐述的程序，一般位于被称作“决策”（decision）的问题域。所谓“决策”，意为在做出行为选择的时候，考虑目的、价值和实现的可能性，并厘定最合理的路线。虽然它典型地表现在公司的新产品设计等场合，但是它与个人内部从“困惑”到选择
24 的结构是一致的。

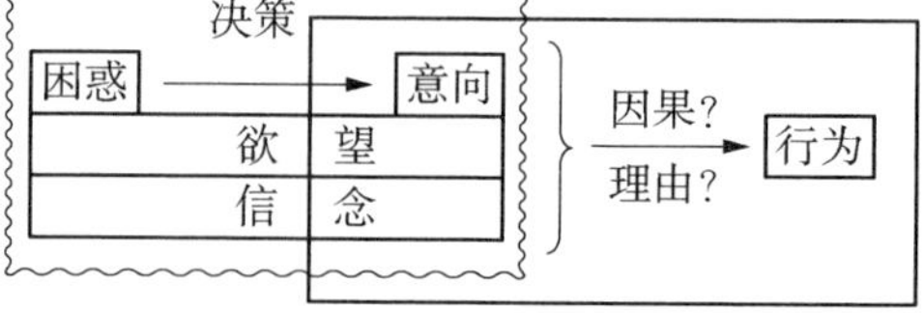

这样的话，我的意识行为伴随着困惑这一论点，若换句话说，则可表述为意向行为伴随着决策。的确，如果要将现代行为理论主题化，那么意向与行为有着何种联系这一问题，显然是理解人类行为时的极为基本的问题设定。但是，那种问题设

定往往容易缺乏“意向本身是如何形成的”这一意向发生程序
的视角。这是因为“想打开窗户”的意向，只有在已经打开之
后，才能使事态的存在方式主题化。但是，如果意识行为伴随
着“困惑”，那么终究必须考虑到这种“困惑”的样态，即决策
程序的方式，来讨论行为。倘若缺乏那种考虑，行为哲学的阐
明就不全面。举上图来说，必须考虑到波浪线部分。如上所述，
需求或者说愿望，也即是希望达到何种状态，以及对周边情况
和条件的信念和理解，其决策和意向执行的双方具有共通关系
（这里不便深入“意向”与“需求”具有何种联系的问题）。不
过，也不能反过来无视决策本身是一种意识行为这一点。着眼
于各种因素来选择职业（眼下也许有很多要考量的），其整个程 25
序无疑是在一定时间内进行的行为。那么，正确的应该是这样
吧。要理解人类行为或生活的存在方式，就应该用互补的方法
来尝试“意向行为”的解析和“决策”的分析[1]。

说实在的，在经过“决策”程序这一点上，并不只是适用

---

[1] 罗伯特·奥迪有如下叙述。“决策理论中有很多问题与行为理论的问题交叉。尽管这已被广泛地理解，但是很少有文献系统地讨论这两个领域之间的关系性。”（Audi 1986，207）由是，他从行为理论上区分了“行动的”决策和“心理的”决策，论述了如何从决策理论上反映那种区别的问题。关于这两大领域的交流，我与奥迪一样觉得极为难得。并且在我国，若撇开伊藤邦武切中要害的工作等（参照伊藤 1997），哲学研究者探讨决策理论，其本身是罕见的。在英美的哲学教育中，这一决策问题理所当然被提出来，若是与哲学家（拉姆齐、戴维·刘易斯、诺齐克、梅勒、列维、斯科姆斯等）所给予的争论相比较，必须说让人感到有些缺失与偏颇。有鉴于此，在本书中，我只想通过深入展开决策领域的讨论，来寻找解决问题的入口。

于动作或行为，其同样适用于简单的认识或认知。这一点，如果仅根据所给予的材料，那么在无法明确判断其信息内容的情况下，就比较容易理解。当看到身高 170 厘米左右的留长发者的背影时，会产生是男性还是女性的困惑。于是推断其走路方式等是属于哪一种。如果这种推断停留在纯粹的推断上，与推断者的态度毫无关系的话，就不能称之为决策。但是，进行这种推断，首先没有错误，不过是根据确切程度来“接受”判断。并且，是根据那时的事态所作的判断。走在前面的人是女性还是男性，确实很多时候都是些琐碎的事情，但却给我带来了一些影响。若是如此，也可以说这种认识场面也介入了“决策”程序吧。这一点，其实也适用于在内容上给予了明确材料的时候。望着窗户，可以看到榉树。我是那样知觉，那样判断的。但是，除了那样判断之外，是否还有其他办法？应该有的。可以判断，艳丽的绿叶随风飘扬。而我判断，可以看到榉树。也
26 就是说，我从多种词语或概念中，当场选择了“榉树”这判断。从原理上说，这里即使没有明确地呈现，也应该看作进入了从困惑到决策的程序吧。实际上，这种情况在通过俳句表达我现在的知觉风景时，也会表现出来。这种情况，当然会给词语的选择带来困扰，而根据某种基准和恰当性等因素，把这个词语（榉树）作为最佳决策。词语或词汇的选择，在认识论上基本是被忽视的主题，不过站在我的“音乐化认识论”的立场，毋宁说这是认识论的中心主题。用怎样的词语、怎样的声音表现知觉，决定着这个世界的面貌。

不管怎样，从困惑到决策的程序贯穿于我们的认识和行为

的各个角落，由此形成我们的生活框架。通过确认这一点，导出了一个重要论点。那就是，当基于困惑而做出选择的时候，其选项只能分别根据选择肢的需求、实现愿望的“确定性”而定。当构成核心因素的需求其可能性是确定的，也就根本不产生困惑。但是，除非是神，否则不可能具有这种确定性。正因为如此，才产生困惑，以及确定性的问题。当听到别人打招呼而转过脸去时，正是由于我们具有想确认是谁的需求。换句话说，转过脸去看，最有实现这一目标的确定性。但是，这并非绝对确定的。有时脸朝着声音的方向，却没有人。还有可能仅是幻觉。当我透过窗户，认识到看见的是榉树时，我依照想要恰当地表达自己眼前之景象的潜在需求，几乎瞬间做出是“榉
木”的判断，因为最能起到实现那种确定性的作用，所以选择 27
了“榉木”一词。但是，既有事实上并非“榉木”的情况，也可能有更适合使用“艳丽的绿叶”之表述的情况。关于最终结果，从一开始就没有绝对的确定性。这样，无论是行为还是认识，我们都将因困惑而召唤与“确定性”的对话。

2. 过去事件的概率

那么，什么是“确定性”？就是“概率”。即，“概率”是行为和认识中贯穿于从困惑到决策的整个过程的基本概念，这在上一节的讨论中已有表述。若按照本书主题换另一种说法，那就是当问及为什么会有那种行为、为什么会有那种判断或表现时（这种情况的根据较之于目前的“原因”，更倾向于“理由”

概念），只要我们不是独断的而是诚实的，严格地说，诉诸“概率”的表述乃是合乎理的选择，亦即合理的选择。关于“为什么”问题的“因由”回答，从原理上说，实际上我们往往必须诉诸“概率”。为什么选择这个人作为结婚对象？因由是，断定若是这个人的话，就能够过上幸福的婚姻生活之“概率”，在选择肢中是最高的。因此，本书的主题是通过分析“因由”句的表现结构，来厘定“理由”（或与此反转的“原因”）的存在方式。“概率”概念的探讨，必须首先作为出发点。这是第一章的
28 课题。

这里，请注意我提示的与合理性相联系的“**应该**”这一规范形式的概率概念。也就是说，作为事实，意味着我们并非总是做出这种理由的说明。当处于强制、不注意、怠慢或激情等情况时，实际上，我们做出了不能合理地合法化的那种动作和表现[1]。然而，即使限于这种规范的语境，哲学家当中也有本能地讨厌引进“概率”的人。促使像这样讨厌概率的最主要原因是，他们觉得概率的数值化颇为可疑。当被告知此次火箭发射的成功概率是70%时，总觉得为什么是70%而不是70.5%，这当中有着怎样的差异？确实如此。但是，也不能接受由于概率很怪异，就将不确定的东西全部作为不确定性摆在

［1］ 作为事实问题来看的话，一般人即使在冷静认真地应用“概率”的场合，也大多是错误的，或加入一些观点。这种事情在认知心理学中有颇为详细的研究。比如，“三囚徒问题”和“出租车问题”等都是明显误用概率的例子，而各种“试探法”（heuristics）也都与此观点相关。关于这一点，若参照市川（1998）和广田、增田、坂上（2002）等就易于理解。本书第四章也将再次涉及这一点。

一起，而抱持 1 或 0 这种要么全有要么全无的孤注一掷的想法。自己去过火星，与自己心跳停止 10 小时之后又复活的说法，似乎哪一种都是不可能发生的无稽之谈，但是必须说两者之间仍是存在差异。后者的复活说法或许真有其事，让人信以为真的程度高于前者。有鉴于此，即使不具备完全的明了性，但是探讨引入“概率”的不确定之“程度”，目的在于细致地分析我们的行为和认识的真相，可以说还是具有很大的说服力。应该说，绝对不能使用不明了的某种概念，乃是一种不恰当的僵化态度。

但是，话虽如此，对“概率”的疑念却无穷无尽。正如皮尔士曾经抱持的疑念那样（Peirce 1986，282－2），有时还需要 29
追问基于概率的决策能否作为合理理由而合法化，这种根本性问题。比如，即使选择经过概率估算，其“预期效用”是合理性最高的选择肢，但由于其产生的概率非常低，因此也会产生几乎不曾料到的事件这一结果。决定接受据说 95％成功率的手术，作为手术的结果，一旦死了，95％的成功率究竟有什么意义？在那种情况下，我们实现了合理的决策吗？若是如此，岂不可以说基于概率的合理理由之类，并没有实际作用？[1]

---

[1] 2002 年 10 月 31 日，我在英国牛津大学做访问研究时，大卫·帕皮诺在牛津大学科学哲学喇叭系列以“Decisions in NO-Collapse Universe”（非坍塌宇宙中的决策）为题发表的讲话，也提出了同样的问题。帕皮诺谈到将诉诸基于概率的预期效用之概念的决策理论的正统立场与埃弗雷特之流的平行世界说进行比较，虽然基于概率的预期效用原理有时会以未预计的结果的现实化这一形式而结束，但事实上是决策理论的现实结果才最为重要。

这里无疑出现了关于合理性或理性概念的深层次哲学问题。但是，我们想聚焦的点不是合理性本身的问题，而是被不经意地隐匿于当中的直观想法。即，概率的值，乃是概率所归纳之事件的现实化，或是还未现实化这一问题的瞬间，突然固定为 1 或 0 这种想法。上一段的例子，我们列举了尽管某事件是低概率的，但实际上却发生了的例子。因此，当发生低概率事件之后再重新思考时，就有了根据概率进行决策究竟是否合理的疑问。显然，在这一疑问的背后，有着这种想法，即低概率事件一旦实际发生，该事件的发生概率就不再是低的了，而是已
30 以最大概率即概率 1 而固定下来。否则的话，决策的结果就是未决的，就不能暴露那种决策不合理。也就是说，情况突然反转，并且被固定下来，只要决策是标榜“合理的决策”，即使要求采用那种反转事态，也不能采纳。与此相对，若采用诸如杰弗里的经典决策理论那种概率运动学（在时间推移中把握作为值的变化的概率立场）（See Jeffrey 1983，chapter 11）的某种模型，那时的变化也许可以说并非突变。但是事实上，即使在这种场合下，状况也是一样的。因为，在发生该事件的瞬间，就产生了从不确定性到确定性这一决定性的跳跃。毋宁说，我怀疑那种概率运动学最后瞬间之前的高概率，不过是在发生该事件之后才能追溯地配置高概率。无论如何，基于概率预期效用最大化原理，当考虑实现了未曾预料之结果的情况，即在所期待结果的概率固定为 0 的情况下，容有难以被视为合理方针的疑问。支撑这一疑问本身的根本想法，可以表现为如下那种可以直观地接受的观点。以下，我把它称作“过去事件的概率原

理”（the Principle of Probability of a Past Event，简称“过去概率原理”）。

〈过去概率原理〉

某事件无论是否通过特定方法而被确认为刚发生的东西，
至少就独立事件的概率而言，其发生的概率必须是 1。[1] 31

实际上，戴维·刘易斯也明确支持这种“过去概率原理”。刘易斯说，“过去发生的事件绝不是偶然的。过去，与未来不同，完全没有成为那种现实之外的状态的机会（Lewis 1986，93）。这种已发事件的概率为 1 的想法，是极为明确的。对此，有人可能会提出“不是本来就不存在适用于过去事件的概率吗”这一根本的疑问。但是，在验证有关历史认识的假说时，若是想到诉诸使用概率的统计方法的观念乃是不足为奇，也许就会平息那种疑问。关于这一点，我们将在第三章作为主题来讨论。

那么，概率 1 一般有何规定？在今天的语境中论述概率时，通常遵循所谓“柯尔莫哥洛夫定理”这一最基本的规定。以下，按照惯例，使用 P（a）这一标记表示概率。所谓 P（a），根据如何采用概率的载体而意义各异，如果是“a 发生的概率”（载体为事件），“a 所占的概率”（载体为集合），“a 为真的概率”

[1] 当被问到概率的载体是什么，眼下我是站在无需考虑（1）事件本身，（2）集合，（3）“该事件发生”这类语句中的哪一个是候选载体的立场。之所以这样说，是因为我的讨论不会影响到这个问题的把握方法。

(载体为句子)，那么整体上大致可以理解“a 成立的概率”。并且，当思考某事件的概率，假设全体领域（称作“样本空间”）为 Ω，Ω 部分集合的集为 F，F 要素的集合为 A、B 之类，那么
32 以下四个条件适用于所谓的“柯尔莫哥洛夫定理”（see Howson & Urbach 1993，31 or Jaynes 2003，651－652）。（P（A | B)，表示在 B 条件下 A 的概率，即“条件概率”。）

(1) 作为 F 要素的全部 A，$P(A) \geqslant 0$

(2) $P(\Omega) = 1$

(3) 若 $A \cap B = \varnothing$（空集合），则 $P(A \cup B) = P(A) + P(B)$

(4) 当 $P(B) > 0$，则 $P \cdot (A \mid B) = \frac{P(A \cap B)}{P(B)}$

这里的问题在于（2）。全体样本空间的概率究竟是什么意思？大概是指全体样本空间无论在什么情况下都成立、其句子都为真这一事态的概率。豪森和乌尔巴赫将概率的载体解释为“句子”，并将（2）的条件作如下解释（Howson & Urbach 1993，21）。

(2’) t 若是重言式，则 $P(t) = 1$

确实，可以说若是重言式那就在任何时候都成立，即为真，其概率为 1。但是，正如（2’）所暗示的那样，重言式只不过是
33 概率 1 的充分条件，这里暗示可能存在概率 1 被赋与其他值的事态。我认为，这只有在是刚发生的过去事件的情况下，才是恰当的。实际上，哈金把“柯尔莫哥洛夫定理”之（2）理解为

相对于“确定性”的概率，并认为与之对应的两个词是“确定的命题”和“确定的事件”（acking 2001，58－59）。刚发生的事件，不正是“确定的事件”吗？这是直观自明的。或者换句话说，当“过去概率原理”被直观地接受，我们实际上做的是一种重言式地保证“发生了已经发生的事件”，过去事件的概率1也许正如豪森等人所言“为（2’）所涵摄”。不管怎么说，这一“过去概率原理”的重大含义在于，虽然某事件发生的概率在被确认现实地发生之前明显小于1，但是一旦现实地发生，概率就会突然变为1。即，“过去概率原理”所聚焦的事态是，比如“我遭到雷击”这一事件，在实际发生那种事件之前，尽管概率小于1，但是随着事件的发生，就跳跃到概率1。若是考虑这种例子的话，没有人否认自己遭到雷击后“我遭到雷击”的概率是1（若存在考虑那种事情的余地）。用前一节的例子来说，当顺着打招呼的方向，认出对方是谁的时候，对方是谁已有着落，其概率变为1。并且，这一“过去概率原理”，若撇开冯・米塞斯的“频率说”那种“独立事件概率”概念的立场，可以说无论采用何种概率概念的解释，都普遍地适用于概率概 34
念原理。

3. 多种概率概念

但是，我们应该进行更详细的讨论。作为以下讨论的准备，这里预先简要解释一下概率概念。何谓概率，这是根本的哲学问题，不过今天一般分类整理为两种解释。如何称呼二者因论者而异，我则想将其表述为“认识的”（epistemic）和“物理的”（physical）[1]。所谓从认识上理解概率，就是将认识主体具有的“信念度”（degree of belief）理解为期待感、预期感那种东西的概率。如果棒球的三成击球员在一场比赛中击中四次，那么当预测至少击中一次时，可以在认识上理解这种预测起作用的概率为三成。与此相对，把概率看作独立于我们的信念之类的“实在”（reality）现象的某种存在方式，这是物理上的解释。在放射性元素稳定状态下坍塌的概率，这时的概率可谓是从物理上解释概率。

并且，“认识的”和“物理的”这两种区分，还可以考虑再分别细分为二。首先，“认识的”概率可细分为“个人的”（personal）和“个人之间的”（interpersonal）。“个人的”概率是纯粹作为个人信念度来理解的概率，当赛马赌博的人各自抱着
35 凭直觉就能取胜的信念时，那是个人的概率。将这种概率与基于柯尔莫哥洛夫定理的数学概率论相结合并进行体系化的是拉姆齐和德·菲纳特。这是将概率问题的讨论一概诊断为赌博，根据各人认为能够接受的胜率把作为信念度的个人概率数值化，

[1] 另外，一般还有“主观的”（subjective）和“客观的”（objective）这类说法，不过，鉴于现代哲学，特别是围绕贝叶斯主义的现代认识论争论的语境，这种说法恐怕会导致误解（参照第四章）。因此，这次我基本上采用了“认识的”和“物理的”这种最不含混的说法。除此之外，我在《迷宫1》中对概率解释作了“逻辑的”、“主观的”和“客观的”三种区分（一之濑 2001，208）。虽然有用语的变化，但正如前面所述，只是因为想避免误解，并无内容上的分歧。See also Gillies（2000），1－3.

这一基本观念。这种想法，乃是通过选择和效用的排名来求取概率的值这一方法的展开。与此相对，同样的信念度，当多数人按照公认的方针来把握概率时，就成为个人之间的概率。正如极普通的掷骰子，其出现数字 5 的概率是$\frac{1}{6}$，当应用所谓“无差别原则”（the Principle of Indifference）时，因为这个方法一般是受承认的概率赋值方式，所以是个人之间的概率。不过，“无差别原则”也存在根本的困难，不能无批判地使用，这一点被广泛地认识（See Gillies，2000，33－49）。凯恩斯的概率论就是对这种概率做出解释。实际上，“无差别原则”这一说法就是由凯恩斯引入的（Keynes 1921，42 et al）。个人之间的概率也被称作“逻辑的”（logical）解释，它不过是卡尔纳普曾称呼的“概率 1”（Carnap 1950，19ff）。在今天，贝叶斯认识论的语境解释有时把这种概率形容为“客观的”（objective）（需要注意的是，有时将“物理的”解释称作“客观的”。参照第 217 页注释②）。当把个人之间的概率形容为“客观的”时，基于个人解释的概率就成为“主观的”（subjective）概率。另一方面，“物理的”概率分为“频率”（frequency）说和“倾向性”（propensity）说。频率说被冯·米塞斯衍化为概率论而得以体系化，那是“关于概率的讨论，只有在与被恰当定义的集体的联系中才有可能”（von Mises 1957，28），这不过是基于统计数据来定义概率 36
的立场。卡尔纳普称之为“概率 2”。与此相对，虽然认为与频率一样作为物理现象才能理解，并以频率为基础进行数值化，但并非作为集体而是作为独立事件才能适用的概率，并作为包含因果性效力的概率，是为波普尔所思考的“倾向性”。这在后边也有涉及，它不是基于认识上的主观概率概念，而是根据实际的物理存在方式，来把握量子的概率性变化，从这种反哥本哈根解释的动机引入的概率。为便于理解，请参照下列图示。

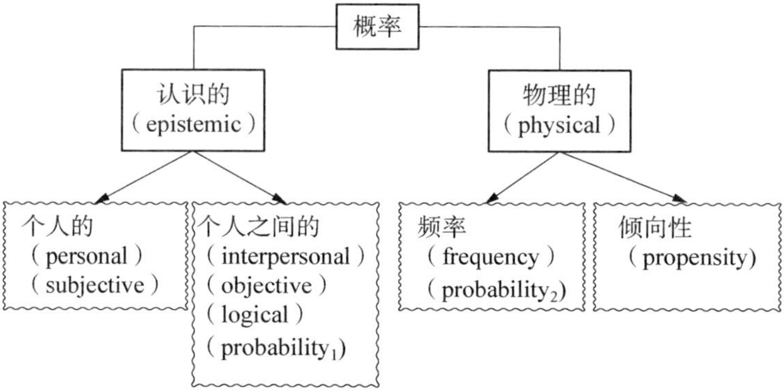

若按照这种整理，除了不涉及规定的独立事件的概率的频率解释之外，“过去概率原理”很容易定位适用于所有的概率解释。首先，在采用倾向性解释的情况下，如果观察到某事件真实发生的话，毫无疑问其发生概率必须赋与 1。由于倾向性是实在的存在方式，无论是否被观察・确认，按其现状来看其概
37 率为 1，关于那种意义上的倾向性，“过去概率原理”的成立，可以说是琐碎而自明的。[1] 但是眼下，不管它是否琐碎，总之我们要抓住“过去概率原理”的有效点。这个问题与以波普尔倾向性理论为动机的量子理论有着密切关系，我想后面再谈。

[1] 这一指认，得益于阅读 2003 年 10 月休・梅勒访日时的部分草稿。

另外，“过去概率原理”对于认识之解释显然必须一般有效。当确认我眼前确实已现实地发生了某事的时候，若我撇开错觉或理论负载性这种哲学的怀疑，而仅限于我的认识，就应自动地承认“刚发生了那件事情”的句子。这样，就可以说“过去概率原理”有关个别现象之概率的所有解释都有效。实际上，在今天的贝叶斯认识论——它是基于认识概率的立场——的基本想法中，是以现实地观察证据时，其证据的发生概率是 1 为前提的[1]（See Howson & Urbach 1993，99）。当然，我完全知道倾向性论和认识之解释之间存在根本的不同，即，前者与实在事件本身有关、后者与信念度有关这种差异。不过，至

---

[1] 为了严密起见，这里必须谈到尽管现在对某个现象进行了实际观察，但对于表示该现象的句子“S是P”却无法赋与概率 1，因而很难将此类观测内容描述为句子的场合。理查德·杰弗里最早关注了伴随这种不确定证据的状况。他举了如下例子。某行为者在烛光下检查一块布。它给人一种绿色的印象。不过，或许是蓝色的，也可能是紫色的。在这种情况下，为了将某些假说（比如“这块布料是适合做我的衬衫的布料”等假说）作为证据，杰弗里提出了以下“条件化”的建议。为了更加明了及容易分辨，现稍微改变写法。Pri 表示获得证据的“事前”，pos 表示“事后”的含义。另外，按照上面的例子，h 表示“这块布料是适合做我的衬衫的布料”，e 表示“这块布料是绿色的”，～e 表示“这块布料不是绿色的（颜色或许是紫色）”。

$$Ppos(h) = Ppri(h \mid e)ppos(e) + Ppri(h \mid \sim e)Ppos(\sim e)$$

这称作“杰弗里条件化”（Jeffrey Conditionalisation）。杰弗里主张，这种公式化与所谓的“贝叶斯条件化”（Bayesian Conditionalisation）并没有本质的不同。因为，当承认 Ppos（e） = 1 时，两者也就变得一致（See Jeffrey 1983，164 - 172.）。关于“贝叶斯条件化”，我想在第三章和第四章中进行主题性的探讨。那么，该如何看待“杰弗里条件化”中的“过去概率原理”呢？在杰弗里的例子中，应该根据“过去概率原理”来考察的不过是“布被烛光照亮着”的事件。当某事件被观察的时候，可以有许（转下页）

少就“过去概率原理”中的概率1而言，事实上可以无视这种不同。

但是，应该怎样思考未确认的过去事件？我想，未确认的过去事件有两种情况。其一，完全未经确认，只是以非特定时空的模糊方法而假设的过去事件。比如，在地球诞生之前曾存
38 在某种东西这类不特定事件。“过去概率原理”避免谈及这种情况。由于原本就是不特定的，也就不可能有特定概率的载体，因此难以弄清究竟谈的是什么概率。例如，关于宗教的创世故事等，“过去概率原理”是黯然的。其二，虽然未经确认，但是以特定方法表现的过去事件，比如“昨天下午四点钟，我房间的桌子上放着报纸”（实际上是当时未经确认的假定）这类事件。“过去概率原理”主张这种情况的概率必须低于1。否则，

（接上页）多描述该观察的句子，但事件被观察的事实乃是确定的。只要关乎那种确定的事实，就能够猜中概率1。实际上，“杰弗里条件化”如果没有与 $Ppos(e) + Ppos(\sim e) = 1$ 这种事态相对应意义上的概率1，原本最初就应该无法运转。比如，把现在看到的布料是绿色抑或不是绿色这一事实成立时的概率1，以及“现在正在看”这种所谓语法上确定的东西纳入其中。在某种意义上，“过去概率原理”可谓是概率“样本空间”与刚做出的确定行为同时产生的概率。“杰弗里条件化”的主题是根据不确定的证据修复“信念的内容”的程度，而“过去概率原理”则是根据某种确定或不确定的证据聚焦刚观察到的“事件”的发生概率1。实际上，杰弗里本人也认为刚刚观察到的事件，具有与逻辑、数学的真理同样的确定性。因此杰弗里认为，没必要考虑“杰弗里条件化”，因为作为例外，甚至可以举出与逻辑、数学并列的“与经验直接相关的真理”，诸如“这张纸是白色的”之类的具有确信（即概率1）知识的例子（Jeffrey 1968，30），而把达到了与经验内容相对应的全部可能性命题的总和，理解为“作为观察之基础”的概率1（ibid.，36－37）。

“过去概率原理”很可能不包含在确认的瞬间而出现概率的突变。实际上，如果采用概率的认识之解释，那么对这种情况应该赋与低于 1 的概率。因为，那种情况不是现实的东西，只是不确定的想象，充其量只是推论的东西。那么，在接受倾向性解释的情况下，又是怎样？那是从我们的信念中独立出来的，因此如果实际产生了那类事件的话，即使那件事未经我们确认，也不能说具有概率 1 吧？对此，我的想法是这样的。只要倾向性论来自量子物理学，若考虑到称之为量子理论的所谓“观测问题”的事态，赋与那类事件低于 1 的概率，并非完全不合理。这种说法，也许让人觉得奇怪。但是，我们希望通过后面关于波普尔的倾向性的讨论、过去概念与概率的双方关系的考察，来完成能够理解我的想法的东西。

不管怎样，为了尽可能明快地理解概率概念这一目标，我
想探讨以上这种公式化的“过去概率原理”。构成“过去概率原 39
理”的概率 1 概念，实际上是形成概率概念的基本事态，阐明
它是什么，无疑是概率的一般理解之基础。以下，我的讨论，
采取首先提出假设的看法，从关于它对若干问题的解决能力这
一点来斟酌、深化的形态。虽然很难充分地表达我的观点，总
之还是要向前迈进一步，这是我的目标。

4. 概率 1 的奥秘

概率 1 是什么？对我来说，这一直是个谜。乍一看，概率 1 好像是不言自明的事态，然而，据我所知，没有人曾认真地说

明它是什么。因为，很明显，尽管概率1是规定概率概念时的基本事态，但还是隐含着问题。关于这一点，我们至少可以提出三个基本困难。即，“样式的（modal）困难”，“时间的（temporal）困难”，“因果的（causa）困难”凡三种。

第一，先说概率1的“样式困难”。正如“过去概率原理”所示，概率1明显可以适用于已现实化的过去事件。然而，如前面已谈到的，概率1无疑也适用于“这只犬是或不是雄性”这种重言式或逻辑必然性。换句话说，概率1可以表现为两个根本的样式概念，联结着“现实性”和“必然性”。不过，可以
40 说存在的困难主要是从必然性方面产生的。如果形成逻辑必然性的概率为1，那么形成非必然的偶然句的概率必须小于1。这意味着把逻辑必然性看作具有概率1的事态。这一点，若是想像一下预见的情况，就很容易理解。（假设现在是2006年1月）试想如下两个预见句。

A“托尼·布莱尔将于2006年5月辞任或不辞任英国首相”。

B“托尼·布莱尔将于2006年5月辞任英国首相”。

此时，显然P（A）=1。因为A是逻辑必然的真理。与此相对，P（B）＜1，因为B并非必然的，只是偶然句。尽管如此，如果托尼·布莱尔于2006年5月辞任英国首相，那么由于B具有现实性，因此将突然变为P（B）=1。尽管如此，B依然只是偶然的真理。然而，即使B实现之后，也仍是P（B）＜1。即，若在说明样式概念时，二重性地应用某种可能世界语义学，

那么在对我们而言“B 为真的世界”并非必然的（盖世地成立）意义上，可谓 P（B）<1。因此，至少表面上将产生 P（B）=1 & P（B）<1 这种明显的矛盾。原本，若是以作为现实性的 41
概率 1 为基准来进行论述，恐怕就不会发生这种困难吧。因为，一般认为，现实性本来就在外延上包含必然性。不管怎么说，我认为围绕必然性所产生的这种矛盾，是概率 1 的根本困难之一。这种问题，源于可能世界语义学之类的样式理解的一般工具之中，如何把“现实性”这种传统的样式概念与“必然性”及“可能性”等联系起来的课题相关。若是如此，恐怕应该在一开始与概率 1 的样式困难相对峙时，就对如何理解纳入时间或时态的样式概念进行考察。这是因为，“现实性”最主要是根据时态的变化而发现的。此外，还有更直接涉及“过去概率原理”的另一个困难。当聚焦“过去概率原理”与现实性之间的关系问题，确认赋与过去已现实化的事件为概率 1 的时候，我们是把现实性作为（稍前）过去的东西来处理。那么，什么是现在的现实性？过去的现实性与现在的现实性是什么关系？这个再次让样式概念与时态相交叉的问题，也是与概率 1 的问题相缠绕的必须认真面对的课题[1]。

---

[1] 勿庸赘言，总是将概率与确定性进行对比，乃是错误的。因为概率是包含确定性和不确定性之双方的概念。当 P（something）=1时，概率与确定性等价；当 P（something）<1时，概率就作为不确定性。可是能否这样说，确定性的本质特征是现实性和必然性的双方具有共同的概率 1？确实，这种说法，正如从哈金以实际确定性为基准来解释概率 1 也能想象的（Hacking 2001，58－59），或许可以提供一个线索。但（转下页）

第二，必须谈及概率 1 的“时间困难”。即使“过去概率原理”是容易接受的构想，也还需要问及在此之后，其事件的概率 1 是否永远持续为 1。换句话说，我们必须追问概率 1 在确立之后，在时间上是否不变？这个问题，与概率 1 的存在论地位和“过去概率原理”的形而上学意义的双方，有着颇为错综复
42 杂的方法上的深层关系。概率是内在于实在的自然性质，抑或不过是我们思维的功能概念？这确实是概率概念解释的焦点问题。并且，会产生关于过去的如下问题。过去是永远存续，还是随着过程而变化、消亡？虽然现在没时间详细讨论这种问题，但眼前我想确认如下这一点。作为事实问题，我们有时把概率理解为自然性质，有时则仅理解为一种心理状态，同样地，我们有时把过去看作固定、永远存在的东西，有时也理解为仅在记忆中出现的泡沫性观念。实际上，如果概率不是以那种灵活的方法来理解，那么概率就很难说明赛马的赌博行为和量子理论这两种相距甚远的场面对于现实有何作用。这一点，也许是经常提到的概率解释的多元论所暗示的事实[1]。而关于过去

（接上页）问题是当与现实性或必然性相联系时，不能简单地作那种根本的阐明。因为，就我的理解而言，相对于现实性和必然性是典型的样式概念，确定性是认识的概念，二者之间有着语境的重大不同。

[1] 例如，科恩、吉利斯等明确提出关于概率解释的多元论。See Cohen（1998）and Gillies（2000）. 顺便说一下，我自己并不赞同多元论。诚然，概率的复数解释虽然确实有其现实的功能，但是那种说法不过是事实的描述。我们应该追问所有这些解决方案，是否还有其他更根本的契机？例如，我们在使用概率概念时的实践态度，或者概率与时态概念的相关性，所有的概率解释可能都有一些共同点。本书试图考察所有的概率解释，其共通的根本契机。

概念，一方面我们坚信过去已定而不可更改，另一方面我们又不能严格确证过去，都在众说纷纭中怀疑过去。若是那样，可以说即使接受“过去概率原理”，过去事件的发生（了的）概率的值也会从 1 逐渐降到小于 1。这是因为，我们会遗忘过去事件。只要具有概率的认识之解释和作为记忆的过去观念，引入概率 1 的遗忘因素就不会与我们关于概率和过去的日常理解相冲突。蒂莫西・威廉姆森把我所说的“过去概率原理”表示的状况理解为“证据概率”（evidential probability）1，考虑到遗忘 43
的因素，他否定他所谓的“单调性”（monotonicity）观点。该观点是这样的：

〈单调性〉

一个命题一旦有了证据概率 1，之后就一直保持它（Williamson 2000，218ff）。

威廉姆森由应该考虑相对于证据概率的命题本身的高阶概率（概率之概率）这一坚定的想法，抵达拒绝“单调性”。这确实是一种洞察力。但是，由此也明确表露了概率 1 的些许困境。因为，我认为这有点损害“过去概率原理”，可能对“过去的不变性”这种不言自明的想法（多半具有反实在论的色彩）提出挑战[1]。尽管如此，必须说这种状况也是概率 1 的自然含义之

---

[1] 我于 2003 年 4 月对蒂莫西・威廉姆森本人就拒绝“单调性”的策略，是否会发展到过去的反实在论这一问题，进行了直接的个人访谈。他在现场应答说，自己的立场并非达米特意义上的反实在论。尽管（转下页）

一。这里仍存在对峙的严重困难[1]。

第三，我们必须面对概率 1 的“因果困难”。当接受“过去概率原理”时，出现的最显著特征是，当该事件发生于过去时，其发生概率突然变为 1。在猜中最不确切之预见的情况下，这
44 会以惊人的方式呈现。比如，“我中了彩票一等奖一亿日元”这句话为真的概率（使用无差别原理）是 0.00001，再假设真的中了一等奖。在这种情况下，在我选中彩票号码的一瞬间，前面句子为真的概率从 0.00001 一下子跳跃到 1。这里没有任何

（接上页）如此，这个问题，取决于概率的值是否作为不可分割的构成要素而内在于过去概念。若是那种内在，拒绝“单调性”确实会改变过去的事态。但是，如果概率值是被外界附加于过去的某些数值，这个问题则与反实在论毫无关系。这正如比方说，生日日期是否与自己过去的历史有关。当后来出现不同于此前生日日期的说法时，它将对我过去的人生本身产生何种变化？若硬要说我的感触，概率的变化，对过去造成影响和不造成影响这两种说法，好像都有道理。拒绝“单调性”将导致改变过去的情况，我觉得的确至少有深入思考、探讨的价值。在我看来，的确存在倘若概率 1 的事件，后来失去概率 1 的值，那么该事件本身的性质（property）亦发生了变化这种漂亮的说法。正如由这种说法所理解的，这个问题，即使提出概率解释的认识说/物理说的不同，也无法解决。因为，从认识的观点来看，事件本身可谓是将物理性质发生了变化这一事态的可能性，纳入了讨论范围。

[1] 大卫·休谟曾在《人性论》之“论非哲学的概率”的章节中，提出了与第二个困难相似的问题。在休谟看来，我们的全部知识必定随着时间的流逝而降低确定性，这是由于我们的记忆逐渐模糊的缘故。这是一个非常意味深长的论述，我认为这是一个不可忽视的论点，但让人感到恐怖的是，这个论点也会以自我破坏的方式适用于哲学家自身的讨论。这必定减弱休谟的讨论本身的确切说服力，休谟的讨论暗示某种具有说服力的方式。这一破坏性的论点，可能也适用于我关于概率 1 的第二个困难。See Hume（1978），143－155.（参见休谟：《人性论》，关文运译，北京：商务印书馆 1980 年版，第 165—177 页。——译者注）

应予追问的哲学问题吗？迄今为止，可能很少有人分析这一现象。不过，是否可以将这种瞬间发生的概率变化，作为没有任何变化且无需任何解释的现象而接受？我并不这样认为。这种变化，就像上面的例子，往往极为彻底且富有戏剧性。因此，人们自然要问为什么会发生这种情况？实际上，我们人类通过觉察物理现象的显著变化，并追问它们为什么会发生那种变化，从而发展了科学知识。而且，我想当我们面对这些问题时，我们通常会寻找现象之间的因果关系[1]。因此，我想在当前语境中，提出如下因果问题。从小于概率 1 到概率 1，这一突变[2]的原因是什么？这是概率 1 的第三个根本困难，实际上我认为这是很难回答的问题。

5. 概率坍塌

那么，在以上三个困难中，哪一个是最值得关注的困难？
首先，显而易见，样式困难应该从形而上学的或逻辑的视点来 45
讨论，时间困难必须从认识论的观点来探讨。若是这样，从以“不确定性的认识论”为主题的本书观点来看，我认为也必须重视时间困难。那么，因果困难则是怎样呢？一般来说，所谓因果问题，包含形而上学、认识论的诸多问题，大概涉及哲学主

[1] 因果关系，可进一步区分“事实的因果关系”和“法律的因果关系”。例如，甲请乙吃饭，乙在去吃饭的路上被车撞死。在这种情况下，甲虽然涉及事实的因果关系，但是无涉法律的因果关系。——译者注

[2] 这种“突变”，学术界有一个词描述它，那就是“涌现”（emergence），或“量子涨落”（quantum fluctuation）。——译者注

题的所有领域。就此而言，首先关注因果困难似乎颇为方便。换句话说，对因果困难的探讨，有望为正确理解其他两个困难提供一条途径[1]。此外，首先检证因果困难可能不仅方便，而且必不可少。因为，在存在样式困难和时间困难的情况下，把具有概率 1 的某种事物当作理所当然的前提，困难就会上

[1] 有些人可能想知道因果困难如何涉及时间困难，以及它们如何涉及样式困难。但是，抱持这种想法的人，难道不是打一开始就视样式概念为无时间、非经验的东西？我并不认为“由于什么原因而形成必然性和现实性”的问题是胡扯。实际上，例如在迈克尔·托利提出的“时间因果论”中，现实性是通过因果过程来说明。只要逻辑必然性被看作“我们”使用的概念之一，就应该可以追问因果的地位。我的观点是，形而上学或逻辑的问题与因果性的关系，比通常所理解的要深得多（see Tooley 1997, esp. Part IV）。话虽如此，要理解“过去概率原理”与逻辑必然性的概率 1 之间的关系，确实很难。关于这一点，我只能提出与“过去概率原理”相等的其他原理，暗示这两个原理的关系性。另一个原理，以下我想称之为“必然真理的概率原理”（the Principle of Probability of Necessary Trubh，简称“必然概率原理”）。

〈必然概率原理〉
当一个句子被看作是必然真理时，作为真理的概率必须是 1。

如果根据这种“必然概率原理”能够将必然真理概率 1 的情况公式化，那么可以说“过去概率原理”的基础包含必然性的概率 1。为什么？因为我们把那个句子看作是必然的，也是在时间中产生的事情，最终，认为那个句子是必然的，与把现在看作“已经”是同值的事态。但是，当然，这样做的话，必须马上回答如下两个疑问。(1) 在我们把那个句子看作是必然的之前，那个句子作为真理的概率小于 1，(2) 逻辑的必然真理的概率 1 未来会变化吗？关于 (1) 这个问题，一种考虑是这样的。即，构成表达必然真理句的词语，并非必须是该词语，而是其他表达和词语也可以，因此在某些情况下，它既不是重言式的，也不是必然的。因果问题实际上，较之此前将该句子看作必然的（毋宁说构成句子的事件）概率 1 要小。这种思路，如第一章开头所指出的，从迷惑到决策这一过（转下页）

升。因果困难，在于其究竟如何出现概率 1，怎样得到概率 1，这个过程是怎样的？在此意义上，因果困难乃是最根本的，因而必须首先追问。在出现于“因由”句的“理由”中提及概率，并追问这种概率的意义时，应该以构成概率概念之根基的概率 1 为主题，追问其“原因”。当考虑到“原因”和“理由”的反转时，这里有着重层、螺旋的缠绕。因而，讨论“原因与理由的迷宫”的本书第一章，即聚焦于这一概率 1 的原因问题。

不过，在考虑因果困难之前，必须先阐明一点。即，关于概率和因果何者更为根本这一哲学问题。众所周知，有的人为 46
了理解因果性而尝试诉诸概率概念，是为所谓的“概率因果”（probabilistic causality）。其主要设想是把原因概念定义为提高结果发生的概率。若 a、b 表示事件（句），则可进行如下公式化。

〈概率因果〉

“a 是 b 的当前原因⇔P（b | a）＞P（b）”

（更严格地说，“a 是 b 的当前原因⇔变成 P（b | a）

（接上页）程，不仅仅涉及行为和认识，甚至蔓延到逻辑上，这也暗示了这是一种相当激进的思路。但是，一种较为温和且更具说服力的思路是，一旦我们认为该句子在逻辑上是必要的，就暗示了我们可以无时间地把捉它的方法。我认为，从这一思路的说服力来看，必然性和过去概念之间有着密切的亲和性。但是，未来呢？如果一个句子是无时间的必然的，那么即使在未来，它也并非永远是必然的吧？这个问题当然与疑问（2）相关。并且，显然这不过是我所说的概率 1 的时间困难。

$>P(b \mid \sim a)$”[1]。）

显然，概率因果理论要求概率概念先于因果性。但是，另一方面，关于概率1，我提出的因果困难，只有在因果性比概率更原始这样的前提下才有意义。因为因果困难追问的是概率1的原因是什么？应该怎样调停这种状况？我想说的是这种状况不需要事先调停。因为概率和因果这二者都是极端根源性的，所以二者相互缠绕反而是自然的。

其实，即使找到概率1的原因，这种概率的原因本身还是有以（高阶）概率的方法循环地起作用之余地。类似的情况，在概率因果方面也同样发生。譬如，众所周知，当拉姆齐费尽
47 心思推敲概率的主观说（个人概率）时，信念、需求和行为之间的关系乃是其设想的基础，也即是说不惟以心理描写的实在为理论，并且与行为这种外在的东西联系起来。并且，他把那种关系看作因果的东西（Ramsey 1990，65）。如果诉诸概率的主观（个人）的解释来提出概率因果理论，我们就必然陷入恶循环。当然，也有论者依然奉行概率因果的有效性，试图使这一理论更容易被接受。例如，帕皮诺试图使概率因果的理论更加精致，以概率因果理论来代替在确定因果方向时，通常使用的“过滤”[2]

---

[1] See Eells（1991），1，and Melor（1995），67. 这里附加“当前”这一条件，是因为这种公式化仅与概率相关，不能过滤诸如并非因果关系的“虚假原因”。关于因果问题，在《迷宫1》第4章作有主题性的探讨，可参考（一之濑2001）。

[2] 关于“过滤”，将在第四章联系具体例子加以说明。

（screening-off）的非对称性设想，提出另一新的要件。即，“结果本身必须具有概率上的独立原因这一要件”（Papineau 2001，28）。然而，“概率上的独立”是怎么回事？根据豪森和乌尔巴赫的观点，两个句子，h_1 和 h_2 之所以在概率上被称作独立的，仅限于当 $P(h_1 \& h_2) = P(h_1)P(h_2)$ 时。结果也即是若借助条件概率的定义，就是当 $p(h_1 | h_2) = p(h_1)$ 时（Howson & Urbach 1993，41）。即与对方要素联动而变化的概率为 0，换句话说，这无非是尽管对方要素变化而自身不变的概率为 1。于是，即使帕皮诺之流精致地推敲了概率因果理论，我们还是要追问概率 1 是什么？这样我们最终还是遭遇了概率 1 的因果困难。因果关系和概率纠缠在一起，从本质上说就是会造成这种困惑。因此，我将这两个概念的调停，推迟到本章末尾。我 48
的想法是，尝试考察因果和概率的关系。同时，当我们描述各种情况下的“原因”时，则与基础的阐明联系起来。

那么，回到先前的问题。该如何应对“低于 1 的概率突然变为概率 1 的原因是什么”这一问题？恐怕，首先能够想到的答案之一就是，时间本身，现在其本身就在转变中产生了那种概率的突变。但是，这实在太缺乏说服力，实在难以采用。第一，这个见解把时间视为因果效力的存在者或实体的一极，这不过是为某种特有的形而上学所支撑，大众不可能懂。第二，如果时间被看作概率突变的原因，那么世界的任何变化都可能由时间所引起，最终这一见解没有任何说服力。那么，该怎么回答呢？很明显，问题的核心在于，发生的事件究竟是如何确立的？简单的答案是：事实上，它已经发生并流传到过去，因此无需进一步阐明。但是，这种论点最终会回到前面那缺乏说服力的见解，即时间本身是突变的原因。因为归根结底，这个简单的回答只是为了说明概率的突变，只是诉诸时态的变化。这
49 是拒绝探究，当面对有价值的问题时，这不能说是哲学的态度。

那么，还有别的方法吗？只要稍微思考一下，就会想起说明概率突然朝 1 变化的现有理论吧。即，量子理论的波包坍塌（波束收缩）（the collapse [reduction] of wave packet）。在此背景中提及这个问题是不切实际的。因为，如前所述，蕴含量子理论问题的现象正是产生概率的强有力解释——倾向性论——的原动力。一般来说，倾向性论，最初特别是由波普尔作为概率的物理解释而被分类，不过，若严格地说，尽管是波普尔自己的意图，但那种分类未必正确。关于这一点，稍后将通过回味波普尔如何在量子理论的背景下引入倾向性论的方法来判明。不管怎样说，事实上，像“概率振幅”（probability amplitudes）那种在数学上严格规定使用的情况另当别论，量子理论本身并没有明确阐明“该如何解释概率概念”这一哲学问题。其主要想法是，尽管在描述自然的实在时会诉诸概率，但量子理论并没有对概率作主题的阐明。因此，如何解释量子理论的概率这一问题，经常在哲学的背景中被认真讨论[1]。实际上，独立

---

[1] 例如，米歇尔·帕蒂最近发表了关于量子理论的概率概念之解释的思考，主张应该仔细区分量子物理学中的两种概率的含义。它具有理论（关系及数学）和经验（统计的考虑）的两种含义。我认为，应该进一步阐明这种多少有点过时的梳理，两种含义相互之间有着怎样的联系，以及为什么在一种理论中同样作为“概率”概念而被使用。See Paty (2001)，235－255.

于波普尔的背景，量子理论的概率按字面意思应该是物理的和客观的。但显然，我们在这里需要考虑的所谓“观测问题”(the measurement problem)，与“波包坍塌”问题缠绕在一起而被讨论的概率，与其说是物理的，毋宁说是认识的。而且，由于波普尔认识到这一点，所以自觉地批判了这种概率概念而提 50
出了倾向性论，这就是一般所说的梗概。因而，在论述“过去概率原理”的语境中，当谈到量子理论的时候，我想可以把这种“波包坍塌”的问题，作为量子理论所讨论的概率概念意义上的普遍相关材料[1]。当然，我并不打算在这里详细考察量子理论本身。因此，以下暂且聚焦于经典的“哥本哈根解释”[2]。这种策略决不会损害我的讨论的意义。之所以这样

---

[1] 在将量子理论纳入讨论范围并试着考察概率的物理（客观）的解释和认识（主观）的解释的关系时，我从 Logue（1995）那里得到了一些启示。此外，我获得了 2003 年春天聆听牛津大学罗格先生讲义的机会。这是题为“概率和归纳的哲学”的讲义，我从那里也学到了很多。但是之后不久，可惜罗格突然去世了。在此铭记感谢的同时，也为他祈求冥福。

[2] 尽管如此，据我所知，例如，所谓的“平行世界方法”似乎仍然涉及另一种突变。因为如果我们观察到某种量子现象并承认我们处于这一特定的世界中，那么除了前一世界之外，这一世界具有不同的条件，这是因为可以思考发生突然移动到该位置的情况。毫无疑问，发生了突然移动的变化，即使这与哥本哈根解释所处理的概率概念之变化无关。这一点也可以从波金霍尔对平行世界方法的如下描述中得到证实。“对于每个观察，物理的实在都被分为分离的宇宙多样性，并且在每个宇宙中，不同（克隆）的实验者的不同观察，可能会观察到不同的结果”（Polkinghorne 2002，52）。这种方法，设计了一种避免使用概率概念作为决定性因素的方法，但是在发生突变的情况下，它与哥本哈根的解释在结构上严格平行。因此我们也可以这样提问：那种突然移动的变化其原因是什么？这个问题即使没有使用概率概念，也确实等同于我提出的因果困难。

说，是因为若是能够根据这一策略提出假设，并能验证有解决其他问题的能力的话，那么我的目的也就能够暂时实现。

那么，什么是“波包坍塌（收缩）”？概率是如何突变的？它是怎么引起的？不用说，这个问题以海森堡所谓“不确定性原理”（uncertainty principle[1]）为基础。也就是说，若要追踪作为对象的量子理论的行为，必须知道其“位置”和“动量”这两方面的信息，由于二者之间的误差是恒定值，因此当一个误差较小时（当它是准确信息时），另一个误差变大，并且不可能同时知道这两个信息。海森堡本人用下列形式表示不确定的关系，其中 p_1 是动量的误差，q_1 是确定位置精度的误差，h 是常数。

51 $$p_1 q_1 \backsim h \quad \text{(Heisenberg 1927, 175.)}$$

在今天，一般标记如下：

$$\Delta p_x \Delta x \geqslant \frac{\hbar}{2}\left[h=\frac{\hbar}{2\pi}\right]_{\text{(h是“普朗克常数”，x是“位置”，p是“动量”)}}$$

（see Cushing 1998，300.）

不过，没必要在这里深入讨论不确定的关系，以及“波包坍塌”的详细阐发。就我的目的而言，只要确认这一基本论点

---

[1] 也译“测不准原理”。拉普拉斯的著名格言“概率论本质上只是一些计算方面的常识”（雷德·海斯蒂、罗宾·道斯：《不确定世界的理性选择：判断与决策心理学》，谢晓非、李纾等译，北京：人民邮电出版社2013年版，第162页）表明，算什么和不算什么，这一行为本身就涉及概率的问题。——译者注

就足够：根据不确定的关系，在观测之前，量子对象的位置仅表现为概率分布，若要确定实际的观测，必定发生戏剧性的变化。为此，我想依据权威来进行明晰的概括。约翰·波金霍尔用简明扼要的方法作有如下描述：

> 观测必须是瞬间的、非连续的变化之机会。如果电子处于“这里”、“那里”及“到处”都扩展的概率状态，那么就此进行观测，当发现这一机会在“这里”时，那时概率分布会突然发生变化，“这里”这个被现实地观测的位置必须集中于一点。由于概率分布应根据波动函数来计算，
> 故波动函数亦必须非连续地变化……这种突然变化的现象， 52
> 被称为“波包坍塌”（polkinghorne 2002，25－26）。

另外，下面引用狄拉克（关于观察对象 a）的表述，明确地确证坍塌的结果是什么？

> 观察之后的系统状态必须是 a 的固有状态，因为 a 的观测结果必须具有确定性（certainty）（Dirac 1930，49）。

这一论述是众所周知的，在物理学上且哲学上伴有诸多困惑和困难也是众所周知的，此处不予讨论。与这一论述相关，我想提出的问题是，概率突变为确定性的原因是什么？即，我想问的是，从低于 1 的概率突变为确定性的概率 1 的原因是什么？而且，如上所述，观测或观察无疑与这个问题有关。波金霍尔

将观测表述为“瞬间的非连续的变化机会”。一瞬间，让人想起机会原因论者马勒伯朗士的想法。毫无疑问，这里隐含着关于因果性的深刻哲学问题。据量子论哲学研究者巴雷特介绍，海森堡“无疑暗示观察者的观察行为迫使自然做出特定的选择”
53 （Barrett 1999，26）。要如何理解这一点？自然本身就是突变的原因吧。确实那种表述也许无可非议。但是，单是这样陈述是无法完全保全我们日常的原因概念的。例如，当我给某人注射致死药而导致那人死去时，毋庸置疑，自然（规律的存在方式）就是那人死亡的原因。或者，当我用火点燃某个垃圾箱而导致那所房子发生火灾时，说得没错，这种燃烧是由自然的结构引起。但是，谁会认为那种借口说得通呢？通常，当潜在大量的背景信息时，就会提供产生某些其他事情的机会，并且如果缺少它就不会产生其他事情，它被笼统地称作其他事情的原因。如哲学史所证明的，对原因概念进行严格定义的尝试，停留于含糊不清，这是由于其意义或使用的笼统？还是以失败而告终的定义本身的暧昧？那么，该如何考虑才好呢？实际上，狄拉克在后来写有这样的内容，“观测是力学系统朝具有观测的力学值的固有状态跳跃之原因”（Dirac 1958，36）。如果物理学家是这样理解的，那么不妨干脆大胆地做出假设的理解：我们的观测或观察正是波包坍塌的原因。我想，没有任何材料能以完全荒谬为由而拒绝这种理解。

当然，严格说起来，上述讨论涉及波包坍塌，与概率的突变本身无关。但是，正如我前面提到的，原因概念与其说实际上极为笼统，不如说本来就是笼统，因此，如果存在某种事件

的原因和等外延（等于集合）的现象，那么即使这种现象被称为事件的原因，也并不奇怪。 54

这也适用于波包的突变和概率的突变。因为两种突如其来的变化，至少在此背景中显然是等外延的。这样，如果坍塌的原因是我们的观察，那么我们的观察岂不可视为概率突变的原因？换言之，在波包坍塌的同时，这里也产生了“概率坍塌”。即，产生了概率分布水平提高、概率只集中于现实性的“1”这种意义上的坍塌。基于这种观点，以下是我现在要做出假设并进行验证的想法。“概率坍塌”的事态，与“过去概率原理”所表示的概率突变这一现象大致相当。我将这个假设整理为如下提示。这是从“过去概率原理”派生出来的系统，（虽然有点夸张）我想称之为“概率坍塌假说”（The Collapse of Probability Hypothesis）。

〈概率坍塌假说〉

当我们观察到某事件已经过去时，我们的观察正是使事件的概率坍塌为 1 的原因。[1]

---

[1] 我在这里只提到过去，而不提现在。因为，现在是总在消失的东西，将现在把握为现在是很困难的。正如齐默曼所强调的那样，只承认现在的时间存在的现代主义（presentism），从我的观点来看，致命地轻视了现在的这种消逝的经验特征。这种特征，目前至少应察觉为对峙的问题吧。See Zimmerman（1998），206－219. 但是，另一方面，过去概念也存在固有的困难。即，过去已经不存在，因此严格地说，谁是过去时态的真理制造者（truth maker）？这是亚里士多德以来的传统谜题，很明显是值得探究的问题。关于这一课题的边界，我将在 9 节中略微触及，再在第 3 章稍作论述。

既然时间本身和事实本身不能成为概率的突变的原因，那么我们的观察行为就可以指定为唯一具有说服力的原因候
55 选[1]。当然，理论上，根据各自的情况，作为概率突变的原因，可以说有无数能够描述的要素。所谓原因的指定，乃是基于类似“如果刮风，木桶店就发财”[2]这种风的任意性。我打喷嚏的原因是有人在说我的闲话，这种事情在理论上并非完全错误。确实，提出“概率”概念，以谋求一定的合理秩序，实属“目论”[3]，眼下讨论着构成那种研究的方向性原则的“概率”概念本身。不管怎么说，在目前的语境中，我所探讨的原因，可以**大致**总括性地解释概率突变的一般现象。我认为，

---

[1] 若重新把握进行观察行为的主体，并把这种主体性与自我和精神的概念结合起来的话，可以将“概率坍塌假说”看作乔治·贝克莱提出的经典因果论的变体之一。贝克莱把因果性全部归结为“知觉”(percipere)，由此提出“存在就是被感知”(esse is percipi)。例如，See Berkeley (1951), section 30。顺便说一下，贝克莱受到波普尔的高度评价，认为他可能是量子理论的科学工具主义的先驱之一。参见 Popper (1963), 97 - 119。正如我在序章中提到的，我不否认自己的观点受到贝克莱的影响。

[2] “如果刮风，木桶店就发财”，日语谚语，语出《东海道中膝栗毛》。意为“大风刮来聚宝盆”，比喻不切实际的幻想。有一个伙计偷懒不干活，掌柜想骂他，伙计说他要自己做老板去卖木桶，说只要一起风，卖木桶的就有钱赚了。掌柜问为什么，于是伙计就说开了：“刮大风的时候，跟着灰尘就会扬起，人的眼睛就会进了灰尘就会失明，大风会使许多人失明，失明以后只有当弹三味线的艺人，三味线的艺人离不开三味线，做三味线需要用猫皮，猫皮用多了猫就少了，猫少了老鼠就多了，老鼠多了就会咬坏木桶，木桶坏的越多，桶店的生意就越好。”这被看作日本版“蝴蝶效应”。——译者注

[3] “目论”，像眼睛一样只见毫毛不见睫毛之论。比喻看不见自己的过失，无自知之明。——译者注

就“过去概率原理”而言，我们对作为该原理中的“被确认”之词组的观察，可以说是大致能够具有那种总括性说服力之原因的唯一选择肢。而且，对于“过去概率原理”中概率 1 的突变，只要着眼于事态的结构，就十分酷似量子物理学的概率坍塌。这样，即抵达“概率坍塌假说”。但是，我更想通过颠倒讨论的顺序，来进行更大胆的讨论。换言之，既然概率本来就是坍塌的，因此量子理论的波包和概率坍塌，正是概率概念的一般本性的自然归结。恐怕，这种论点通过诉诸哲学上自身有着激烈争议之处的量子理论的事例，将相应地减少我那看起来有些危险的策略的奇妙性。我的目的是阐明概率的一般本性，因此只是作为达到那种本性的一个线索而提及量子理论。当然，这种论证的成败，取决于“概率坍塌假说”的普遍性是否得到验证。无论如何，我只限于沿着这一路径，既丝毫无意视自己 56
的讨论为量子理论的基础，也没必要那样做。

6. 波普尔的遗产

这里，把目光转向波普尔的讨论，并非徒劳。毋宁说，我的上述讨论，自然是推进波普尔之讨论的探讨。这是因为，我目前所达到的“概率坍塌假说”，基本上是通过考察量子理论的概率意义而提出来的，而且这种概率的意义，正是波普尔建构自己的“概率倾向性论”时的焦点。实际上，我已多次提及波普尔的倾向性论。因此我认为，我对波普尔的倾向性论的态度决定，负有一定的义务。在概率的哲学史中，波普尔的倾向性论，乃是以极为突出的方式屹立着的高峰，具有堪称“波普尔遗产”的哲学价值。我个人认为，波普尔哲学今后流传下来的哲学史的最大功绩，与其说是提倡“证伪主义”，毋宁说是提倡“概率倾向性论”。因为倾向性论生动地保持了持续性的影响力。总之，通过稍微回顾波普尔遗产，我的论点将得到加强，“概率坍塌假说”的含义也该更为明晰。

我想首先聚焦的是，波普尔在《量子理论与物理学的分裂》[1] 的题为“随机运算与‘从可能的东西到现实的转变’”
57 一节中，提出的如下思想实验。

给沙漠中的士兵一个袖珍轮盘赌，并转动它的指针，待指针停止转动，令其朝着指针方向前进一分钟。然后重复相同动作，再次转动指针，朝指针方向前进一分钟。直观上显而易见，根据此指令，可得出士兵位置的概率分布，该位置因士兵的行进速度而从起点朝各个方向扩展。它像一朵云，中央部分较厚，周围逐渐变薄。

那么，一小时之后，让我们**观察**当他即将看到袖珍轮盘赌的结果之际。可以说，那时旧云消失了，新云从我们观察到士兵的地方开始。

这正如“波包收缩”一样……即使在诸如投掷一分钱硬币的游戏中，也会产生一些独特的方法。相对于涌现的信息，涌

[1] 参见波普尔：《科学发现的逻辑后记》，李本正、刘国柱译，杭州：中国美术学院出版社 2014 年版。——译者注

> 现的（相对）概率从$\frac{1}{2}$变为 1。在根源上，这相同于困扰量子论理论家的问题。（Popper 1982，123 - 124）

要言之，波普尔指出，即使投掷一分钱硬币，概率也会突然发生变化，而这种独特的现象正是波包收缩的含义。显然，波普尔的这一观点表明，量子理论的波包坍塌问题不过是概率概念具备的一般特点之一。但是，波普尔进而扩大了他的主张，58
甚至说这些概率的突变没有任何问题。他在《量子理论与物理学的分裂》的其他地方或《科学发现的逻辑》中，通过源自爱因斯坦、且海森堡也谈及的如下思想实验，一并提出了强烈的主张（Popper 1982，76 - 78 and Popper 1959，235 - 236）。

让我们以半透明的镜子为例，假设光反射的概率为$\frac{1}{2}$。那么，光通过的概率也为$\frac{1}{2}$。设“通过”或“传播”事件为 a，而实验配置为 b，则以下等式（α）成立（把波普尔的标记改为条件概率的标准标记，记作如下）。

$$(\alpha)\ P(a \mid b) = \frac{1}{2} = P(-a \mid b)$$

这里，“- a”（即“非 a”）表示“反射”事件。假设用一独立光子进行此实验，则与该光子相联系的概率波包将分裂，并通过上述等式（α）的 $p(a \mid b)$ 和 $p(-a \mid b)$ 获得两个相应的波包。接下来，假设借助感光玻璃板，将那个光子反射，即发生“- a”。此时，根据海森堡的观点，在另一波包发现光子的可能性**立即变为零**（Heisenberg 1930，39）。究竟发生了什么？我们具有通过（α）所表现的相对概率，现在依然如此。若
59 获得“$-a$”这一信息，则相对形成该信息的如下等式（β）。

$$(\beta)\ P(a \mid -a) = 0,\ P(-a \mid -a) = 1$$

$P(a \mid -a) = 0$ 当然是正确的，但这是对原始波包 $P(a \mid b)$ 有所变化“立即变为零”这一事实的陈述，这是一种严重的错误。原始波包 $P(a \mid b)$ 仍等于$\frac{1}{2}$，这意味着如果重复原始实验，则透射光的实际频率将等于$\frac{1}{2}$，必须那样解释。且 $P(a \mid -a) = 0$ 是完全不同的相对概率。这是一个完全不同的实验，它以与第一个实验相同的方式开始，但是必须遵循一个特殊的规范，该规范只有在已发现反射了光子时才结束。对波包 $P(a \mid b)$ 没有影响。这是因为 $P(a \mid b)$ 是相对于原始实验配置的光子状态的倾向性。它根本没有改变。因此，波包坍塌与量子理论无关。这是概率论的贫乏性质，无论 a 是多少，都是 $P(a \mid a) = 1$ 且 $P(a \mid -a) = 0$。投掷一分钱硬币时，每种可能状态（正面或背面）的概率都等于$\frac{1}{2}$。在没看见投掷一分钱硬币之结果时，仍可声称其概率为$\frac{1}{2}$。若是弯腰看见了，它则突然“发生变化”。这里我们所看到的是量子跳跃？一分钱硬
60 币受到我们观察的影响？显然并非如此。以上是波普尔的论点，它的作用是如此强大，与其说是补充“概率坍塌假说”，反而伴有使之陈旧化的影响。

我想对波普尔的这一讨论提出三个论点。第一，应该说完全承认波普尔的讨论，是极其违反直观的。因为，按照他的讨论，在原理上以时间流逝的概率变化为主题的“概率运动学”（probability kinematics）是不可能的，但这违背概率运动学被视为概率哲学的领域之一的现状，事实上，我们认为陈述概率发生变化并没有错。但是，波普尔的讨论似乎禁止这样陈述。若是如此，那就太荒谬了。按照波普尔的想法，世界最终没有任何连续性，世界每时每刻都在重生，并进入另一新世界。这恐怕是一个让人无法接受的观念。实际上，波普尔自身，事实上谈到了概率变化这个概念。他说，“变成 0 是 a 的客观倾向性”（Popper 1982，88）。这听起来与他对海森堡的批评相矛盾。

我想提出的第二个论点如下。波普尔认为，$P(-a|-a)=1$ 没有任何问题，因为它只是一个琐碎的重言式，波普尔似乎绕开了应问的哲学问题。如果按照他的想法严格地公式化，这里成问题的是，该如何处理 P（“**反射**光子” | “**反射了**光子”）这种条件概率，并且它未必能看作明显的重言式。条件项为过去时态（已得到的信息），条件项为无时间的或未来时 61
态，恐怕是基于“在已得到那个信息时，若现在重新得到确认”这一反事实的假设。毫无疑问，这里隐含着我提到的类似时间困难这一微妙的哲学问题。无论如何，波普尔所能主张的充其量只是 P（“**反射了**光子” | “**反射了**光子”）$=1$，那完全是陈旧的重言式，没有任何意义，也没有任何用处。

第三，我想提出以下这点。正如波普尔的断言所表明的，观察不会对一分钱硬币造成任何影响，他暗中假定只有物理现象才可能产生因果性影响。他基于该假设得出观察、知识和无知与因果过程无关的结论。类似的论调也可以从波普尔戏说泡利的部分看出。波普尔嘲笑说，泡利做出了我们的无知增加熵的荒谬结论（Popper 1982，109－110）。但是，波普尔的这种讨论根本不公平。很明显，因果的影响只发生在物理现象上，这只不过是教条。实际上，可以举出许多心理或认识层次的因果性影响的例子。比如，在电车上突然发现眼前站着的人是自己还不认识的上司，这种认识几乎不可避免会对我的心理状态产生因果性影响。考虑到这些因素，如果设想波包坍塌或概率坍塌时的观察者为非物质层次的因果性关系，那么波普尔的讨论
62 就未必有效。实际上，就事实而言，所谓物理现象的因果理解，并不取决于真的裸露的物理现象，而是取决于我们的知识网络（从前，人们认为祈雨给气候带来实际的因果性影响，但现在并不那样认为）。若是如此，那么说观察者将这种知识框架应用于物理现象的行为，乃是造成所谓波包坍塌的原因，也并非不合理。其实，波普尔自己也宣称如下事实。“在现实中，就连‘观察’坐标空间的粒子轨迹的一部分，尽管看起来直观明白，但却是根据各种理论的一种解释。”（Popper 1982，143）这种讨论的线索也对波普尔的“倾向性”的物理·客观的地位带来影响。这当中的情况，可以从波普尔关于“倾向性”概念的如下定义得到实际的确认：

> 概率论在独立场合的这种应用，正是倾向性解释所实现的。

但是，这不是通过谈论粒子和光子而实现的。**倾向性**既不是**粒子的性质**，也不是**光子的性质**，也不是**电子的性质**，也不是一**分钱硬币的性质**。物理学的倾向性阐明描述了状况的各种性质，并且如果状况是典型的，即，如果情况可以重复（如光辐射的情况）就可以测试。因此，倾向性也是**可重复的实验配置的性质**（properties of repeatable experimental arrangements），它在物理上是具体的（Popper 1982，79－80）。 63

若是这样，请问：究竟是“**谁**”设定那种可重复的实验配置？是“**谁**”配置？显然，必须有人以某种科学知识为背景而人为地配置。因此，与把波普尔的“倾向性”看作物理·客观的正式立场相反，这里显然介入了具有特定科学知识的某人（某种主观认识）所提出的特定思维方式。如果“物理·客观性”是独立于观察者的知识，那么波普尔的“倾向性”着实让人吃惊，而不应定义为物理·客观性。相反，它甚至可能是认识的。但是，在量子理论方面确实存在引起波普尔批判的余地。这是因为，至少我不认为量子理论绝对封锁了波包坍塌之观察的因果性影响，可解释为仿佛产生于（如同我们的眼睛发出的光）相同于物理现象的层次似的。总之，若考虑上述情况，将会发现就像“概率坍塌假说”所主张的那样，我们的观察因果性地引起概率坍塌。这样，至少我的上述讨论，证实了“过去概率原理”和“概率坍塌假说”不仅关乎概率的物理·客观之解释，也关乎概率的认识之解释。这是因为，作为我讨论之主要素材的波普尔倾向性学说，在公开声明是概率的物理·客观之理论的同时，也致力于概率的认识之解释。

总而言之，我认为波普尔的讨论，在所谓波包坍塌并非只
64 限于微观量子运动、概率概念乃是日常生活中非常普遍的现象
这一点上，支持了我的讨论。同时，在通过指出波普尔的理论是概率的物理·客观之解释的代表性观点，给予我的讨论以主要素材，但实质上却致力于概率的认识之解释那错综复杂的情况这一点上，也显示了我利用波普尔理论的讨论，可以适用于除了频率说之外的任何概率解释。

7. 汉弗莱斯悖论

以下，我想讨论“概率坍塌假说”是否能够解释概率现象，并弄清“概率坍塌假说”最终带来了什么。为此，我想提出一个被称作“汉弗莱斯悖论”的问题。这种悖论（paradox）不仅在概率概念上引起了根本的困难，而且似乎是可以通过应用“概率坍塌假说”来解决难题的典型例子。追踪这些要点，乃是验证“概率坍塌假说”的过程。然后，通过思考为什么“汉弗莱斯悖论”是一个问题，考察“概率水平提高假说”可能带来的后果。这是澄清“概率坍塌假说”含义的第二步，此过程将导致深层次的困难。

那么，什么是“汉弗莱斯悖论”？这个悖论最初由保罗·汉
弗莱斯提出，后来被萨蒙公开（Salmon 1979，183－216）。此
65 后费泽尔称之为“汉弗莱斯悖论”。该悖论最初根据贝叶斯定理
而提出逆条件概率，并由此质疑了倾向性解释。有几个版本，

我引用的是萨蒙后几年再次提到的第二个最明确的版本[1]。

〈开瓶器的例子〉

例如，试想象一家生产开瓶器[2]的工厂。该工厂只有两台机器，可分别命名为 A、B。机器 A 陈旧，每天生产 1000 个开瓶器，其中有 2.5%不合格品。机器 B 更现代化，每天可生产 10000 个开瓶器，且只有 1%不合格品。现在，假设一天结束时，所有不合格的开瓶器都（由质检员拣出）装在一个箱子里。有人随机从箱子里拣出一个开瓶器，询问它由现代机器 B 生产的概率。我们可以轻松计算出来。那就是$\frac{4}{5}$。尽管如此，我认为，很难接受所谓由机器 B 生产不合格开瓶器的倾向性为 0.8。可以说，由机器 B 产生不合格开瓶器的倾向性为 0.01。但是，声称开瓶器由机器 B 生产的倾向性是毫无意义的（Salmon 1984，205）。 66

假设分别以 D 表示“拣出的不合格开瓶器”，A 表示“机器 A 生产的开瓶器”，B 表示“机器 B 生产的开瓶器”，这样，根

[1] 关于汉弗莱斯的悖论，我已在《迷宫 1》第 209—210 页提及，简单总结了这一难题对于倾向性解释而言是致命的。但是，在阐述不能用作“概率性因果”之“**基础**”的语境中，并不意味着“汉弗莱斯悖论”直接排斥概率解释的倾向性解释，也不意味着排除根据不同于“**基础**”的方式来判断倾向性的可能性。不过，在《迷宫 1》出版之后，我确实发现了倾向性解释的魅力。不管怎样，为了避免不必要的误解，特此说明。

[2] 开瓶器，其用途是打开封闭的事物。以之作为例子，其象征意义，让人联想到“薛定谔的猫”的思想实验。——译者注

据定义，可理解 P（D｜A）$=\frac{25}{1000}$，P（D｜B）$=\frac{1}{100}$，P（A）$=\frac{1}{11}$，P（B）$=\frac{10}{11}$。这里成问题的是 P（B｜D）。可借助“贝叶斯定理”进行如下计算。

$$
\begin{aligned}
P(B \mid D) &= \frac{P(D \mid B)P(B)}{P(D)} \qquad \text{（贝叶斯定理）}\\
&= \frac{P(D \mid B)P(B)}{P(D \mid A)P(A)+P(D \mid B)P(B)}\\
&= \frac{\frac{1}{100}\times\frac{10}{11}}{\frac{125}{1000}\times\frac{1}{11}+\frac{1}{100}\times\frac{10}{11}}\\
&= \frac{\frac{100}{11000}}{\frac{125}{11000}} = \frac{4}{5}
\end{aligned}
$$

只要接受“贝叶斯定理”，就可以完全接受。并且，完全没有拒绝“贝叶斯定理”的理由。那么，问题究竟出在哪里？由于吉利斯以简明的方法描述了汉弗莱斯所举的飞碟例子如何形成这种悖
67 论，因此我想沿用上述开瓶器的例子代替飞碟，改编吉利斯的表述。也就是说，考虑以下情况，问题将变得更容易理解。若采用汉弗莱斯那里的倾向性概念，“晚上从箱子里拣出不合格的开瓶器，它是导致机器 B 白天以$\frac{4}{5}$的权重**被**生产开瓶器的原因之一。那种概念似乎是无稽之谈。因为，在拣选开瓶器时，该开瓶器要么已由机器 B 生产，要么不由机器 B 生产。为了使这一点更为引人注

目，假设机器 A 生产白色开瓶器，机器 B 生产橙色开瓶器。如果不合格开瓶器是橙色的，那么很明显它是由机器 B 生产的，因此，不知道为什么它有$\frac{4}{5}$的倾向性**被**机器 B 生产是什么意思”（See Gillies 2000，131）。换句话说，如果根据倾向性论来理解开瓶器的例子，就必须采用“部分逆向因果”（partial backward causation）的概念，这是太不合理和难以接受的[1]。

粗略地讲，迄今为止，对“汉弗莱斯悖论”有三种类型的反应。第一，该悖论表示概率的倾向性解释的不合理性，因此主张应该直接放弃倾向性论。这个回答是由汉弗莱斯自己和米尔恩提倡的。汉弗莱斯完全认识到这里出现的因果困难，从一开始就宣称“倾向性的因果本性不能以标准概率论充分表现” 68（Humphreys 1985，557）。米尔恩也同样强调把条件概率的“贝叶斯定理”应用于事件的倾向性的奇妙之处，并指出“条件概率不能在实在的个别解释（指倾向性论）中得到充分处理”（Milne，1986，131），这表明已转向基于长期频率的概率解释。米尔恩指出，这一悖论由三个假设组成：（ⅰ）条件概率（的意义性），（ⅱ）实在的个别解释与不确定的东西之间的联系（的可说性），（ⅲ）与未来不同，过去和现在是确定的[2]。他指出，拒绝这些前提中的任何一个都将成为不幸的选择（Milne

---

[1] 现实生活中，“部分逆向因果”并非无稽之谈。撇开狼与羊在上下游喝水的童话不说，在本例中，质检员检验开瓶器是否合格时判断标准的细微波动，无疑将直接影响开瓶器合格或不合格的比例。——译者注

[2] 古云“凡事预则立，不预则废”。“向死而生”的哲学态度，关乎个人的生命质量，在此意义上，可谓“未来决定现在”。——译者注

1986，132）。换句话说，“汉弗莱斯悖论”是成立的，因而倾向性论无法维持。第二类应答指出，应明确把“贝叶斯定理”应用于事件的倾向性，在什么情况下是合适的，什么情况下是不合适的。这是由麦柯迪展开的。他试图通过在计算条件概率时考虑时间，来确保这些条件的条件概率完全有意义。让我们再以开瓶器为例。假设 t_1 是机器运行前的早晨，t_2 是机器运行中的白天，t_3 是质检员从箱子里拣出一个不合格开瓶器的傍晚之时间，Pt_i（Dt_j | Bt_k）是 t_i 在 B 出现 t_k 的条件下 D 出现 t_j 的概
69 率。进而，比较以下两个概率。

（1）Pt_1（Bt_2 | Dt_3）

（2）Pt_3（Bt_2 | Dt_3）

麦柯迪的主张是这样的。（1）很合理，应被赋值 $\frac{4}{5}$，而（2）则毫无意义。因为，一旦实现了 Dt_3 或～Dt_3，就不会发生事件 Bt_2 的不确定性。Bt_2 是已经发生或尚未发生（McCurdy 1996，107ff.）。换句话说，麦柯迪一方面同意在（2）的意义上理解汉弗莱斯的情况将导致悖论的困难，另一方面主张在事件发生之前考虑汉弗莱斯的情况时，如（1）所示，通过贝叶斯定理得出的逆条件概率完全没有任何问题，可以适用于倾向性解释。这虽是部分的，但却是具有维护倾向性论的尝试。并且麦柯迪一边诉诸尼尼鲁托的暗示（Niiniluoto 1998，103－104 note 16），也附有相对于（1）为物理概率，（2）为认识概率的这种论点。然后，对“汉弗莱斯悖论”的第三类反应，却是非常简单。即，“汉弗莱斯悖论”只是证明了不能维持作为概率之

实在的独立事例解释的倾向性说，因此仍有可能支持和完善避免这种悖论的长期的倾向性论。这是米尔恩所暗示的立场，由吉利斯明确而自觉地提出（Gillies 2000，131－136）。但是，第 70
三类应答超出了我此处考察的范围。因为，就目前而言，如“过去概率原理”所示，我只想以独立事件的概率为主题。

8. 过去决定论

不管哪种方式，这里出现了概率的真正严重的困难。那么，运用“概率坍塌假说”能够给出怎样的回答？这里有几点需要提及，不过我想首先确认如下这一点。当我从箱子里拣出一个开瓶器（白色或橙色）并看到它时，如果我们遵循“概率坍塌假说”，开瓶器为橙色的概率就会坍塌为 0 或 1。因此，至少在发生这种坍塌之后，既完全没有询问概率的余地，也没有意义。因此，如果汉弗莱斯的情况直接涉及之后的概率问题，那么很自然会陷入一种悖论的无解的状况。因为在这种情况下，原本就不存在构成意义的问题。这就像询问确定的概率 1 之概率是多少？在此意义上，“汉弗莱斯悖论”一开始便是无稽之谈，因此应该说以这种悖论导出倾向性论的不合理性的结论缺乏说服力。但是，虽说如此，我并不认为“汉弗莱斯悖论”丝毫没有触及概率的重要论点。因为我想若是通过稍微修订这个悖论，将其应用于“概率坍塌假说”，它将揭示概率隐藏的一些重大含义。那么，该如何修订？让我们设想关于开瓶器的下述条件。 71

〈修订版〉

一天结束之后，装有全部不合格开瓶器的箱子为木制的，从外面看不见里面的东西。要求我从那个箱子里抓取一个开瓶器。我把手伸进箱子里，抓取一个特定的开瓶器。在这一瞬间，要求我回答所抓取的开瓶器由现代机器 B 生产的可能性。就是说，要求我在抓取开瓶器并看到它之前予以回答。

在这种情况下，与原先的“汉弗莱斯悖论”相比，条件设置得更详细，并且概率计算没有变化。因此，使用“贝叶斯定理”，再次为 $P(B \mid D) = \frac{4}{5}$。

在这种情况下，如何理解 $P(B \mid D) = \frac{4}{5}$ 的结果？这是悖论吗？在这种情况下，根据“概率坍塌假说”，概率尚未降低，因为尚未观察到。或者借“过去概率原理”的用语来说，我尚未确认它是白色还是橙色[1]。因此，在这种情况下，只要接受“概率坍塌假说”，就必须 $P(B \mid D) < 1$。这里，有着根据“贝叶斯定理”为 $P(B \mid D)$ 分配 $\frac{4}{5}$ 的有力理由。假设 t_3 表示

[1] 也许有人会觉得这里的“观察”和“确认”的概念极为模糊。之所以这么说，是因为用手握住某些东西也是触觉意义上的一种确认。原本，这并非尚未确定，能否称作“触觉的观察”（?）。但是，不管怎样，如果必要的话，通过进一步修订条件，可以很容易地消除这样的疑问。也就是说，可以给每个装在木箱里的不合格开瓶器随机附加一个从 1 到 125 的编号，然后，让我选择其中的任一数字，问我选中的带特定编号的开瓶器由现代机器 B 生产的概率是多少？这样修订的话，应该可以回避“确认”和“观察”之概念的疑问。

我持有开瓶器的时间，则将$\frac{4}{5}$分配给先前由麦柯迪提出且被视 72
为毫无意义的方程式（2），即 Pt_3（Bt_2 | Dt_3） = $\frac{4}{5}$的计算，也应是可以接受的。这样做有何问题？当然，问题在于，我所持有的开瓶器实际上已固定为白色或橙色，无论是否可见，这种直观而强烈的观念存在于我们头脑当中。正因为存在这种观念，我们甚至必须拒绝将“贝叶斯定理”应用于修改后的“汉弗莱斯悖论”。确实，我也同意这一观念。我通常也抱持这种观念生活。但是，现在通过一种思想实验，来考察哲学问题。从这种理论观点来看，首先应引起注意的是，这种直观观念受到了过去决定论（determinism）的支持，这意味着过去事件已经发生，因此其发生的概率必须为 1 或 0。或者，若以别的方式质言之，先前的直观观念以适用于排中律的过去为当然前提。这种观点，意味着决定论的立场是抱持有因必有果的看法，严格说起来，与其说是过去的决定性，不如说是过去的确定性，之所以使用“决定论”的说法，是因为它包含过去发生的事件，其结果发生的概率不可能理解为在 1 之外。

但不管怎么说，这种确定性假设是否完全正确？其前提依
据是什么？老实说，我认为无法假设绝对的依据。这里重要的 73
是，哲学讨论的两个理论层次的区别。即，“形而上学的讨论”和“认识论的讨论”之区别。“过去是固定的，无法改变”，这不过是超越经验的形而上学主张。因为从认识论的角度讲，无法验证过去是否改变（无法回到过去，以验证是否改变），所以

从认识论上讲，必须把所谓“过去不可改变”看作不确定的观点。不仅如此，我认为从理论上说，甚至可以认为现在正在发生的各种变化，是由不断变化的过去所引起，因而不如说过去每时每刻（?）都在变化。不管怎样，这些要点将在第 3 章中详细介绍。当然，形而上学和认识论是无法严格区分的，二者常是混杂的。但是，如“引章”所述，考虑到陈述“原因”和“理由”之“因由”句问题，在理解“召唤与应答”这一现实的理解实践中，抱持“不确定性的认识论”的本书立场，自然地把重点放在认识论的观点。若是这样，我想采取“过去决定论”这种说法。的确，我们是抱着过去决定论这一前提而生活，但是作为认识的真相，这种前提不过是在一定“程度”上被确信而已。完全封锁与这一前提不同的看法，是没有任何根据的。面对过去的决定性的直观观念并不完全，并未达到概率 1。A. J. 阿耶尔曾经正确地指出，正是“感觉·数据”的概念，决定我们
74 选择“感觉·数据”的语言，而无有例外（Ayer 1940，28）。

我想在这里说同样的话。我们对过去确定性的直觉观念，往往只是根据我们（可能是本能?）的决断来选择。未经确认的过去事件，即使以特定方式生动地表现出来（比如“现在处于这个特定的箱子里”），也必须像前面所说的那样，分配低于 1 的概率。正如已看到的那样，米尔恩认为这是无法拒绝过去的决定性的基本前提。但是，这未必正确。这未必正确，正是“概率坍塌假说”之含义。于是，结果，与其说“汉弗莱斯悖论”的困难性在于“部分逆向因果”，不如说潜藏于难以接受这些因果的根底，即暴露了正是源于“过去决定论”这一事实。那么，既然决定论并非必须绝对接

受，那就应该可以解决“汉弗莱斯悖论”。就此而言，可以判断“概率坍塌假说”确实具有解决“汉弗莱斯悖论”之能力。

可以拒绝过去的决定性，这种讨论的前进方式听起来也许很奇怪，但其实这既非不合理，也非违反常识。作为实际问题，关于木箱的内容能够说些什么？可以添加先前看到箱子里装有白色开瓶器和橙色开瓶器这一假设。即使这样设想，我们真的确信那些开瓶器在绝对完美的意义上持续保持相同的固定颜色？也许有人会说，若是实际检查箱子内容的话，就能确切地证明。但是，我现在要问的是，正如此前修订版所描述的那样，这是 75
检查前的情况。在这种情况下，“严格说起来不确定”乃是诚实的回答吧。而且，决定论这一想法本身，在前段所述的意义上，只是我们决断的结果，还不能看作充分的根据。因此，从理论上说，开瓶器在箱子里保持相同状态的可能性必须小于 1。实际上，我们通常以这种方式把握历史事件。在描述历史时，使用概率概念并不奇怪，即使这是以过去发生的事情为主题。这一点是第三章的主题，但是在这里也稍加涉及。让我们想象一下，某个重要的历史人物（譬如静御前[1]和东洲斋写乐[2]等）被证实曾存在于某个特定时期的某个特定场所，此后由于其身影消失于历史舞台，关于该人物后来的踪迹则流传着多个

---

[1] 静御前（1165—1211），日本平安时代末期人物，矶禅师之女，源义经之爱妾，舞艺精湛，知名歌舞伎。在战争中为源赖朝所获，产下的遗腹子被杀，一度想自尽。传说在源义经去世后，伤心而死。——译者注

[2] 东洲斋写乐（1763—1820?），江户中期的浮世绘艺术家。他留下了约 140 张不同的演员肖像和一些相扑选手的肖像，其特点是面部表情大胆夸张，个性鲜明。——译者注

故事版本。在这种情况下，作为未确认的情节，通常每种说法均适用小于 1 的概率（换言之，每种说法都有其合理性）。实际上，正如麦克莱所暗示的那样（McCullagh 1984，57 - 64），利用认识概率来解决假说的确证问题的贝叶斯理论，甚至被应用于历史事件的假说的确证。当展开这种讨论时，或许有人会想起休谟曾经根据概率概念而提出的关于奇迹之真实性的著名论点[1]（参照 Hume 1975，Section X 及《迷宫 1》第一章）。不管怎么说，这种历史讨论是极为普通的，与“过去概率原理”或“概率坍塌假说”完全一致。因此，即便是日常的说法，也
76 可以说开瓶器在箱子里保持不变的概率低于 1。将几个小时前确认过箱子里开瓶器颜色的状态说成历史的，这多少有些夸张；但在如果承认至少经过了一段时间而已成为过去事件这一点上，则可以说是历史的。若是如此，将“贝叶斯定理”应用于“汉弗莱斯悖论”修订版，得出 P（B｜D）$=\frac{4}{5}$这一结果，应该没有任何问题。

顺便说一句，是否认为我先前的论点，至少在论点的结构方面，出乎意料地相似于量子理论的观察问题？的确如此。实际上，这样进行讨论是有其相应理由的。原本“汉弗莱斯悖论”的提出是出于批判概率的倾向性论，该倾向性论本身具有始于量子理论的相关场面之动机，在此意义上，“汉弗莱斯悖论”的分析自然将达到类似量子理论之观测问题的状况。然而，“汉弗

---

[1] 参见休谟：《人性论》，吕大吉译，北京：商务印书馆 1999 年版，第 100 页。——译者注

莱斯悖论”与宏观现象有关。这就是说，它的论点类似观测问题，意味着由量子理论之观测问题引起的波包坍塌，是概率概念一般具有的自然含义之一，可以说它支持我上述假说的讨论。若是如此，毋宁说相反，事态的实相是，“概率坍塌假说”所表达的概率坍塌是其归结之一，它呈现为量子理论的观测问题。

但是，话不能停留于此。因为，观测问题仍是其本身引起的一个有争议的问题。我前面说过，决定论并没有充分的根据。但是，这不过是理论上的言说。作为实际问题，即使这只是理论上的一个可能选项，我们也总是选择过去决定论。有鉴于此， 77
如众所周知的，观测问题是有问题的，著名的“薛定谔的猫”以令人印象深刻的方式揭示了这一问题。就讨论的结构而言，它同样适用于“汉弗莱斯悖论”。当然，从物理学的观点来看，不用说“薛定谔的猫”与“汉弗莱斯悖论”之间存在根本差异。但是，无论如何，我想在这里提出的是，尽管“汉弗莱斯悖论”在理论上并非悖论，但在实践上仍是悖论。那么，为什么在实践中产生这种悖论性，它产生了什么后果，这有必要做进一步的探讨。

在进入下一阶段之前，应注意一个基本要点。到目前为止，我探讨的是“汉弗莱斯悖论”初步提出的情况，主要涉及概率的倾向性解释。但是，我想强调的是，这种悖论同样适用于认识之解释。让我们回到“汉弗莱斯悖论”修订版。在这种情况下，应用“贝叶斯定理”乃是非常有意义，盖即使从主观的角度看，我们也无法确信抓取的开瓶器是白色还是橙色的。但是同时，我们还是从主观的观点接受了过去决定论。我们相信，

除非发生什么特殊情况，否则在放入木箱后开瓶器的颜色将永
78 远不会发生变化或波动。因此，我们在主观上认为，在抓取开瓶器的一瞬间其颜色就已经固定。换句话说，我抓取的是白色开瓶器还是橙色开瓶器，虽然在主观·认识的意义上为概率性的，但是即使在这种主观·认识的意义上，我也可以肯定我抓取的开瓶器，与我正在抓取这件事毫不相干，它是由机器 A 或 B 生产的东西。正如尼尼鲁托和麦柯迪所暗示的那样，在这里强调地提出物理概率和认识概率之区别，似乎忽视了“**对于**过去决定论的主观信念”的状态。对于概率的认识之解释而言，“汉弗莱斯悖论”乃是悖论。因此，迄今为止，我的讨论不仅仅是倾向性解释，也涉及认识之解释。实际上，我的论点之于这两种解释的有效性，应该已经通过探究波普尔的倾向性解释而得以确认。

9. 概率 1 的逆溯分配

那么，为什么我们从物理·客观的意义接受过去决定论？为什么主观上相信过去决定论？我想解决这些问题，以便发掘其深深扎根于“概率坍塌假说”的含义或展开性。显然，这些问题与如何理解过去紧密相关。这是一个庞大的问题，无法在这里进行全面处理，但或许可以提出我对过去概念的基本直觉。
79 在我看来，过去就是最真切地铭刻于我们心中之时、后悔自己做过的事情之时、或感到曾经的那种怀旧之时。可能你也认为，正是这种时候，我们才有机会学习过去概念的意义，然后通过一般化，将之扩展到其他场合。我想，这种看法是一条有力的

途径。因此，我假定过去概念发自后悔或怀旧。当这样想时，必须注意以下两点。

(a) 当我们对刚刚发生的事情感到后悔或怀旧时，即使这些记忆可能是错误的，也会以一种特殊的方式生动地再现我们记忆的过去景象。

(b) 这种过去的景象被看作一成不变的，其特征与对未来的态度不同，它可能以某种方式改变和控制后悔或怀旧。

根据“过去概率原理”或“概率坍塌假说”，(a) 意味着该
事件的概率必须为 1，并且我们的表象是那种概率 1 的原因。
但是，这里必须注意的是，“过去概率原理”或“概率坍塌假
说”只规定了刚刚发生的事件的情况（因此，使用了“刚才”
或“刚……就……”这种说法），而 (a) 不仅包括刚刚发生的
事件的情况，还包括此后经过很长时间的情况。因此，严格说 80
起来，将“过去概率原理”或“概率坍塌假说”适用于后悔或
怀旧的情况是不恰当的。并且作为实际问题，作为后悔或怀旧
之对象的过去事件可能是错误的（掺杂记忆混乱的随意创作），
因此我把这一点补入 (a)。另外，可能会因为遗忘，而陷入上
述概率 1 的时间困难。因此，可以说将低于 1 的概率应用于发
生后悔或怀旧的事件是合理的，除非对刚刚发生的事件感到后
悔或怀旧。但是，尽管如此，后悔或怀旧的概念，一切后悔或
怀旧的过去事件，都是基于上述 (a) 和 (b) 的思维方式而实
际地发生的，并且可能要求在语法上加以固定。若非如此，后

悔或怀旧的概念将失去其本义。如果事件不曾发生或可以改变，就不会产生后悔或怀旧。那么，我们如何理解这种情况呢？我的理解是休谟式的。这里引入了某种“虚构”，就好像只是在观察刚刚发生的事件。我们通过虚构地呈现过去事件（好像它们只是正在发生的事情），而对过去的某个事件感到后悔或怀旧，因此采用概率 1。在这种理解中，假定这些事件的概率呈现于我们之前是低于 1。至少，在呈现之前，完全没有“过去概率
81 原理”或“概率坍塌假说”这种意义上的概率 1。因此，这里也能看到概率的突变。若与“概率坍塌假说”类比地思考，可以说，在后悔或怀旧时呈现于我们过去事件，是使低于 1 的概率朝 1 突变的“原因”。换句话说，通过我们的虚构地呈现，过去事件的概率以“逆溯”的方式而坍塌[1]。

以上讨论仅涉及后悔或怀旧的特殊情况。但是，是否还有其他情况可以虚构地呈现过去事件，在结构上类似于后悔或怀旧呢？我觉得有。那就是把静态事物确认为与以前相同的情况。在这种情况下，我们可能在过去已呈现它的形式，并确认它与现在的形式相同。或者毋宁说，两种形状可谓是重叠的。结果，

---

[1] 小岛宽之在其独特著作小岛（2004）“终章”中，展开了把握作为假设法过去完成形的概率之设想，暗示了把可能世界纳入决策理论的可能性。这是我在讨论概率概念时把“时态”作为本质因素的立足点，与我在本书中关于概率概念的理解相一致。实际上，我提到的“后悔”这一事态，无疑是与小岛所说的可能世界相协调的。不过，也许会产生我所讨论的“过去决定论”与小岛不一致这种疑问。但是，可能世界，在现实上终究是以过去是一个已被决定了的事实为前提，然后才被描述为“可能”。在此意义上，我所说的“过去决定论”可谓小岛理论的基础。不管怎么说，我自己从小岛那里学到了很多。

我们使过去事件极其生动地呈现。作为呈现的方式，这显然类似于后悔或怀旧的情况。这样，静态事物在过去（与现在相同）存在过的概率，尽管在这种情况下，严格说起来，并不满足“过去概率原理”或“概率坍塌假说”的条件，却被看作 1。可以说，这个过程对我们的过去概念产生了显著影响。因为，静态事物，最根本的东西乃是大地·地球，它形成了我们认识活动的最基本背景（且不问能否称其为可供性〔affordance〕），因此，追溯性地把概率 1 分配给过去事件，无论这是怎样虚构的东西，也自然而然地会扩展到对过去一般的总体理解。就这样， 82
决定论由此诞生。我们倾向于过去事件与我们的确认无关，它已经被决定了，因此那种事件的发生概率必须是 1 这一思考的方向。这种想法，在实践意义上大概很适合我们的日常语言。因为，行为的责任和事件的归属概念，形成我们实际会话中非常重要的部分，这种概念明显定义性地要求过去有其固定的被决定了的地位。在此意义上，我较早地描述了决定论的问题背景，这与其说是理论上的，毋宁说是实践上的。不管怎么说，让我们介绍一下前面提到的“逆溯概率假说”（the Retroactive Probability Hypothesis）。

〈逆溯概率假说〉

我们虚构地呈现过去事件，这是概率**逆溯至**过去并坍塌为 1 的**原因**，由此出现了过去决定论。

起初，这种“逆溯概率假说”可能看起来很奇怪，但是如果稍微反思我们实际抱有的过去概念，就会消除这种第一印象。我想说的是，在定义中原本就没有所谓的过去，在本质上字面意思的验证之类是不可能的，因此，所谓过去，必定带有某种
83 虚构的色彩而被叙述。虚构是过去的本性。这种过去的不变性和决定论，成为形而上学公开的主张。在此意义上，经常有人主张历史叙事学是很合理的。因此，至少在讨论过去理解的语境中，是把过去看作如字面意思般实在的，也就是说，不考虑虚构性而直接赋与过去事件的发生概率为 1，这是一种哲学上的欺骗或智力上的怠慢。

我想确认两点。第一，我们可以通过使用“逆溯概率假说”来解释为什么“汉弗莱斯悖论”会对悖论产生影响。木箱中的开瓶器的颜色已经固定，即，在我看见它之前，它由机器 B 生产的概率必须是 1 或 0，因此，我们倾向于认为，运用贝叶斯定理，计算我从木箱所抓取的特定开瓶器**被**机器 B 生产的概率，乃是不合理的事实。这一切源于我们在抓取特定开瓶器时虚构的呈现，即，尽管实际上我们没有观察到箱子里的开瓶器，却好像刚刚观察过似地呈现。这样，“逆溯概率假说”很好地阐明了极其复杂的情况。关于这一点，值得一提的是蒂莫西·威廉姆森对我的“汉弗莱斯悖论”修订版的评价。他说，如果木箱里设了录像机的话，我的修订版是否就没有意义了，因为在那种情况下，特定开瓶器的颜色会在被人看见之前固定下来[1]。

---

[1] 2003 年 5 月 29 日，我在牛津大学新学院访问威廉姆森研究室时，他发表了这一短评。

这是一个类似于通过电话录音约束言语行为的非常现代的评论， 84
听起来似乎微不足道，但这是一个范围广泛的问题。对于他的
评价，首先我想回答的是，录像机记录的信息的概率，在我们
看到录像机的瞬间坍塌为 1，这个条件不会损害我的讨论。但
是，他的录像机的例子，在很好地说明了“逆溯概率假说”这
一点上，富有启发性。即，正如这个例子所暗示的那样，我们
很容易做出就像我们只是刚刚观察过去这种虚构的呈现，这一
呈现是使得该事件发生的概率逆溯地坍塌为 1 的原因。这样，
威廉姆森的例子大大增强了“逆溯概率假说”。另外，顺便说一
下，我认为“薛定谔的猫”所表述的印象，至少在部分上，就
像我们看见猫被装在箱子里一样，可以说本来就类似于录像机
例子的虚构的呈现。不管怎样，在这种情况下出现了过去决定
论，产生了悖论。

第二，请注意，即使“逆溯概率假说”采用了虚构的方式
作用于我们现在进行的呈现，也是造成过去事件发生概率坍塌
的原因，这一点显然意味着某种形式的“逆向因果”。如前所
述，米尔恩和吉利斯把“汉弗莱斯悖论”诊断为陷入了（部分）
逆向因果这一荒谬概念。在某种程度上，他们是正确的。就
“汉弗莱斯悖论”而言，确实存在某种逆向因果关系的问题。但
是，在我看来，这里与逆向因果相联系的，不是以 $\frac{4}{5}$ 的概率影 85
响过去的结果这种部分领域，而是过去决定论的全面形成，正
是那种全面的逆向因果，为部分逆向因果提供了悖论背景。那
么，我们该如何对待这种全面的逆向因果呢？应将其作为无稽

之谈而完全废弃吗？确实，我的讨论与废弃全面的逆向因果之策略是一致的。因为，我认为“逆溯概率假说”所表达的想法乃是**虚构**。但是，这里应注意的是，如果废弃全面的逆向因果概念，那么只要“逆溯概率假说”成立，就必须同时放弃过去决定论的概念。一切都取决于如何评价虚构这一概念。如果必须一概拒绝虚构的东西，我们就必须放弃过去决定论，必须拒绝与过去事件相联系的必然性・确定性，而估计过去事件的发生概率低于 1。但是，另一方面，必须看到我们的认识活动，在包含对譬如无限性、完全性等概念的形而上学之理解（无限和完全，除非虚构地假定神的视角，否则应是难以真正理解的）的意义上，如果我们强调本来就涉及虚构的东西的事态，那就必须看准在虚构的意义上与过去决定论共同生活的事实。我认为，根据后者的道理来思考更加自然而合理。关于这一点，若考虑到以下情况，即使不考虑形而上学的理解，也很容易理解。“逆溯概率假说”之虚构的呈现，可以视之为“要是看了箱子里
86 面，就会发现橙色开瓶器”这种反事实条件句。然而，在理解日常接触之事物的“容易坏”或“容易燃烧”这种性向（属性）的性质时，也极为普遍地使用这种反事实条件句。此外，如本章开头所述，在判断某个人是否负有责任时，我们通常会诉诸“能以其它方式而行动”的观点。显然，这种观点有着反事实条件句的形式[1]。既然反事实条件句这种虚构形式已渗透在我

---

[1] 关于“能以其它方式而行动”的性质，我深感有必要将其作为反事实条件句来考虑，始于 2003 年参加了国外访学地牛津大学夏学期（Trinity）玛莎・克莱因的讲义。她的题为“自由意志・道德的（转下页）

们日常生活中，同样作为反事实条件句的“逆溯概率假说”之虚构的呈现，也就不该以虚构为由而立即拒绝吧。

进而，若再稍微注意深入地考察，我们可以发现甚至现实中也存在假定逆向因果的情况。例如，正如苏佩斯所指出的那样，“众所周知，经典物理的基本方程式即使把时间从 t 转换为 -t，也仍旧有效，并往往成为评论的对象”[1]（Suppes 2001，203）。但是，当然，这种可逆性乃是“时间的方向变化的不变性……在因果过程的本性上，引起哲学的紧张”（suppes 2001，203），这也是因为我们日常的因果概念只有向前的作用。无论如何，至少在物理学中，不应轻视逆向因果的可能性已得到认真考虑这样的事实。具体地说，超光速粒子或反粒子被看作朝相反方向起作用（see Horwich 1987，101 - 102）。我想，达米特以来，成为因果性哲学中必不可少之话题的逆向因果讨论，起初是受现代物理学的推动。进而言之，不用说理论物理学，即使在日常经验中，也能找到逆向因果的情况。正如我之前在《迷宫 1》所提到的，这里让我们再简单地谈谈纳尔逊·古德曼 87
以让人印象深刻的方式讨论过的“似动现象”之例子（参照《迷宫 1》，120 - 123 & 177 - 178）。“似动现象”是指，当两个

（接上页）责任·刑罚”的讲义确实十分刺激，充满洞察力。我想在这里表示谢意。不过，从反事实条件句之分析来充分展开自由意志之讨论的路径，是下一部作品《原因与责任的迷宫》（《迷宫 3》）的课题。另外，请参照 Klein（1990）。

[1] 苏佩斯本人坚信因果关系是正向活动的，并强调不是“强反转”的系统在自然中广泛存在，因此支持正向因果这一常识性见解的我们的个人经验得以强化。See Suppes（2001），212.

近距离的点以一定的时间顺序依次发光时，我们会虚构地感知到发光点的“运动”现象。实际上，这种现象在霓虹灯和电视画面中非常普遍。这时，古德曼问道：“在似动现象中，我们如何按照从第一次发光到第二次发光的路径来填充时间点?”（Goodman 1978，73）古德曼回答说，虽然似动现象看上去像是从第一次发光到第二次发光，但实际上只是在发生第二次发光之后才建构起来。他称之为“回溯建构说”（The retrospective construction theory）（Goodman 1970，81）。显然，可以用这种方法作为解释逆向因果的事例，即，我们所看到的第二次发光，是产生从第一次发光到第二次发光之发光点的运动这种过去事件的原因。而且，如前所述，这种似动现象非常普遍。若是如此，我们理应把握涉及日常生活的某种逆向因果，即使它被描述为虚构的。如果是这样，“逆溯概率假说”所表现的事态，就必须被理解为起着举足轻重的作用，而不仅仅是作为虚构的东
88 西而予以忽视。

10.“纽科姆问题”与决定论

因此，鉴于上述情况，我们该如何评估“逆溯概率假说”中出现的决定论之地位?我想增加关于这一点的探讨，以结束本章。为了推进这一探讨，我想提及与“汉弗莱斯悖论”一样复杂的悖论，但眼前目的只是为了说明或强调我的论点。我要提及的是“纽科姆问题”（Newcomb's Problem），自从诺齐克发表物理学家纽科姆提出的“合理决策”（rational decision）的难

题以来，该问题就广为人知（see Nozick 1985，107 - 133）。这里，我引用诺齐克后来给出的最简单描述。

〈纽科姆问题〉

具有准确地预测您的选择之能力，并且非常相信您那种能力的存在者，正试图预测您在下述情况的选择。有 B1 和 B2 两个箱子：B1 装有 1000 美元；B2 装有 100 万美元或为空。您可以从以下两种行为中任选其一：（1）接受两个箱子的东西；（2）仅接受 B2 的东西。此外，您知道如下情况，存在者知道您所知道的等情况。也就是说，如果存在者预测您将接受两个箱子的东西，那么他不会在 B2 放入 100 万美元；如果存在者预测您仅接受 B2 的东西，那么他会在 B2 放入 100 万美元。最初，存在 89
者进行预测；接着，他根据自己的预测，要么会在 B2 放入 100 万美元，要么不会在 B2 放入 100 万美元；最后，您进行选择（Nozick 1993，41）。

众所周知，已经有很多关于“纽科姆问题”的文献，并且已经提出了许多意见。我的目的，不是研究这些观点。但是，为了结束本章的讨论，首先让我们概括一下有关“纽科姆问题”的几种评论。关于这一问题的看法，包括所谓的“一箱派”（one-boxer）［主张若要得到更多的钱，就应该选择选项（2）］，“二箱派”（two-boxer）［主张应该选择选项（1）］（see Sainsbury 1995，60）以及其他观点，例如“no-boxers”（无箱派）（主张这个问题不协调，且不确定）（see Campbell 1985，

24－27)，或诺齐克自己的观点［为了明确这一问题的复杂性，引入“象征效用”（symbolic utility）这种其他概念的立场］（Nozick 1993，26－35）等。总的来说，我对这些观点的看法是，“无箱派”的观点过于僵化而无趣，这是因为，很容易指出“纽科姆问题”的概率极高（但是，概率当然小于 1，因为概率为 1 时，自动选择一个箱子乃是最佳选择，而不成其为难题），它包含一个能够正确预测的超自然的预言家，作为现实的决策
90 问题缺乏实在的一致性，同时也存在着严重的疏漏。无箱派的态度是，任何虚构的东西，任何形而上学的要素，都影响我们的认识和行为的阐明。但是，我们的认识和行为中包含基于形而上学的承诺和反事实的假设而产生的虚构的东西，这在前段论述中已是很明显的。也就是说，“无箱派”的态度与“逆溯概率假说”不协调。并且，正如麦基所描述的，“纽科姆问题”包含若说“一箱派”有何合理性的话，那就是你的选择乃是引起正确预测的原因这一意义上的“逆向因果”之一。麦基自身以这种源于逆向因果的不合理性为例，通过提出“纽科姆问题”所引发的几个不合理性，来展开“无箱派”的讨论（Mackie 1985，145－158）。但是，正如已讨论的那样，从一开始就拒绝逆向因果，未必是可以接受的态度。在这一点上，难以接受“无箱派”的立场。另外，在“二箱派”的讨论中，在竭力避免逆向因果这一点上，可以说与“无箱派”的步调一致。所谓“二箱派”的讨论，乃是诉诸这种直观的想法：一旦例中预言家做出预测就决定了箱子 B2 的内容，就说明 B2 的内容与您之后进行的选择无关而被固定下来。二箱派那种直观的理由，只不

过是因为逆向因果的概念乃是不合理的。但是，二箱派不同于“无箱派”，他们接受“纽科姆问题”的设定，在此基础上提出选择接受二箱才是合理的。

为了避免误解，我想在此强调一下。我丝毫不主张“纽科姆问题”的设定是完全合理的、现实的。毫无疑问，“纽科姆问 91
题”不过是话题而已。只是，我想在这里提醒注意的是，这一话题乃是可以理解的事实。我想聚焦于这种可理解性。从这种观点来看，以具有超自然预测力的预言家和逆向因果的概念乃是荒谬的想法为前提来评价“纽科姆问题”，并不合适。显然，“纽科姆问题”是一种验证我们决策方式的思想实验，因此，即使其中含有一些非现实因素，也不足为怪。而且，正如我反复阐述的那样，我们关于世界的日常理解乃是掺杂性向词的虚构之物。考虑到这种情况，可以说“二箱派”的讨论已偏离了“纽科姆问题”的核心。因为，那种讨论单讲超自然的预言家之作用，并非真正接受“纽科姆问题”的本质要素来展开讨论。它从一开始就不承认可以预测最终能够以极高概率接受两个箱子的事态。那么，“一箱派”的讨论又是如何？我的看法是这样的。“一箱派”的讨论，只要接受“纽科姆问题”的设定是可以理解的，即使认为那是有着一种逆向因果含义的奇妙设定，也是最自然合理的。但是，我的这一见解，与现在的“逆溯概率假说”和决定论的验证这一语境有何联系？

这里值得注意的是，“纽科姆问题”与“汉弗莱斯悖论”之间存在明显的平行性。在“汉弗莱斯悖论”的原始形式中，应

92 用“贝叶斯定理”来计算机器 B 生产某个特定开瓶器的概率为 $\frac{4}{5}$ 是荒谬的，因为当您看到那个橙色开瓶器之后，概率已坍塌为 1。“纽科姆问题”亦然。必须指出，当选择选项（1）或选项（2）之后，再计算例中预言家做出正确预测之概率，是荒谬的。但是，从理论上讲，“汉弗莱斯悖论”修订版将“贝叶斯定理”应用于开瓶器，以计算它由机器 B 生产的概率，是完全合理的，盖其时概率尚未坍塌。根据同样的理由，在“纽科姆问题”上，虽然已经做出预测，但是在您实际选择选项（1）或选项（2）之前，就正确预测的概率而言，完全没有任何问题。特别是与“汉弗莱斯悖论”一样，如果从外边看不见 B1 和 B2 这两个箱子的里面，可以说概率计算并没有问题。从原理上说，B2 的内容，不能说发生空箱或 100 万美元这种事情为概率 1。当然，这两大难题之间存在着差异。在“汉弗莱斯悖论”中，白色开瓶器和橙色开瓶器混合在箱子里面，谁也不知道您抓取箱子里的哪一种。假设一个特殊的预言家，他没有在 B2 放入任何东西或放了 100 万美元，至少预言家本人很清楚（即概率为 1）箱子 B2 里的情况。但是，即使这样，只要我们考虑前面所讨论的概率 1 的时间困难，就未必可以为箱子 B2 的内容分配概
93 率 1。严格说起来，如果无法从外面看到箱子 B1 的内容，那么 B1 也适合同样的讨论。结果，即使在您实际选择之前，已做出了预测，适用于预言家预测的正确的概率概念，也并非不合理的事情。

但是，以上讨论，仅仅涉及理论方面。从实践的角度来看，

情况会发生变化，过去决定论会强有力地复活。正如依据“汉弗莱斯悖论”所看到的，当我们虚构地在箱子里抓取某个特定开瓶器且尚未看到它的时候，就抱有开瓶器的颜色已被固定、被决定的倾向。并且在这一阶段，如果遵循“逆溯概率假说”，就出现以逆向因果为中介的逆溯概率的决定论之姿态。同样的论点，也适用于“纽科姆问题”。正如“二箱派”论点不经意地表明的那样，一旦预言家对您的选择做出了预测，箱子 B2 的内容就已被固定、被决定，因此，我们强烈倾向于相信：您的选择与箱子 B2 的内容无关。若采用“逆溯概率假说”，这种信念，可以通过想象上的呈现来进行说明：就像您一直在观察预言家预测和箱子 B2 的内容似的。换句话说，当您进行选择的时候，即正确选择选项（1）或选项（2）中的某个时，仿佛一直知道预测和箱子 B2 的内容似的，这种虚构的呈现之把捉，使得预言家预测的正确的概率计算之场**逆溯到**过去，成为坍塌为 1 或 0
的**原因**。在这种情况下，确实，尽管是虚构的，逆向因果也起 94
了重要作用。但是，当然，正如“汉弗莱斯悖论”已指出的那样，这一语境的逆向因果不是说您的选择对过去预测做出了部分逆向因果之贡献，而是说在过去决定论的全面形成这一层级起作用。这样，在“汉弗莱斯悖论”与“纽科姆问题”之间就建立了紧密的平行性。实际上，若我们假设预言家预测的正确概率为$\frac{4}{5}$，并选择期望 100 万美元的行为（2），则这两大难题的条件严密地相似。

但是，这里也不能忽视两大难题的差异。也就是说，相对于“纽科姆问题”包含着超自然预测力的超级预言家的存在，“汉弗莱斯悖论”不包含那种纯粹假想的因素。可以看出，即便是“汉弗莱斯悖论”在现实上也被关于过去的虚构的呈现所侵蚀，并且这两大难题具有结构上的平行性。考虑到这一点，能否理解为“纽科姆问题”通过极端的虚构性，实现了以更加明白的方式表达了概率 1 与过去之间的关系性的核心作用？实际上，严格说起来，“纽科姆问题”通过引入预言家高概率命中的预测这一概念，为揭开“汉弗莱斯悖论”未能明示的“逆溯概率假说”的隐秘含义，带来了一束亮光。为什么？第一，通过引进这种预测的概念，可以让逆向因果的概率逆溯性坍塌生动
95 地脱颖而出。因为，预测的概念，可能在语法上要求预测行为（结果）与预测事件（原因）之间建立很强的因果关系。只要“纽科姆问题”的结构与“汉弗莱斯悖论”严密地相似，“纽科姆问题”的性质应该有助于进一步了解“汉弗莱斯悖论”及概率 1 与过去之间的一般关系。此外，还有一个更值得关注的含义。如果我们立足于预言家进行预测并决定箱子 B2 之内容的瞬间（即，在不必考虑概率 1 的时间困难的条件下）的观点，那么就会注意到预言家的预测包括两个方面。第一，从预言家能力的前提来看，预测具有极高的概率成真；第二，箱子 B2 的内容一旦被固定、被确认，预言家就打算直到您做出选择为止而保持其内容不变。实际上，如果实际内容不变，可是不能持续下去的话，那么“纽科姆问题”的设定本身就无法成立。我想聚焦于第二个方面。这不过是我们立足于预言家的观点，发出向后看的目光之后，再发出向前看的目光。换句话说，最初，

我们向后看的目光成为概率的逆溯性坍塌的原因，然后采取从过去的时间点向前看的视点（当然是虚构的）。这些论点，可以通过“预测”概念，从“纽科姆问题”的设定中得出。这种考虑再次向前看的观点，是借助“逆溯概率假说”这一明确的方法引入的，就我处理的问题而言，这是“纽科姆问题”的最大优势。 96

但是，这种向前看将带来什么呢？我想，通过这种向前看，可以理解决定论不仅扩展到过去，也扩展到未来这种情况。事实上，我一直有意回避提及未来决定论。因为对我来说，未来决定论这种说法太刺耳了。当然，我十分清楚，决定论的想法，是通过无时态或无时间地利用它，它往往被设想为事实上也将覆盖未来。实际上，所有的命运，从一开始就决定了采取“命运论”或“宿命论”的想法。但是，只要从理论上考虑，至少我认为不考虑时间因素而谈论决定论，完全缺乏说服力。这是因为，决定论首先一般与在时间空间中产生的自然现象有关。若是如此，我无法想象，我们如何相信包括未来在内的任何时间，都可以适用决定论。也许，过去和未来都是规定的，这种全面的决定论或命运论，作为我们的日常信念或信仰，或许没有问题。但是，将其当真而作为理论的主张，在定义上绝对超越了我们的能力。未来被决定之类，谁能说出有何根据？我对未来一无所知。未来无论发生什么都不犯规。人间应该没有能够断定未来已被决定的特权者。因此，若有人声称将未来决定论与这种纯粹无时态的决定论相结合，这种主张绝无说服力可言。但是，我认为还有另一种未来决定论。这就是通过“逆溯 97

概率假说”过程而确立的决定论。也就是说，是立足于这种过程的决定论：我们回望过去乃是过去事件发生概率的回溯性坍塌的虚构性原因，并且我们从过去的时点重新前瞻后面的时间。这个过程，最初是由过去事件的现在之呈现而引起的回溯过去，再通过将过去发生的事件视为已确定的现在状态而复归现在。因此，这里出现了一种决定论。这种决定论，若从概率回溯、坍塌的过去观点来看，可以说与未来有关。为了将这种决定论与无时态决定论进行对比，我称之为“飞矢决定论”。为了使我的观点更容易理解，我想通过如下图示将未来决定论即“飞矢决定论”的事态与一般的“无时态决定论”进行对比的说明。箭头表示决定性的方向，粗线部分对应“未来决定论”。

〈未来决定论〉

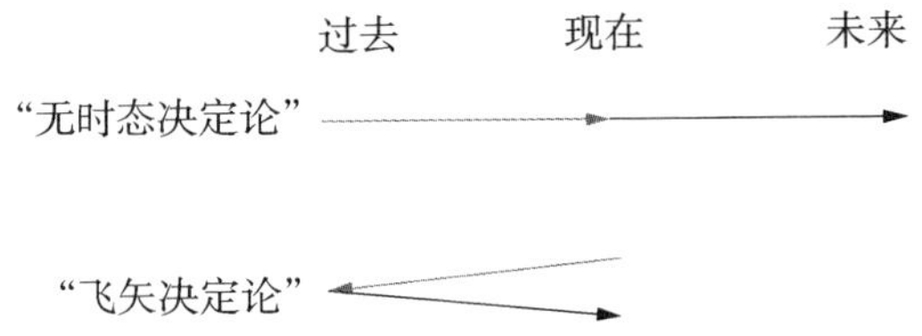

要言之，我主张只有“飞矢决定论”才是未来决定论的唯一有意义的选择。而且，这一点可通过思考“纽科姆问题”来
98 加以明确。在那里，对应的“飞矢决定论”始于一种预测，可以说具备所谓决定论的资格。这是因为，它可以说已为定义的现在（虚构）的呈现所验证。换言之，这种预测现在已被确证，并且被视为可逆溯的决定论。这听起来也许很奇怪。但是，视未来决定论为一种预测来把握其特征，毋宁说是自然的。我认

为这很自然。而且，若沿着这一语境，或许能够说明人们为什么坚信未来决定论。这是因为，按照定义，“飞矢决定论”总是在定义被验证。而且，如果这种“决定论”是构成我们“召唤与应答”这一理解实践之基础的决定论之原形，就总是产生一旦逆溯到过去，我们呈现的语言（或母语）就会再次回到本原的现在这种现象。a tempo primo（本原的 tempo〔速度·时间〕）这种回归的反复，形成我们的理解实践和“因由”句之基础。

但是，我发现最后必须强调，引入如上所述全面的决定论的过程，是彻头彻尾的**虚构**，若没有特别的特定条件，将陷入难以接受的“逆向因果”。如“过去概率原理”所表现的那样，直观地为过去事件分配概率 1，结果将导致这种棘手而矛盾的情况。当然，作为现实，我们必须始终参与这种虚构性状态。 99
实际上，“召唤与应答”、“号召和响应”是当场的即兴创造，它们在“因由”句中是否具有作为“原因”或“理由”的合理说服力，这确实是“概率”问题，但无论如何，必须在本性上视之为与虚构的东西相关。与此同时，我们必须认识到由于这种相关而错综地卷入概率概念的事实。作为结果，就是汲取教训。让我们仅将概率概念适用于未来，一律不使用概率 1 或概率 0 的概念（或许比喻的情况除外），这样我们就能避免概率之奇怪的混乱。另一方面，也许在原理上，因果性概念是我们处理过去事件的最佳工具。这是因为，关于过去，最重要的问题似乎是事物起源的归属，并且因果性语言，应该来自我们责任归属的陈述，无论原因和结果的结合是否完全确定（请回想一下

“出了什么问题”这句话，它既可以表示原因，也可以表示责任。参照《迷宫 1》12 - 13)。要言之，**因果性倾向于过去，概率作用于未来**。我是那么认为的。因果和概率有这种根源性的非对称性。但是，也许我们在现实上不能实行仅将概率概念用于未来的这种禁欲性措施。实际上，“条件概率”和“贝叶斯定理”本身没有时态的制约，在理论上条件项与被条件项可以多次交换，“逆概率”概念可以有意义地通用。若概率本来的功能是作用于未来时态，从允许项的交换可能性的“条件概率”概念本身来看，只要将之适用于实践场面，实际上就蕴含问题的
100 萌芽。更何况，若超越概率和因果的非对称性，而将两者重叠起来的话，肯定会出现难以解开的谜题。“汉弗莱斯悖论”正是如此。若是这样，我们需要做的是，当使用概率概念以及使用概率与因果关系时，牢记这种与概率和因果相关的本来的悖论之本性。

但是，实际上即使有这种态度，也还不够用心。因为除了“概率”之外，“模糊性”的晦暗又在等着我们。直面这种晦暗，乃是下一章的课题。

第二章　模糊的理由　vibrante

1. 边界的波动

当音乐 CD 首次投入市场时，尽管惊叹其音色清晰，但我 101
还是觉得有些违和感。与以前的模拟磁带相比，声音有些不同。
总觉得不适应。当时我是这么判断的：我是一个保守的爵士乐
迷，我甚至对原版 LP 感兴趣，是由于坚持自己的爱好才产生这
种违和感吧。但是，后来重新想了一下，在原理上，数字 CD
的声音是由 1 和 0 构成的二进制信号再现的声音，在此意义上，
即使音域清晰，也似乎无法完全再现原声的模糊膨胀。像查
理·帕克那样的即兴演奏大师，有时会让听众听到并未实际演
奏的声音。在音节之间，有时会听到不存在的声音。这种现象， 102
看来是由演奏者的独特响应、配合着声音高涨的情况所引起的。
回想我开始播放 CD 时的感受，我记得 CD 与模拟磁带在这种现
象上好像有所不同。实际上，上世纪 80 年代曾流传 CD 会遗漏
声音信息的说法。虽不能确定其真假，但我自己确实感受到了
这一点。

在音乐史上，类似的事情早有发生。这与自巴赫时代以来就被推广的“平均律”的引入有关。由十二音构成的八度音在频率上是1∶2的关系，对于人耳来说这是谐和度最高的比例，即，根据基音到纯正五度（2∶3之比）和纯正长三度（4∶5之比）的正数比来构成十二音（称作“纯律”）（池内等，1977，283），最终以1∶2结束。因此，把八度平均分成十二，人工完成的音程是为平均律（池内等，1977，520—521）。钢琴这种乐器乃是“平均律”的象征。但是，对于习惯了自然“纯律”的演奏家来说，“平均律”的音程很刺耳。正如在弦乐器演奏中如实表现的那样，原本音程是相对于基准的声音，是作为“谐和”或“调和”的东西而拾取出来，在事物的性质上，有某种“波动”。“平均律”乃是将之精确地固定在某个点的思想。

以上所暗示的是，“这个声音”的固定有其一定的宽度，换
103 言之，“这个声音”和“别的声音”之间并没有清晰边界。试着用弦乐器发出“C音”。从那里开始，试着向“$C^{\#}$音”的方向慢慢地移动。于是，慢慢地变成所谓“不合时宜”的“C音”。这种程度越来越严重，已经不知道该不该称之为“C音”。若进一步移动，乃至变成了“$C^{\#}$音”状态。可是，不清楚“C音”是从哪里结束，“$C^{\#}$音”又是从哪里开始。当然，虽然这也符合“纯律”的音程风格，但实际上也适应“平均律”的音程风格。因为即使明确决定了频率之比率，我们人类也不能正确地判定它。

这种没有清晰边界，产生模糊的“边界个案”（borderline

case）现象，称为“模糊性”（vagueness）。而且，这种“模糊性”所特有的问题性，自古以来即被注意到。然而，至 20 世纪，随着语言哲学、逻辑哲学的兴起，“模糊性”问题突然引起人们的关注，在 21 世纪的今天，人们对这个问题的关注也一直没有停息。这是为什么？理由似乎很清楚。因为“模糊性”是渗透到我们认识活动的各个角落的压倒性的普遍性质。这一点，随着我们深入的讨论，也许在潜在地引起惊讶和恐惧的同时，亦逐渐暴露出来。而且，事态若是如此，围绕从“不确定性的认识论”的观点来解明“原因”和“理由”之“因由”句的本书，绝对不能对这种“模糊性”问题置之不理。这是因为，“因
由”句中出现的“原因”和“理由”确实很模糊，所以很可能 104
频繁出现意义和可靠性并不确定的情况。例如，爵士萨克斯演奏家问钢琴家：在演奏 C 音为主的第七和弦（由 C、E、G 和 B^b 组成的和弦）时，发出的是 G^b 音，“为什么发出这种声音？”答曰：“因为对 C 音感到紧张。”（相对于 C 音，G^b 音有时被称作“蓝色调”）这样的回答，如上所述，原本 C 音本身的轮廓就不明确，因此（虽然也有调音的问题）不仅难以断言钢琴家是否真的发出了 C 音，而且还提出了“紧张”等抽象的感觉，所以严格说起来，只能说这是一个粗率的模糊回答。因此，相反，严格说起来，当觉得这种回答完全具有说服力并能够“理解”时，这人是犯了某种跳跃的。他故意错开或不问盘踞于“理解”、“了解”等事态中的裂痕。若不担心误解，用极端的话来说，当人们完全相信这种模糊的反应是“好”的时候，就会导致宗教信仰，而不是理解或认识。类似的事情到处都在发生，

而不仅仅是音乐。假设有人说:“我喜欢越南菜,因为我喜欢辛辣食物。”这是一个令人信服的理由吗?当然,要说辣,越南菜可能确实很辣,但是与泰国菜相比,则完全不辣。这里所感受到的不清晰,无疑会影响“辣”这一概念的模糊性。在本章下述内容中,我们将阐明这种事态,在此之前,先来进行有关
105 “模糊性”概念的整理。

2. 模糊性的区分

关于模糊性现象的讨论,必须首先提及它是“语言的”(linguistic)还是“存在的”(ontic)问题。讨论模糊性问题时的典型例子,是“堆积成山”(heap)、“红”(red)、“高个子”(tall)、“秃子”(bald)、“孩子”(child)等谓词,即语言表达。对于是否存在明确区分“砂山”之边界(确定的砂粒数),以及是否存在明确区分“高个子”之边界(确定的身高)的问题,必须说没有这种边界,这即是语言的模糊性。换言之,是这种语义学(semantic)问题:当人们说“身高X的人是高个子”时,是否存在从真变假这一确定的X值。关于模糊性的讨论,几乎都集中于这种语言的问题。然而,与此相对,自然而然也会产生作为世界中的客观事态的模糊性是否存在这样的问题。这是存在的模糊性问题。这个问题主要是围绕“边界模糊的对象”之存在的探讨。例如,“‘富士山’从何处开始是富士山”这类问题即是(see. g. Sainsbury 1989, 99-103)。这种存在的模糊性问题,通过消极解答加勒斯·埃文斯“是否存在模糊的

对象”这一问题的形式性讨论（Evans 1978，208），而引起了巨大波澜，迎来了全新讨论的局面。并且，出现了关于这一问题的颇为专业的讨论。

但是，假如再进一步思考，“语言”和“存在”之间的边界
本身也是模糊的，可以说有着边界个案。例如，在“等一下” 106
这种召唤的言语行为的场合，这种言语行为成立与否的区别，至少取决于声音在空间上是否能到达对方。预计对方听不到您的声音而说“等一下”，那是独白或祈祷，而并非召唤。但是，决定成败与否的声音，显然是物理的事物。虽然不清楚是否可以将“音”视为对象，但至少某种特定的大“音”，即某种振动的空气扩散，与“富士山”一样，是存在的。并且，若按照与发话者的空间距离来考虑，声音到达对方的距离，恐怕也存在边界个案。另一方面，不用说，“等一下”这种言语行为乃是有何期待于对方，“等一下”这一表达的意义，亦明显存在诸多边界个案。是顺从地停下脚步背对着“等一下”，还是一边在旁转悠一边往前走，等等。但是，这种语言上的模糊性，原本是以声音传达为前提的。可是，若听到与否本身就很模糊的话，则将陷入是否对“等一下”作出反应的多重模糊性中。由此可知，语言表达的模糊性问题，与存在的模糊性问题在本质上混杂在一起。言语行为的模糊性问题，之后也会涉及，发端于彭斯的开创性事迹（Burns 1991，esp. 31 - 46 and 181ff），最近几年通过夏皮罗将会话的模糊性问题主题化（Shapiro 2003，39 - 72），慢慢成为关注的主题。可以说，当语言模糊性的范围，超越语
义学的领域，向语用学的领域拓展的时候（这是当然的拓展）， 107

会话和言语行为的模糊性问题，必然成为讨论的对象。而且，正如我刚才提到的，这是一个与存在的模糊性相联系的问题域。而且，这种情况也将对“因由”句中出现的模糊性提供一个支撑点。存在的模糊性，是实在的模糊性，在“因由”句中提及时，其主题倾向于“原因”的归属。与此相对，语言的模糊性与逻辑、语义学问题及“合理性”、“一致性”问题相联系，在此意义上，当模糊性顺着“因由”句而出现问题时，强烈倾向于讲述“理由”以说服对方的问题域。正如序章所论述的那样，既然在“召唤与应答”的理解实践中，“原因”和“理由”作为“音”和“声”，或者“响应”和“歌词”，虽有所不同却互相重叠，为了立即触及模糊性问题——此乃一种威胁一致性或合理性的悖论而列举的“理由”。可以说，目前的主题则稍微把重心放在“理由”问题的方面。

接下来，需要注意的是“绝对的”（absolute）边界个案和“相对的”（relative）边界个案之区别。强调这种区别的是索伦森。关于这一点，索伦森设想了这样一种场景：并排种植 100 棵树，第一棵树为 1 英尺高，然后每棵树依次变高 1 英尺。在这种情况下，“矮”木和非“矮”木的“矮”的区别比较模糊，故很明显会出现边界个案。可是，如何区别“矮于 50 英尺”的树和非“矮于 50 英尺”的树呢？即使不懂树的排列规则的人，
108 也会觉得这种区别仍然存在边界个案吧。因为，我们不能仅用眼睛观看就能正确识别树的高度。索伦森认为，这种情况下的“矮”，所产生的是“绝对的”边界个案；“矮于 50 英尺”，所产生的是“相对的”边界个案（Sorennsen 2001，40－41）。也就

是说，是在讨论相对于“矮”所具有的模糊性问题，“矮于 50 英尺”本身并不模糊，而是“清晰”的谓词，其带来的不是模糊性问题，而是“有限的可识别性”（limited discriminability）问题。与此相对，蒂莫西·威廉姆森认为“模糊性源于我们有限的概念识别能力”（Williamson 1994，237），其关于“绝对的”/“相对的”之区别，表达了不同于索伦森的见解。我认为，这种区别，与“相对于模糊性，何谓清晰性?”有着密切的关系，从这一观点出发，可以找到正确凸显模糊性问题的合适线索。清晰的谓词，大概有两种，一种是原理上有着清晰边界的谓词，另一种是能够实际认识清晰边界的谓词。这样，当根据语境不能判断属于二者中的哪一种的时候，基于这种“绝对的”和“相对的”之边界个案的区别而理应对比性地浮现的模糊性轮廓本身，就会再次变得超级模糊。

那么，如何根据眼下谈到的对模糊性的梳理，重新定位先前接触的“C 音”和“C♯ 音”等音程的模糊性？假设这种音程的模糊性是基于“C 音”、“C♯ 音”及“谐和”这类谓词而产生的，这就是“语言的”模糊性。但是，与前面涉及的“如果听 109
不到声音就认为没有声音”这一言语行为的模糊性情况一样，实际上音程是作为声音在响，作为某种范围的空气振动，“C 音”和“C♯ 音”是“存在的”，当逐渐从“C 音”转变为“C♯ 音”时，也就发生某个部分的空气振动（可能表现为云团状）转换为“C♯ 音”的边界个案。这与“从哪里开始是富士山”的结构相同，因此可以说是“存在的”模糊性。那么，音程产生的边界个案，怎样定位“绝对的”/“相对的”之区分？无论是

“纯律”还是“平均律”，只要音程是由频率决定，当我们用耳朵判断时，所产生的“相对的”边界个案，完全是由于对我们而言的不可识别性所导致。然而，这是由于我们感到“纯律”的音程是“谐和”的，与此相对，从后来应用于频率的数值规定这点来看，这里所产生的情况必须理解为“绝对”的边界。但是，“平均律”可能不会出现这种“绝对的”边界个案。然而，如果“平均律”只是出于某种目的而修正“纯律”，那么可以说它间接地继承了“纯律”的模糊性性质。不管怎么说，我所举的音程例子与该问题域相交叉。若是这样，从与这个例子兼容的视点来把捉问题，不就能够得到总括性的理解？抱着这种希望，我写下开场白式的开头。不言而喻，这个例子，符合
110 我自己在本书的思考方向：认识是名副其实的音乐。

3. 认识的内涵

在以上整理的基础上，让我们看看为什么模糊性会渗透到我们认识活动的各个角落。为了确认这一点，可以调查不是模糊概念，即边界清晰之概念的情况。例如，“小孩”和“成人”是模糊的概念，而“未成年人”和“成人”则是边界清晰、法律规定的概念。在日本，从我出生的那天开始算起，地球正好公转了二十次，也就是自第二十个生日的上午零点开始，我从“未成年人”变成了“成人”。这里，一般认为不存在边界个案。但是，此处我们必须追问：所谓这一清晰概念不存在边界个案，这种看法难道没有任何可疑的余地？实际上，在某些情况下不

能这样断言。这个问题，不一定产生于形成清晰边界之重要基准的时间和空间的概念。换句话说，虽说是第二十个生日的上午零点，但是如果时间是无限可分的，不就产生无法确定这个点为严格意义上的上午零点这种芝诺悖论式的事情？那么，如何提出有关清晰性的疑问呢？

应该注意的是，这里的“模糊或清晰”的问题，无论是语言的抑或存在的，绝对的抑或相对的，结局都是基于我们对于边界是否存在的“认识”，此为无法避免的事实。存在的模糊性问题，归根结底取决于我们如何认识该对象。这个问题，原本，
与下一节接触的悖论情况的问题的方法有关。毕竟，这种悖论 111
可以理解为我们认识活动的一种突破，在此意义上，存在的模糊性，之所以作为某种问题性而浮现出来，是因为它在我们认识中具有特殊地位。

然而，倘若如此，即使具有清晰边界的概念，在作为那种概念而使用的时候，也是以默认“知道”这一清晰概念为基础。这里，我想重点说明的是，“知道”（know）某个概念的清晰边界这一事态本身，其边界也是模糊的。原本，一般认为，“知道”实际上是一个模糊、不清晰的概念。在认知逻辑的语境中出现的、提出未知真理的存在之谜的“费奇讨论”[1]等，凸显了“知道”这一概念的不可思议之处（see Williamson 2000，270ff and Osada 2004，321－329）。另外，还可以从各种角度追

---

[1] 弗里德里克·费奇（Frederick Fitch）的可知性悖论表明，“所有真理都是可知的”这个看起来温和的证实主义论题，蕴含着“所有真理都是已知的”这个极端荒谬的论题。——译者注

溯“知道”的模糊性。例如，我通过知觉“知道”眼前有紫藤色封面的书。把这种知识合法化的根据是什么？我有正常视力，有适当亮度的光线照射对象，有对颜色概念的常识性理解等必要条件，这可以算作合法化的根据。但是，正常视力是指何种程度的视力？视力 0.2 是否在正常范围内？适当亮度的范围是多少？在下午五点没有开灯的房间里，也能够具有紫藤色封面
112 的知识？颜色概念的常识性理解是何种程度？不能区分“银白色”和“钛白色”的人，也能够认为知道“紫藤色”封面？从这些细微的反思中，可以看出容许不清晰的边界个案。

关于一般知识，可以说也是如此。确定“是否知道”某件事的基准是什么？可以从哲学上提出各种标准。但是，最朴素的想法，是有一个那件事的标准答案。它不仅是第三人称，也是第一人称可以使用的检验标准。但是，什么样的事态可以看作“答案”呢？即使排除“知道”诸如演奏时间长达几分钟的乐曲那种过于棘手的事态，也足以展示我想表达的论点，故仅限于此书的知识程度来思考。在这种情况下，如果不从内容上讲，而仅从形式上讲的话，我认为如果能够当即应答即是“答案”。举一个本身就是清晰概念的例子，对于“你知道氨的化学式吗”这个问题，你当即说出“是 NH_3”，这就是“答案”。当然，若是稍微回忆一下，15 秒之后说“我想是 NH_3”，也算是“知道”吧。但是，无论思考多长时间，最后才说是 NH_3 的话，也算是知道吗？可能不是。当被问到这个问题，倘若一个小时都在思考的话，能说这种状态是“知道”吗？考试有时间限制，
113 从这一点来看是合理的。那么，无论思考多长时间，都算是

“知道”吗？必须指出，这里没有清晰边界。换句话说，从恢复记忆所需的时间这一观点来看，“知道”是明显允许边界个案的模糊概念。“知道”是一个模糊概念，实际上在一般的认知中，毋宁说是讨论的出发点。作为展开“反透明性”（anti-luminosity）讨论[1]的基础工作，蒂莫西·威廉姆森也考虑到了“知道”这一表达的模糊性（Williamson 2000，104ff）。这样看来，即使具有清晰边界的概念，但是只要其由我们“知道”这一认识的立足点所支撑，就必须理解为宿命性地卷入模糊性。包括清晰的东西在内，任何概念和事态都是以认识的方式为模糊性所包含。

这种模糊性的蔓延，并非只有从“知道”的概念才能得到特权的、唯一的确认。实际上，稍微考虑一下就会明白，几乎所有的[2]动词、形容词、副词都是允许边界个案的模糊概念。“点头”、“跑”、“重”、“困”、“慢”及“有力”等，只要想起这

---

[1] 所谓“反透明性”，指“如果在所有事态 x 中，C 成立；那么 x 中的人，就是站在可以知道 C 成立的立场”这种透明性主题并不成立的立场（Williamson 2000，95ff）。换言之，这是一种将不知或无知的领域视为知识不可避免的因素的立场（试想，当苏格拉底说“我知道自己无知”时，那么，他究竟是“无知”还是“有知”呢？佛教的“遮诠法”，为这一问题的解决，提供了一条思路。从问题的底线来说，正如“无”为“有”之始，“无知”是“有知”之始。——译者注），也可以说是将威廉姆森对“连锁推理悖论”的“认识论”立场的一般化观点。关于这一点，参照一之濑（2004）。

[2] 我不能断言动词、形容词或副词是否具有清晰边界。可能存在通过身体的时空位置关系清晰地定义边界的人工动词。或者，如果存在不是专有名词而是专有动词的话，或许可以说明适用与否的边界。不过，这种东西恐怕在日常生活中是不起作用的。

些浅显的词语，就能立即确认其模糊性。但是，不管是多么清晰的概念和谓词，在将其作为句子实际使用时，实际上也不得不使用一些动词。当为了某事而实际使用“他是未成年”这一清晰谓词句时，比如“听说他是未成年”，“我向你报告他是未成年”等，应该会使用动词。即使动词没有显在化，实际情况也是一样。这样看来，动词等所附带的模糊性就会一下子扩散
114 到所有的语言表达。因此，应该说模糊性普遍渗透、遍在于世界。

4. 连锁推理的提示

但是，即使模糊性无处不在，如果那是世界的真实情况，也没什么不合适的。那只是我们的生活环境而已。然而，事实并非如此，因此模糊性有很多问题。这是因为，古希腊的欧布里德所说的“连锁推理悖论”（Sorites Paradox' 连锁式悖论）就是由模糊性所导致的[1]。“连锁推理”源于希腊语的“堆”（heap）一词，什么数量的沙粒构成“沙堆”？这种模糊概念的边界问题而引起的难题被称为“连锁推理悖论”（以下简称“连锁推理”）。根据为《斯坦福哲学百科》撰稿的海德所说，“连锁推理”有以下三个公式（Hyde 2004，3－5）。

第一，“条件连锁推理”（Conditional Sorites），表达如下。

Fa_1

[1] 关于模糊性问题的历史脉络，中岛（2004）进行了简洁的整理。

如果 Fa_1，那么 Fa_2

如果 Fa_2，那么 Fa_3 115

……

如果 Fa_{i-1}，那么 Fa_i

所以，Fa_i　　（i 取任意大小）

让我们举个例子。按照今天的标准调律，通常将 440Hz 定为 A 音，而将 C 音一律纯律地定为 264Hz。因此，“264Hz 的音是 C 音”乃最初的前提，从定义上来说这确实是真的。然而，考虑到较之高 1mHz 的音（264.001Hz 的音），从谐和度产生的音程概念来看，完全没有将其区分为 264Hz 的音和音程之必要。因此，“如果 264Hz 的音是 C 音，那么 264.001Hz 的音也是 C 音”这第二前提条件句也可以是真的。并且，如果在此形成认为 mHz 的差异不会带来音程的差异这种克里斯宾·赖特称之为“宽容”（tolerance）（Wright 1975，333ff）的情况，每个变高 1mHz 的音又都是基于第三前提以下的条件句而制作，那么就必须连锁地接受它们。因此，例如，“275Hz 的音也是 C 音”。然而，当 264Hz 是 C 音时，275Hz 则是 $C^{\#}$ 音本身（参见后藤 2005）。这里出现了悖论的不协调。也就是说，出现了 Fa_1 确实是真的，a_n 和 a_{n+1} 与 F 相似到无法识别的程度，两者都满足或不满足 F 的某一个，然 116
而结论 Fa_i 确实是假的，这种不协调。这就是“连锁推理”。

“连锁推理”也可以表现为与此不同的不协调。例如，根据前面的讨论，当然也可以得出“269Hz 的音是 C 音”的主张。

但是，若考虑反过来展开“连锁推理”，从“275Hz的音也是$C^{\#}$音”开始，来讨论各降低1mHz的音，也可以得出“269Hz的音是$C^{\#}$音”，即“269Hz的音不是C音”的主张。因此，“连锁推理”，对于任意的a_n，带来

$$Fa_n \ \& \sim Fa_n$$

这种明显的矛盾。今天，“连锁推理”带来的谜题大多集中于这一矛盾[1]。

“连锁推理”的第二个公式是“数学归纳法连锁推理”(Mathematical Induction Sorites)，表达如下。

Fa_1

117 $\forall n\ (Fa_n \supset a_{n+1})$

所以，$\forall nFa_n$

---

[1] 作为同时表示海德所说的“条件连锁推理”甚至会带来明显矛盾的“连锁推理”的公式化，是根据斯科特·萨默斯的“连锁推理特殊版”(Parbicularized Version Of the Sorites) 而制定的。其表达如下 (soames 1999，208)。

P1. a_0 是F。

P2. a_n 不是F。

P3. 所谓a_0 是（不是）F，限于当且仅当a_1 是（不是）F时。所谓a_1 是（不是）F，限于当且仅当a_2 是（不是）F时。

…

所谓a_{n-1} 是（不是）F，限于a_n 当且仅当是（不是）F时。

C. a_n 是F，且a_n 不是F。

通过这个萨默斯版来把捉问题，也不失为一个简便方法。

该公式在将 n 列视为以赫兹为单位的差分序列，将最初的 Fa_1 与“264Hz 的音是 C 音”的情况和“275Hz 的音是 $C^{\#}$ 音”的情况综合考虑时，仍然存在明显的矛盾。但是，在第二公式中，与第一公式一样，在特定个体（现例中特定赫兹数的音）中不会发生矛盾，而会在整个连锁中发生矛盾。

这种矛盾的原因很明显。微小的差异不会导致真值的突变，此处存在“宽容”之根。但是，即便如此，也不能排除“宽容”。如果毫赫兹的差异会导致音程的差异，恐怕不可能形成“合奏”的概念。音程原本就摇曳不定，而这种摇曳反而产生了音乐的魅力。所谓“这个音程”，本来就很模糊。但是，同时，“C 音”和“$C^{\#}$ 音”也很难成为不同的音。即使它们是相同的音，也不可能形成“合奏”。也就是说，“C 音”和“$C^{\#}$ 音”之间必须存在那种差异。“连锁推理”的前两个公式，突出了“宽容”与“差异的存在”的相背离；反之，“差异的存在”之公式凸显了与“宽容”的相抵触。这就是第三个公式“线划连锁推 118
理”（Line-drawing Sorites），其表达如下。

Fa_1

$\sim\forall nFa_n$

所以，$\exists_{n>1}\ (Fa_n\ \&\ \sim Fa_{n+1})$

也就是说，这是表示可以在某处划出边界的公式。但是，如前所述，若认为 n 列是每 1mHz 的差异列，则这个公式原本就无法区别，即这应该是宽容的事态中，还是区别的事态中的区别。因此，进行“连锁推理”，必须将以上三种方式全部考虑进去。必须以这种立场，应对“连锁推理”的矛盾。

5. 悖论的实在性

现在，根据以上的公式化，对“连锁推理”引发的哲学问
119 题，重新总结如下四点。

（1）正如“连锁推理”所暗示的那样，在理论上，要求没有清晰边界，以便确定是否符合模糊谓词，但正如“线划连锁推理”所显示的那样，总觉得在某处有一个“截止点”（cut-off point），这该如何解释？

（2）相反，也有这样的疑问：如果只是微小的差异，就不会产生适用不同模糊谓词的“宽容”（tolerance），这真的符合实情？（see Burns 1991，126ff.）

（3）“连锁推理”意味着在明显适用模糊谓词的领域与明显不适用模糊谓词的领域之间，存在边界个案，可是边界个案从哪里开始，这难道不是模糊的，亦即产生“高阶模糊性”（higher-order vagueness）问题？

（4）“连锁推理”的结论，意味着我们的语言不协调、不合理，包含着矛盾，可以接受这种结果吗？

以上四点，毫无疑问，最严重的问题是（4）。这是因为，（4）带来了意味着将从根本上彻底推翻我们的语言和逻辑之合理性的困难。

但是，“连锁推理”所带来的矛盾，究竟是何性质，有何实际危害？乍一看，这种提问可能让人觉得非常奇怪。这是因为， 120
只要矛盾是矛盾的，就已经是存在破绽，就是存在不可能，在理论上，可以由此演绎出所有事物，若表现出某种明显错误，矛盾就不可能有诸多种类和性质。一般认为，这样考虑是很正常的，但是，我想在这里稍作停留。悖论，一般来说，因为它会带来与现实不相容的见解，所以是悖论，在这一点上，广义上都归于矛盾。但是，我认为那样的悖论产生的矛盾有多种多样、深浅不一。从两个不同的观点可以这么说。第一，如果从直观的角度来说，真正的矛盾作为一个事实是不可能的，所以不可能表达出来（不能如字面上同时说是 A 且非 A），若是作为悖论之结果来叙述矛盾，那就可能有什么花招了。这样的花招当然有各种各样。恐怕，只是在巧妙地隐藏什么、无视什么，伪装成矛盾，把与某个矛盾不同的困难作为矛盾来伪装，在这种装置下，作为矛盾来叙述而已。第二，也可以这样来看，某些矛盾确实是概念上的，从字面上看并不是不可能的，悖论所编织出的矛盾就是那种东西，而且由于实际所说的矛盾对现实的影响是多样的，由此产生的悖论也就多种多样、深浅不一。实际上，悖论所带来的困难和危害也是多种多样，是纯逻辑的·理论的困难，既有几乎并非产生于现实的无害的东西，也有实际上产生于现实、与实践性的问题相结合的情况。“说谎者

121 悖论”和“罗素悖论”实际上并不会带来问题，也很难想象在现实中会产生前章所说的“纽科姆问题”那样的预言家，不过有把“彩票悖论”所提示的结果（中奖几乎不存在）作为我们的信条来实现的，也有“乌鸦悖论”（也叫做“亨佩尔的乌鸦”。因为“所有乌鸦都是黑的”和“所有不是黑色的东西都不是乌鸦”是等价的，所以产生像香蕉和白熊那种不是黑色的东西就不是乌鸦，这种确认“所有乌鸦都是黑的”之证据的难题）在特殊情况下，是实际发生的。不过，即使实际发生，其是否产生困难，也是多种多样的。因为存在虽然实际发生，但没有任何问题的情况。这一点与悖论的应对法有关，下一节将对此进行阐述。

那么，如何理解“连锁推理”？我是这么想的。“连锁推理”带来的矛盾不是真矛盾，只不过是伪矛盾，或者即使视之为矛盾，也并非不可能的矛盾，不会由此带来演绎所有事物的逻辑混乱。但是，另一方面，“连锁推理”描绘的是日常频繁发生的实在性事态，实际上其困难性可能与现实问题相联系。恐怕，这两个论点可能通过实在性事态与现实问题相联系，所以并非真正的不可能。

且用音程的例子，先确认一下我想说的。正如已多次触及的那样，在“C 音”和“C$^{\#}$ 音”之间没有清晰边界，允许边界
122 个案。因此，假设我发出（例如 269Hz 的音）作为边界个案的音的“C 音”。于是，倘若应用“连锁推理”，这既可以理解为“C 音”，也可以理解为“C$^{\#}$ 音”。但是，这里真会发生应称之为“矛盾”的事态？实际上，这里发生的只是我发出跑调的音

这一简单的事实。与此相对，虽然确实会有两种相反的理解方法，并且可以说在此范围内会产生矛盾，但是根本不能由此认为是依据条件句的逻辑性质演绎所有事物之类。话虽如此，也不能说事实很简单，没有任何问题。不管是否矛盾，至少会播下产生某种极端冲突和对立的种子。假设我进行合奏，在这种情况下，可能会产生某些反应。认为我发出的是跑调的“C 音”的人，可能会怀疑我的技能和乐感，认为我发出的不是“C 音”而是“$C^{\#}$ 音”的人，可能会认为我误解曲调而中断演奏。又或，认为我发出的不是“C 音”或“$C^{\#}$ 音”而是二者之间的变音的人，可能会因感到不快而不喜欢与我合奏。不管怎么说，作为事实，模糊事态的边界个案，实际上有时可能会泛起一些涟漪。这在“高个子”、“红色”等看似无辜的模糊谓词中，也不例外。因为这种谓词的应用，完全有可能与某种选拔、评价和指令的事情相关，在这种情况下，不难想象边界个案会成为对立和冲突的根源。这样，可以说“连锁推理”始于模糊性的渗透，是日常生活中随处可见的实在性事态，并且它蕴含给我们带来实在性影响的可能性这种性质的悖论。 123

6. 逻辑的保全与变异

哲学家为了解决这些困难，迄今为止提出了很多解决方案。但是，要理解这些解决方法，首先有必要整理“连锁推理”带来的问题域。迪利亚・格拉夫说，“连锁推理”提示着如下普遍量化式 $\boldsymbol{\alpha}$，这反倒表明确实是悖论和难以接受的。

$\boldsymbol{\alpha}$：$(\forall x)(\forall y)(Fx \,\&\, Rxy \rightarrow Fy)$

（例如，无论什么东西，只要是 F，与之相邻的东西也是 F。）

换句话说，这可以归结为如下存在式 $\boldsymbol{\beta}$。

$\boldsymbol{\beta}$：$(\exists x)(\exists y)(Fx \,\&\, Rxy \neg Fy)$

（例如，这意味着存在某种东西是 F，而与其相邻的东西不
124 是 F 的情况。）

于是，这里出现了三个问题。“语义学问题”（The Semantic Question）、“认识论问题”（The Epistemological Question），“心理学问题”（The Psychological Question）的三个问题。“语义学问题”，是将 $\boldsymbol{\beta}$ 与边界个案完美结合的语义学如何可能的问题；“认识论问题”，是如果接受 $\boldsymbol{\beta}$ 的话，如何知道这样的 x 和 y 的问题；“心理学问题”，是为什么我们倾向于接受“连锁推理”的问题（Graff 2000，50）。

让我们重新考虑这些问题域的区别，整理哲学家提出的对“连锁推理”的应对或阐明。这种对应，依从海德，可以根据下面四种应答类型整理一般悖论。也就是说，如果把上述三个问题作为横轴，那么与之交叉的纵轴，则可以考虑如下四种区分。

（1）否定逻辑适用于“连锁推理”的表现。（称为“全称否定”）

（2）否定某个前提。（称为“否定前提”）

（3）否定论证形式的有效性。（称为“形式否定”）

（4）肯定“连锁推理”是健全的论证。（称为“全称肯定”）

根据这四种类型，海德提出了六点看法（Hyde 2004，5－13），我想就此大致确认一下。可称为“全称否定”的①**“理想语言方法”**（Ideal Language Approach），是站在应该消除日常语 125
言中的模糊性缺陷的立场。不仅以弗雷格、罗素为代表，奎因也认为无论付出多大代价也应该消除模糊性以维护经典逻辑（Quine 1981，90－95）。原本这是不将“连锁推理”视为问题的立场，所以无助于上述三个问题的解决。但是，正如我自己已确认的那样，产生这种想法也是理所当然的：模糊性是非常普遍的现象，所以与其说应该消除，毋宁说是应该面对的事态，有必要通过某种方法使之与逻辑相磨合。“否定前提”的应答正是对此的尝试。也就是说，“连锁推理”并非不合逻辑，而是缘于前提的某个错误。

这种“否定前提”的应答之一，是已谈及的蒂莫西·威廉姆森和罗伊·索伦森所展开的②**“认识说”**（The Epistemic View）。这是因为，事实上任何模糊谓词都有清晰边界，因此在语义学的场合中，模糊不会引起任何问题，但是在我们认识的场合中，这种语义学的清晰边界是不可知的，亦即是“无知”（ignorance）的，因此一旦发生“连锁推理”，就会那么想。“连锁推理”不是语义学的难题，而是认识论的难题。这显然是基于格拉夫所说的“认识论问题”来把捉“连锁推理”的立场。然而，尽管采用“认识说”可以使话语清晰并维持经典的二值逻辑，然而的确会留下难以置信的感觉。正如基弗和史密斯所指出的那样，“认识说”主张即便故意模糊造词轮廓的谓词也有
126 清晰边界，但是那种情况可信吗（Keefe & Smith 1996，21）？例如，在日本年轻人中使用的“短期离家出走”一词，显然最初是为了（针对孩子或父母）心理上的合法化或减轻罪恶感，而有意柔和地使用的造词。“短期离家出走”与离家出走有着清晰边界，这听起来像是在开玩笑。

与此相对，尽管这是对“否定前提”的应答，但却试图在接受“连锁推理”的困难是语义学的东西的同时，尽可能维持逻辑原理的是③**“超赋值论”**（Supervaluationism）。其代表是费恩所提出的讨论，它持续赋与“连锁推理”以重大的影响力。不用说，这是对格拉夫所谓“语义学问题”的代表性应答。这里试着依次总结“超赋值论”之想法的要点。（ⅰ）模糊谓词中有容许边界个案的区域（费恩称之为“半暗部”〔penumbra〕）（Fine 1975，270ff），这意味着存在既非真也非假的“真值间隙”。（ⅱ）但是，这种“半暗部”的存在是语义学的缺陷，而产生“连锁锁推”。这与我们区分诸如“C 音”和“C$^\sharp$ 音”的事实相反。（ⅲ）因此，为了消除这一问题，必须在“半暗部”的某个地方（人为地）划出边界，使模糊谓词成为清晰的东西，将边界个案分配给某个谓词的肯定性外延或否定性外延。这种线划的操作被称为精确化（precisification）（Fine 1975，271ff），达米特称之为“锐化”（sharpening）（Dummett 1970，257ff）。

（ⅳ）然而，精确化的方法有许多，不能其中一种方法享有特权。因此，是希望考虑“全部”精确化，即通过“全部”精确化重新进行真值评价的方法。（ⅴ）这样，达到在全部精确化中为真就是真，在全部精确化中为假就是假的结果。这种重新进行多种真值评价的语义学操作，正是范·弗拉森所谓的“超赋值”[1]（see van Fraassen 1968）。并且，在各种精确化中所赋与的真值就是“初步经典赋值”（tentative classical valuation）[2]，它在全部精确化中被称为真正的“超真理”（super-truth）（Fine 1975，273ff）。（ⅵ）因此，必须进行某种精确化，在“连锁推理”前提中为“半暗部”制作的某个条件句必须为假。这样，按照“否定前提”的应答方式，可以排除“连锁推理”。但是，即使某个条件句为假，也不能说特定的某个条件句为假。这是与“认识说”的本质区别。显然，这是对“条件连锁推理”和“数学归纳法连锁推理”的消解，同时，在承认“半暗部”的存在和“精确化”的多样性，以及无论如何要“划线”这一点上，两立地展开了对“线划连锁推理”的消解。 127

但是，“超赋值论”并非没有问题。当然，它似乎保存了经

[1] 在塞恩斯伯里（Sainsbury，1988）日文版中，我把“supervaluation”译为“超严格赋值”而不是“超赋值”。这样翻译有双重理由。即，由于这种想法是对“半暗部”原本无法划分边界的地方进行精确化，以“严格”划线来评价真假立场，并且，这是揭示一切精确化中被赋值为真的“严格”真值的“超真理”概念。但是，因为那是略带意译的译法，所以作为更符合原文字义的译法，这里采用“超赋值”的译法。

[2] 这一说法出自马奇纳。See Machina（1976），177.

典的二值逻辑。确实，至少“超真理”，与经典逻辑的真理一致（Keefe & Smith 1996，30）。但是，正如费恩所说的，“超赋值
128 论”的逻辑与用“D算子”（definitely operator）表示超真理、用“I算子”（indefinitely operator）表示半暗部句子的想法相结合后（Fine 1975，287ff），显然为非真值函数。也就是说，即使符合要素的真值，也未必一义性地符合全体的真值。例如，当p和q都处于“半暗部”而不能说是真还是假时，（p∨∽q）和（p∨∽p）皆是由两个不能说是真还是假的选言肢组成的选言，虽然（p∨∽q）尚不能说是真是假，但由于（p∨∽p）在任何“精确化”中都成立而为真（Keefe & Smith 1996，28）。在这一点上，我们偏离了经典的二值逻辑。虽说如此，从现在的例子可以看出，“超赋值论”能够维持排中律等逻辑原理。但是，并不能维持所有经典逻辑的重言式（tautology）。例如，正如威廉姆森所指出的那样，即使能从经典逻辑的p导出Dp，也无法从∽Dp导出∽p。也就是说，“对偶”是不成立的（Williamson 1994，151）。在这一点上，它不同于经典的二值逻辑。并且，“超赋值论”，总是与“超真理和半暗部之间的边界是模糊的”这种“高阶模糊性”（higher-order vagueness）问题相纠缠。

与“超赋值论”并列，有很大影响力的思考是④**“多值逻辑和程度理论”**（Many-valued logic and degree theories）。相对于尽量保全“认识说”和“超赋值论”的经典逻辑，这可以说是“变异逻辑”（deviant logic）的应对法。这种应对法当然也倾向于格拉夫所说的“语义学问题”。不过，可以纳入这一范畴的想

法有几个变种。首先，是迈克尔·泰伊所展开的由真、假、未定（或不明确）的值构成的三值逻辑的方法（see Tye 1994）。 129
虽然这是与“超赋值论”基本上相同的立场，但是连接符号在真值函数的把捉上有着不同。这种立场将对“连锁推理”提出哪种类型的应答不能一概而论，根据推理有效性的把捉方法和三值逻辑的真值表的制作方法，形成“否定前提”或“形式否定”的应答。通常，有效性，要求在论证中保存真理。为了将这种想法扩展到多值逻辑，必须“指定”（designated）应保存的值，但是这会相应地改变有效性。如果指定值只是“真值”，那么在“条件连锁推理”中使用的“肯定前件”，即 $\{p \& p \supset q\} \supset q$ 形的重言式，由于“三值逻辑”也满足此性质，因此三值逻辑方法将以“否定前提”应答“连锁推理”。与此相对，如果真和未定这两个值为指定值（即设定指定值非假），就不能说“假言推理”是有效的。这是因为，在标准的三值逻辑的真值表中，当 p 未定 q 为假时，因为“假言推理”的前提（前件）未定，所以结论（后件）为假，不能保存指定值（Williamson 1994，109－110）。当理解这种有效性时，三值逻辑方法则对“连锁推理”提出“形式否定”的应答。

在这种情况下，自查德以来就有一种基于“模糊逻辑”（fuzzy logic）的方法。它不是三值，而是在真与假之间形成等级，即承认无限数即不可计算的值的想法，是允许“真理度”（degree of truth）概念的立场。不过，在这种情况下，针对“连锁推理”的策略基本上与三值逻辑的情况相同。如果只规定有效性是真值的保存，那么“连锁推理”的推论是有效的，所以 130

会提出作为解决方案的“否定前提”的应答。“另一方面，如果有效性是真理度的保存，那么假言推理是无效的。因为即使 q 及 $q \supset r$ 至少在 99.999%的程度是真的，r 也只能在 99.998%的程度是真的”。(Williamson 1994，124）因此，这条路径的“程度理论”对“连锁推理”给予了“形式否定”的应答。

“程度理论”也遭到了很多反驳和质疑。除了对多值逻辑性方法本身的疑问之外，还提出了如何确定特定真理度的疑问。另外，程度理论的前提是通过模糊谓词的真理性相互比较来决定其程度的大小，但这未必成立。换句话说，例如，对于“红色”这一谓词，红色的程度受颜色和光度等各种因素的影响，所以用线性的方法很难确定大小，这种情况在“程度理论”中是无法处理的。而且，和“超赋值论”一样，真理度从 1 到 1 以下，是从哪里开始？这种“高阶模糊性”的问题，也与“程度理论”有关。塞恩斯伯里认为，模糊的本质是“无边界性”(boundarylessness)，尽管如此，他还是把试图（强行地）以某种方式明确划分谓词的适用领域的做法，称作“集合论方法”(set-theoretic approach)（Sainsbury 1990，255)，他谴责这种方法忽视了模糊性的本质。被塞恩斯伯里谴责为“集合论方法”的，是“模糊逻辑”和“超赋值论”(Sainsbury 1990，esp. 256－
131 257)。确实，二者都是以确实是真的领域、真假未定的领域、确实是假的领域的划分为前提，正因为如此，这条路径立刻遭遇了“高阶模糊性”问题。因此，不可能完美阐明模糊性所引发的“连锁推理”。

那么，如何才好呢？一种开明的策略，即可称之为⑤**“接**

受悖论”（Embracing the Paradox）的立场。“连锁推理”只能被接受为健全的推论，不是应该消除的悖论，而是作为现实的事态应该接受的看法，这显然是“全称肯定”的应答。它不适用于格拉夫的三个问题的任何一个，因为它不认为“连锁推理”存在问题。例如，达米特在论文“王氏悖论”的结论部分，阐述了我们的语言中包含着观察性的谓词，这使语言感染了不协调（Dummett 1970，268），达米特的这一观点可以看作是“接受悖论”。但是，立足于这一观点，不得不把“连锁推理”所带来的矛盾，理解为现实中实际发生的东西。那么，所有模糊谓词可以适用于所有事物，抑或不能适用于任何事物，只能采取其中一种想法。“接受悖论”的立场为选择肢的前者，也就是说，所有模糊谓词适用于所有事物。

威廉姆森则认为，模糊谓词不适用于任何事物，这种想法在弗雷格那里是常见的，可以称之为“虚无主义”，而且这种立场是“知识自杀”。确实，正如他所说的那样，模糊谓词不适用 132
于任何事物的观点，从如前所示的区分来看，与弗雷格所代表的“理想语言方法”的结局一样，即，与过于追求一致性而使目光错过我们现实的认知方式的见解一样。另一方面，该如何评价“连锁推理”是健全的、结论是奇妙而正确的，因此模糊谓词可以适用于所有事物的这种立场，即“接受悖论”的立场呢？威廉姆森将这种立场称为“单纯思维”（the simple thought），断定“这种想法的结果是对常识性信念的侵害”（Williamson 1994，165－166）。我想，这里应该注意的是，即使假设采用了“接受悖论”的立场，也不会“经常”发生威廉姆森所说的常识性信念的侵害这种自明的事实。即使“连锁推理”是健全的推论，我们也不是随时都在考虑边界个案，陷入连锁的思考中。若是如此，那么“连锁推理”所带来的常识性侵害实际上是一种可以绕开常识性边缘的常识，尽管它可能会传播开来，但并不总是蔓延开来，就此而言，它可以描述为一种不可传染的流行病，可以传染给少数人，却与大多数人无关。传染病的火种是无法根除的，所以总是闷闷不乐，担心因此有可能所有的健康人都失去健康，但是事实上这种传染病的感染率很低。这种比喻，不是很好地表达了“接受悖论”的立场？而且，就“连锁推理”带来矛盾这一点而言，如何评价这一点
133 显然与“矛盾”的内容有关。如前所述，从逻辑上演绎所有事物这种矛盾，确实是纯粹的不协调、是混乱，但“矛盾”不能只是作为那种东西来理解吧？这方面的考虑，是正当评价“接受悖论”立场的关键。

除了以上五种观点之外，海德还提到了⑥“语境主义”（Contextualism），关于这一点，我们后面再述。

7. 对逻辑·认识·伦理的影响

如我自己已提到的那样，“连锁推理”是以现实中产生的实在性事态这种认识作为讨论的出发点。在此意义上，可以说“接受悖论”的立场接近于我自己的立场。而且，如前一节所看到的，站在“接受悖论”的立场时，“连锁推理”所带来的矛盾该如何解决，是为应该面对的核心问题。不过我认为，如前所

述，原本语言的模糊性和存在的模糊性是连续的，因此“连锁
推理”所带来的事态是存在的东西、是某种事件，我认为这是
符合实态的道理。这一点，关系到我自己如何看待格拉夫所举
的“连锁推理”问题的三种区分。前面谈到，格拉夫针对“连
锁推理”提出了“语义学问题”、“认识论问题”和“心理学问
题”这三种区分。虽是明晰的整理，但在我看来，这一整理的
根底，隐藏着“连锁推理”的某种错觉、错误，要解决这个问
题，还必须说明错误的由来。但是，我必须对这一理解表明违 134
和感。“连锁推理”所带来的矛盾实际上是现实存在的，因此我
认为应该追求的是阐明这种现实的现象，这是我的基本立场。因
此，我认为对于“连锁推理”，首先有必要对实在的现象进行描
述性阐明，而非作为消除其矛盾的语义学或认识论的说明、产生
错误的心理学说明之类。所以，我想在格拉夫的三个问题的基础
上，或者在此之前，提出“因果问题”（The Causal Question）。
即，是由于什么原因产生“连锁推理”之矛盾的问题。而且我认
为，要应对这种“因果问题”，就必须明确认识产生矛盾和对立
的“程度”。为什么？因为“连锁推理”产生的对立并非总是相
同的，比如在之前的例子中，当以 264Hz 的音为 C 音时，可以
说它与以 265Hz 的音为 C 音这一观点的对立，和以 269Hz 的音
为 C 音这一观点的对立，其对立强度是不同的。在这当中，明显
存在对立程度的“阶段性变化”。我认为这种阶段性变化是现实
存在的，这就是“连锁推理”的实在性的核心特征。因此，为了
把握这种局面，以下我想对最适应这一课题的“因果问题”展开
讨论。当然，这种课题设定，与以模糊性问题为主的“理由”问

题并不冲突。这是因为，“原因”和“理由”，就像“音”和“声”，或“响应”和“歌词”，无论何时都是同时的，随时都会
135 发生反转。

但是在此之前，必须检证在哲学上强调“连锁推理”不仅是语言的而且是存在的东西，因而现实地具有实在的冲击力这一点有何意义。这将加强我讨论的方向，并扩大范围。我想暂且指出三点。第一点是促使“逻辑”本身的经验化。这至少可以从两点来确认：倘若我们将“连锁推理”视为实在的东西，并将其带来的结果视为“矛盾”，那么它就是实在的“矛盾”，是在此意义上的真“矛盾”，并非通过演绎所有的句子而产生的“矛盾”，它通过布里斯特等人所展开的 paraconsistent logic（译为“弗协调逻辑”）之类的讨论，而被引入到逻辑的前沿。根据布里斯特的简洁定义：

> 从 p 且∽p 到任何结论的推论均是无效逻辑，称作“paraconsistent”（弗协调）（Priest 2001，151）。

这是什么逻辑？布里斯特本人提到了“弗协调逻辑”有效的情况。例如，玻尔的原子理论和麦克斯韦方程显然矛盾，前
136 者说当电子围绕轨道运动时不发射能量，而后者说发射能量。但是，这并不意味着原子的所有情况都能被推论出来。这一事态，确实并非不协调，而是弗协调（priest & Tanaka 2004，1－2）。他还提到“道德或法律冲突”等并不会引起问题而是合理矛盾的情况（priest 1986，100）。我不确定布里斯特本人如何思

考，但根据我的理解，这种道理不过是面向逻辑的经验化。而“连锁推理”带来的“矛盾”似乎也适合这种论脉。换句话说，在这里出现了这样一种看法，即“连锁推理”带来的矛盾，并非不协调，而是弗协调。但是，严格说起来，从矛盾演绎一切是无效的，它不同于以合理的方式视矛盾为真。后者被称作“双真论”（Dialetheism），一般认为是承认“真矛盾”的立场（See Priest 1986，99）[1]。确实，根据比尔的说法，弗协调逻辑有三种类型，不承认真矛盾的可能性而只是作为数学工具来使用弗协调的“弱弗协调逻辑”，承认真矛盾的可能性而不承认它的实际存在的“强弗协调逻辑”，承认真矛盾的实在性存在的“双真弗协调逻辑”，明确了“弗协调逻辑”和“双真”的概念上的区别（Beall 2004，6）。不管怎么说，将“连锁推理”视为实在性事态，可谓是在有力地促进这种考察。另外，在“连锁推理”所涉及的逻辑经验化的层次，序章中已简要提到爱丁顿提出的“不确定性逻辑”（the logic of uncertainty）。这是处理前提确实非真情况下演绎逻辑的应有方式，关于这一点，爱丁顿 137
建议援用自拉姆齐和亚当斯以来条件句的概率理解，适用于概率计算的体系。而且这种想法也适用于“连锁推理”。这条路径是一种把明显具有经验意义的“概率”概念应用于“连锁推理”，并将其作为一个杠杆将逻辑整体概率化的尝试。这一点后

[1] 从“Dialetheism”一词的本义来看，“dia”在希腊语中是“两种”，“letheism”在希腊语中是“真理”的意思，因此是“两种真理”论。所以，虽然我知道“Dialetheism”通常被定义为“真矛盾”，但我认为“双真论”的译词更为贴切。

面再谈。

我想指出的第二点，是强调“连锁推理”的实在性影响对于哲学的意义。正是这一点给所谓的“自然主义认识论”提出了核心难题，并促进了真正纳入人工智能理论的深入讨论。当然，这取决于如何理解“自然主义”。但是在这里，由于奎因认为认识是自然现象，因此我们遵循一般规则，把认识论看作经验科学的一部分[1]（see Quine1969，82）。换句话说，这是应该通过脑科学或基于此的心理学来阐明人类的知识或一般意识现象的立场。然而，人类的知识普遍渗透着模糊性。不仅如此，“知道”这一事态本身也被卷入暧昧性之中。因此，“连锁推理”也可以实际发生于全部知识之中。那么，这将发生什么？蒂莫西·威廉姆森就此进行了简洁的讨论。他以“知道自己觉得冷”这种双重模糊谓词为例，论述了从自然科学上阐明知识，无非是引入了测量“知道自己觉得冷”的生理学测量技术，但是无
138 论这种测量技术多么精确，也无法消除原有的模糊性，无法回答何时“知道自己觉得冷”（Williamson 2000，109－110）。虽然威廉姆森自己没有提到，但是严格说来，基于测量技术的观察本身，说到底也只能通过使用某种观察动词句来表现，所以无法避免模糊性，实际上不可能精确。不管怎么说，他要阐述

[1] 关于“自然主义认识论”，我在一之濑（2005e）中进行了主题性讨论。在那里，除了与“连锁推理”的关系之外，我批判地探讨了与“认识是自然现象”和“认识论是自然科学的一部分”这两种观点的不同、“小笠原属于东京都”等制度知识的定位、以及与知识产权概念的处理等相联系的自然主义的认识论。

的要点是，知识本质上包含了模糊性，所以不能将知识与大脑的自然现象精确且清晰地对应起来，因此不能乐观地信奉将知识自然化的观念。不仅如此，如果考虑到“连锁推理”的发生，不仅不能简单地对应，自然主义认识论甚至还卷入“矛盾”之中。因此，这意味着必须真诚地接受这种问题，认真考虑不确定性之于人工智能的哲学成果（E. g. see Pearl 1988 and Kruse, Schwecke & Heinsohn 1991），探索一种新的认识论。可以预期这将取得丰硕的成果，扩展把“连锁推理”看作实在性事态的立场。

此外，我想谈的第三点，即强调“连锁推理”的实在性的哲学意义。这证实了模糊性和“连锁推理”涉及非常现实的问题，即迫切的应用伦理的问题。实际上，讨论模糊性的哲学家有时会提到“堕胎”问题[1]。在何种意义上提到？在“人格”这一谓词还没有确定它的集合之策略，人类从何时开始构成“人格”这一问题的模糊，因而“堕胎”是否构成对人格的杀人之问题，而不得不陷入“连锁推理”的意义上。在这种情况下，139
有趣的是，反对堕胎的保守主义者通过立足于无疑是已成长的“人格”且逐渐变得年轻这种方式来应用“连锁推理”，乃至积极地使用刚受精的胚胎也是“人格”这种观点。此时，从一开始就采取刚受精的胚胎根本不是“人格”这种认识来应用“连锁推理”以及已出生的孩子也不是“人格”这种相反方向来应

[1] 例如，塞恩斯伯里在 Sainsbury（1990），252－253 中提到“堕胎”问题。我本人在 Ichinose（2004）中讨论了模糊性与堕胎问题之间的某些联系。

用“连锁推理”的人们，因此无法接受其结论[1]。与此相对，也有像托利那样的论者认为，这种“连锁推理”的应用，即使在连续状态下可以“宽容”地相等同，也完全没有理由对胚胎和孩子这二者同等地合法化（Tooley 1983，169－170）。也就是说，托利认为保守主义者的讨论，确实陷入“连锁推理”（的悖论），所以无法被接受。实际上，如果像保守主义者那样积极地活用“连锁推理”的话，就应该直面这类“矛盾”，并对此做出理论上的应答，但是保守主义者们任意地采取某种论点在先的观点而拒绝这样做，所以从某种意义上说，当然也就产生对他们活用“连锁推理”的批判。

除了“堕胎”问题以外，“死刑存废论”也涉及模糊性。作为“死刑存废论”的话题之一，众所周知，存在“死刑是否为残酷的刑罚”之争论。但是，恐怕没有“残酷”和“不残酷”的清晰边界。在日本，日本宪法第 36 条禁止“酷刑”，但存在
140 绞刑的死刑制度。迄今为止，许多人认为绞刑这种“死刑”是残酷的刑罚，并呼吁废除死刑。实际上，根据大冢公子的说法，从打开绞刑架的踏板“到心脏停止的平均时间长达 14 分半钟。这 14 分半钟，就是执行死刑的所需时间”（大塚 1993，68）。这确实是一种残酷的刑罚。但是，“法院主张，死刑犯在被绞死的瞬间就失去意识，几乎感觉不到痛苦，因此绞刑不属于宪法所说的酷刑”（大塚 1993，66）。也许确实如此。但是，虽说在“瞬间”被绞死，但严格说起来还是有一些意识的残留时间吧。

[1] 关于这一点，参照 Singer（1993），138。

到多少残留时间才称得上“残酷”? 14 分半钟的痛苦就进入“残酷”这一谓词的“超真理”领域吧。那么，10 秒怎么样？很明显，这里以生动的形式产生了“连锁推理”。此外，核电站建设是否“安全”的问题，也经常成为居民和政府之间的争论点，这同样是“连锁推理”的真实实例。没有人会说核电站在逻辑必然性上是“安全”的。与汽车和飞机一样，或者较之于这类交通工具，核电站从开始就更具有一定的事故可能性。那么，到何种程度的水平，到何种程度的频率的事故才是“安全”范围？一般情况下，居民基本上以完全接近“安全”为基准来考虑，除此之外的状态都是危险的，进行从危险性方面到核电站评价的连锁推论。但是行政方面，在某种程度上，是以宽容的基准来理解“安全”，形成核电站安全性的连锁推论。这里，可以说“安全”一词的模糊性，明显现实地引发了“连锁推理”。无论如何，当进一步加深这种道德争议时，“连锁推理” 141
是实在的事态这种认识在讨论中顺畅地亲和起来，这无疑成为深化讨论的一条线索，反过来说，这种认识也将根据这一讨论而加强。

8. 语境主义的洞察

让我们回到前一节开头所说的“因果问题”。我认为，“连锁推理”是现实中发生的事件的对立、矛盾，因此需要通过因果性来对事件进行描述性阐明，而不是消解或错误地说明。加之，这种对立明确承认“阶段性变化”，所以也有人认为需要阐明这种变化的表现。实际上，在“连锁推理”的伦理干预方面，这一点将更加明显。例如，把受精后 1 秒的受精卵看作“人格”之观点的对立，与把出生后 1 分钟的婴儿看作“人格”之观点的对立，对立的激烈程度自然不同。在这当中，相当明显地承认对立程度的“阶段性变化”。那么，如何在范围内按照这种“阶段性变化”的路径来讨论“连锁推理”的“因果问题”？在我看来，我之前所考虑的两种立场似乎是“因果问题”的指南，同时允许范围内的“阶段性变化”。这就是“语境主义”和爱丁顿“程度理论”。首先让我们看一下“语境主义”。这是汉斯·坎普率先提出的立场，简而言之，即“模糊谓词的典型特征是，任何对象是否为真，取决于其使用的语境”（Kamp 1981，242）。坎普自己尝试
142 把这种想法与费恩的超赋值论相结合，此后有意识地提出了偏离格拉夫所说的“语义学问题”的观点。“语言本身避免了模糊性，可是群体的语言交流或个人的语言习惯，不在于选择精确语言空间的点，而是模糊的领域。”（Lewis 1970，64）受戴维·刘易斯的思想启发，彭斯提出了一种模糊性的实用方法。她说，“连锁推理”中出现的每个相邻对象都可以从多种观点进行实用的比较，也就是说，尽管身高 167cm 的人和身高 166.9cm 的人仅比较身高是无法区分的，但是若从其他观点进行比较，比如说与身材偏瘦或身高 180cm 的人进行复合比较，则是实在的，就此而言，“宽容”原理未必成立，实际上在某处划有边界（Burns 1991，124－138）。这是“否定前提”型的应答之一。

这条路径，就基于判断主体实际上是怎样判断这种实用的存在方式而言，自然会促进格拉夫之分类的“心理学问题”。拉

夫曼极为明确地提示了这一点，并引导了当今语境主义的讨论。通常被称为语境主义的讨论，在“强行连锁推理悖论”（the forced-march Sorites Paradox[1]）和霍根命名的问题设定下展开（Horgan 1994，159－188）。所谓“强行连锁推理”，是指在作为问题的模糊谓词中，按顺序不断地观察仅有细微差别的对象，这种状况下发生的“连锁推理”。拉夫曼也在思考这种形式的 143
“连锁推理”，并试图通过提出以下两个论点来解决悖论。（1）关于适用模糊谓词的对象，有必要区分“独立”（singly）判断和“成对”（pairwise）判断，“连锁推理”乃是由于将其混淆而发生。按照“条件法连锁推理”的公式，最初的前提和结论是“独立”判断，而其中的条件句是“成对”判断，因此严格说起来并不成其为推论。（2）进而，即使假设只限于“成对”判断，在边界个案的某处也自然会发生与主体意图无关的判断所做的逆转性范畴转换——“格式塔转换”（Gestalt switch）（Raffman 1994，44－58）。并且可以说“范畴转换经常引入新范畴之语境”（ibid. 68）。与此相对，格拉夫更进一步。格拉夫着眼于面临“强行连锁推理”的判断主体之“关心”（interest），例如按照有关“高个子”的“强行连锁推理”，“某种不同是否有意的不同，取决于我们的关心，而不仅仅是对象的大小”

[1] 连锁悖论（sorites paradox）是与亚里士多德同时代的欧布里德（Eubulides）提出来的。指一个微小量的连续相加或相减，最后达到一个不同质的事物。它是通过一步一步进行的论证，最终使我们由真推出假，得出的结论与常识相违背。这是由逻辑演绎与事实演变的差别而产生的形式思维矛盾。——译者注

(Graff 2000，65)。例如，身高的重要性，乃是相对于判断身高与人的穿着之间是否平衡或确定是否够得着架子上的东西这类关心。这自然揭示了如下事实：试图评价边界本身的行为本身对评价和判断的影响[1]。也就是说，如果抱持“这附近有边界吧”这类关心来观察，据此会使边界转移到了别处，结果产
144 生找不到边界的事态(ibid. 59)。这样，我们了解到“尝试着眼于这种边界会引起(cause)边界本身在某处发生转换的事态”(ibid. 75－76)。至此，我们明白了语境主义的立场，最终会走向“因果问题”。

这一潮流在夏皮罗那里尤为突出。夏皮罗认为，虽然他基本上接受了拉夫曼的讨论，但并不是从拉夫曼那种心理的观点出发，而是从会话(conversational)的观点出发，应该探讨“适用”或“外延”而不是模糊谓词的“意义”。他使用“会话得分”(conversational score)这一表示会话中维持各种前提和隐含背景理解的语用学概念来展开讨论。实际上“强行连锁推理”并不成立，在此过程中，发生了拉夫曼称之为“格式塔转换”的跳跃，这时会话分数也会发生变化(Shapiro 2003，491－54)。但是，这种跳跃是如何产生的？夏皮罗说，“这种跳跃产生的时候，是由什么引起(cause)”，其原因无法确定，若是能够确定的话，其谓词也就并不模糊(ibid. 68)。对于想将“因果问题”主题化的我来说，这是令人沮丧的论点。不管怎么说，可以事先了解夏皮罗的讨论提出的重要论点是，“在涉及模

[1] 参考“薛定谔的猫”及“反思”的概念。——译者注

糊谓词的地方，逻辑和语义学与语用学密切相关”（ibid.）。当我们考虑语言表达几乎充满了模糊谓词时（如前所述，“知道”这一动词也是模糊的，因此，只要是通过“知道”这种认识的场面把握语言表达，模糊性就会渗透到所有的表达中），夏皮罗的建议很重要。 145

面对这一语境主义潮流，索米斯认为，在“连锁推理”的推论中出现的矛盾，实际上并不是矛盾，而是表示不同的基准正在生灭，他把这种形式的讨论（即并非悖论而是协调的推理的讨论）称作“连锁推理动态版”[1]（Dynamic Version of Sorites）。这种把握方式也隐含着追问动态的动因·原因是什么这一“因果问题”的方向性。当然，在此已经提出很多对语境主义的反驳。“语境”概念本身就存在模糊这一基本问题。另外，当时索米斯自己在争论过程中称“所谓模糊谓词是语境感应性的，就是说它们都是索引性地‘标识各种语境’”（Soames 2002，445），使用语义学用语也助长了混乱。正如斯坦利在那之后所论述的那样，如果只以语境主义的语义学方法来把捉的话，将导致在“如果 a_1 是 F，那么 a_2 也是，a_3 也是，a_4 也是，等等”这种形式来表达“连锁推理”的场合，即使在应该发生跳跃和转换的过程中，也可以用“也是”这种表达的语义学结构，却没有发生任何转换这类反例（Stanley 2003，269－276）。或者，仍然如斯坦利所批判的那样，即使对于强调“关心”而不是“语境”的格拉夫式的方法来说，那也是相对于做出判断

[1] 参考“一切以时间、地点和条件为转移”的命题。——译者注

的个人而言，它不可能处理与数字大小的模糊性相伴而生的“王氏悖论”那种独立于“关心”而发生的“连锁推理”（Stanley 2003，278－279）。除此之外，例如索伦森提出了关于
146 “语境主义”的如下简单而根本的疑问。据他说，那就是“混淆说话者的意思和讲明的意思”（Sorensen 2001，32）。他说，超过了我们的记忆和注意，连锁讨论的无限等级，是“语境主义”无法讲明的“连锁推理”例子（Sorensen 2001，33）。不过，正如夏皮罗所暗示的那样，如果“语境主义”的构想，旨在说明“连锁推理”的重点是语义学观点和认识论观点在本质上与实用的观点相融合，那么索伦森的这种批判并没有切中要害。不能简单地诉诸“混淆了说话者和讲明”了之。实际上，在我的理解中，恐怕是“语境主义”正在悄悄促进“连锁推理”的哲学讨论本身的“语境转换”吧。但是，虽说如此，从我自身的观点来看，语境主义也不能说是完美无缺的立场。此话怎讲？

9. 爱丁顿的程度理论

这是因为，我对这两点感到不满：尽管语境主义在“连锁推理”中表现出的动态变化，被作为“跳跃”、“转换”及“格式塔转换”等抽取出来，但是当接近这种急剧变化时，却未必将张力逐渐增加的“阶段性变化”主题化；而且即使触及这种变化的“原因”问题，也没有深入讨论。这些不满，恐怕是因为我把“连锁推理”当作存在性的现实事态，而“语境主义”
147 并不一定含有将“连锁推理”视为存在性事态的意思吧。不管

怎样，为了稍微消除这些不满，接下来让我们一瞥爱丁顿提出的程度理论。这是因为，爱丁顿的讨论至少能够应答我对语境主义的第一点不满。

爱丁顿的讨论可以视为解决“连锁推理”的“程度理论”（degree theory）的一种，但与一般以程度理论著称的立场颇有不同。正如第 6 节所看到的那样，一般程度理论是诉诸“多值逻辑”和“模糊逻辑”的想法，但是在原理上它们站在真值函数的立场上展开。与此相对，爱丁顿认为，即使同是支持程度理论，但它的展开，不适合用真值函数的方法。他借用刘易斯的说法，把拉姆齐以来与“信念度”（degree of belief）相对应的认识的不确定性程度，即主观概率，称为“可信度”（credence），并把程度理论认为是“真理程度”（degree of truth）的模糊不确定性程度，称为“真理度”（verity），提出两者在结构上的类推。而且，关于可信度及其有效性的定义，仍然遵循拉姆齐的传统，并根据亚当斯的想法，予以使用如下概率。

结论的非概率性（improbability）不超过诸前提的非概率性的总和。

（把 $p(\backsim A) = 1 - p(A)$ 称作“非概率性”） 148

（Edgington 1996，300.）

然后，以类推的方式，提出如下关于真理度的推论之有效性的定义。

结论的非真理度（unverity）不超过诸前提的非真理度的

总和。

（Edgington 1996，302.）

换句话说，在有效推论中，每个前提的非真理度都被转移到结论。不管怎么说，促成这种类推的不是对爱丁顿的基本把握，即真理度是真值函数的（严格说起来，当将其应用于真理度时，程度函数的 degree-functional 即多值逻辑的），而是通过与概率论相对应的方式来理解，这才是恰当的把握[1]。

根据一般的多值逻辑的想法，对涉及真理度（υ）问题的选言、联言和条件句作如下规定：

（>）　$\upsilon(A \vee B) = \mathrm{Max}\,[\upsilon(A), \upsilon(B)]$

（&）　$\upsilon(A \& B) = \mathrm{Min}\,[\upsilon(A), \upsilon(B)]$

（∩）　$\upsilon(A \supset B) = 1$ if $\upsilon(A) \leqslant \upsilon(B)$, $1 - [\upsilon(A) - \upsilon(B)]$ otherwise

149 （Edgington 1996，304.）

但是，根据爱丁顿的说法，这种真值函数规定导致了一个非常不妥的结果。我们来考察一下模糊谓词“小的”（S）和

[1] 出口康夫在 2005 年 12 月 4 日的日本科学哲学会第 38 届大会，在我策划的“不确定的逻辑——概率和模糊性”研讨会上，就“概率的模糊性”提出了极具挑战性的主张。正如出口氏所说的那样，严格说来，概率概念本身在解释和数值赋与等诸多层次上是模糊的。也就是说，实际上概率和模糊性是相互渗透的。就本书的主题而言，只要概率与因果性、模糊性与理由相关，就可以说与“原因”和“理由”相互反转的关系相对应。

“红的”（R）。假设 a、b、c、d 四个球，业已形成如下事态。

$\upsilon(Ra) = 0.5$，$\upsilon(Sa) = 0.5$

$\upsilon(Rb) = 0.5$，$\upsilon(Sb) = 0$

$\upsilon(Rc) = 0.4$

$\upsilon(Rd) = 0.5$

（1）根据（>），获得 $\upsilon(Ra \vee Sa) = \upsilon(Rb \vee Sb)$，但毫无疑问，当被要求带“红的且小的”球来时，a 比 b 更合适。（2）另外，根据（&），获得 $\upsilon(Rc \,\&\, Rd) = 0.4$。然而，因为 $\upsilon(\backsim Rd) = 0.5$，所以仍获得 $\upsilon(Rc \,\&\, \backsim Rd) = 0.4$。但是，因为 d 红于 c，所以“c 是红的，且 d 不是红的”，其真理度应为零。（3）另外，根据（∩），既获得 $\upsilon(Rc \supset Rd) = 1$，又获得 $\upsilon(Rc \supset \backsim Rd) = 1$。但是，d 明明红于 c，而“如果 c 是红的，那么 d 不是红的”却成为真，这太荒唐。这样，导致真值函数的思路，无法把握真理度（Edgington 1996，304 - 305）。

对于这些问题，爱丁顿提议应用概率论的形式。即，进行如下公式化。 150

$\upsilon(A \,\&\, B) = \upsilon(A) \times \upsilon(B \text{ given } A)$

$\upsilon(A \vee B) = \upsilon(A) + \upsilon(B) - \upsilon(A \,\&\, B)$

这样的话，当应用于前面示例时，分别获得如下内容，问题得以解决。

(1) $\{\upsilon(Ra \vee Sa) = 0.5 + 0.5 - 0.25\} > \{\upsilon(Rb \vee Sb) = 0.5 + 0 - 0\}$

(2) $\{\upsilon(Rc \,\&\, Rd) = \upsilon(Rc) \times 1\} > \{\upsilon(Rc \,\&\, \sim Rd) = \upsilon(Rc) \times 0\}$

(3) $\upsilon(Rc \supset \sim Rd) = \upsilon(\sim Rd \text{ given } Rc) = \dfrac{\upsilon(Rc \,\&\, \sim Rd)}{\upsilon(Rc)} = 0$

（Edgington 1996，305－306.）

引入这种想法的爱丁顿认为，“连锁推理”最初的前提是真的，在此后的诸前提中，非真理度一点点累积，并且得出的结论为假，亦即获得极大的非真理度，从有效性的定义来看，这种推论是有效的。然而，在将诸前提表示为（∀x）（Fx⊃Fx’）这种全称量化句，即～（∃x）（Fx &～Fx’）的场合，
151 真理度绝对不可能为 1，所以必然为假。因此，“连锁推理”乃是作为前提有误的推论而被排斥（Edgington 1996，311）。也就是说，是“否定前提”式的应答。恐怕，语境主义所谓的“跳跃”，可以说是在应用 modus ponens（肯定前件）导出个别对象的概率低于 0.5 时发生的。

就这样，爱丁顿想通过程度理论来解决“连锁推理”，但它是基于概率的类推，而不是多值逻辑或模糊逻辑。我对语境主义的不满之一，是没有回答如何将张力逐渐高涨的“阶段性变化”主题化，以“概率”的形式来回答这一问题，也能起到弥补语境主义之缺失的作用。当然，利用模糊逻辑的一般程度理论也涉及“阶段性变化”的问题，但还是有两个原因让我聚焦

于爱丁顿的讨论。其一，爱丁顿对一般程度理论的批评似乎是正确的。正如在语境主义的讨论中所确认的那样，要理解我们应对“连锁推理”、以及包含模糊谓词在内的一般语言表达的态度，仅用语义学方法明显是不够的，但是假如稍微使用一般程度理论的话，很有可能会陷入只以真值函数的方法为依据的陷阱。其二，我在序章中谈到，本书以“因由”句为中心，展开“不确定性的认识论”，重点关注“概率”和“模糊性”这两种不确定性，而爱丁顿的讨论则将这两种相位的不确定性联系在一起，可谓是透视本书讨论结果的最佳试金石。152

但是，我对语境主义的第二个不满，是没有充分讨论“因果问题”。爱丁顿确实有力地提出了概率“可信度”和模糊性“真理度”的类推，但这并不意味着她将可信度等同于真理度。爱丁顿承认尽管两者在结构上相似，可信度会在决策等场合引导我们的行为，但真理度和模糊性却不会起这种作用，所以要保持两者的差异（Edgington 1996，312）。可以很容易地预想，在探寻可信度和决策这一领域时，本质上涉及因果性（正如我们稍后将要看到的那样），但是模糊性问题与此有着质的差别，这就是爱丁顿的见解。毋宁说，这是要封闭“因果问题”讨论的方向。而且，恐怕爱丁顿的讨论，指向的问题不能归类为格拉夫所说的三个问题的任何一个。它在否定真值函数的方法这一点上不符合“语义学问题”，在将“真理度”与作为“信念度”的“可信度”相区别这一点上终归不同于“认识论问题”，更何况它完全异质于拉夫曼式的“心理学问题”的回答。不管怎么说，就我所讲的“因果问题”而言，语境主义比爱丁顿说更亲近“因果问题”。之所以这么说，是因为语境主义显然采取将因果性纳入“连锁推理”问题的态势。原本爱丁顿从一开始就毫无疑问地只采纳可信度，而不考虑适用于其他概率解释的可能
153 性。如果打算提出基于概率类推的讨论，那么就必须对“何种意义上的概率”这一点更加敏感。若是这样来探求概率解释的问题，应该能打通“因果问题”的道路。不管怎么说，语境主义和爱丁顿说给了我们一个设立“因果问题”的启发，但是要真正建立起来，有必要结合两种思考所暗示的论点，探索另一种思考。

	语义学问题	认识论问题	心理学问题	因果问题	都不是
全称否定					理想语言方法
否定前提	超赋值论 程度理论	认识说	语境主义		爱丁顿说
形式否定	程度理论				
全称肯定				○	接受悖论

无论如何，基于以上讨论，我认为已经明确了关于“连锁推理”的若干思考的位置关系。在最后展开我自己的思考之前，或为了展开我自己的思考，且将其整理成如上表格。以下，展开我自己的处于位置○的思考。

10. 连锁推理因果说

目前探讨的爱丁顿的讨论，就“连锁推理”前提下出现的条件句的应对法而言，毫无疑问是继承了重新解释由拉姆齐、亚当斯、斯塔尔纳克等人所展开的，视条件句（conditionals）为主观

之解释的条件概率（conditional probability）的路线。它的提出， 154
是通过从所谓的“拉姆齐测验”（Ramsey 1990，155 note 1. 当接受条件句的前提时，根据后件的可接受性来衡量条件句的意义的测试）开始，一直到“斯塔尔纳克假说”的一系列讨论。斯塔尔纳克以“拉姆齐测验”的条件连接符号（conditional connective）“>”表示用作实质意义的“⊃”，并提出如下假设。

Pr（A>B）＝Pr（B，A）

（更一般的表示是，P（A>B）＝P（B ｜ A）。）

（Stalnaker 1970，120.）

换句话说，对“如果 A，那么 B”这一条件句的评价，应根据它在多大程度上是真理这种真理度来衡量，它被解释为主观信念的程度，其想法是根据“在 A 条件下，B 成立的概率”这一条件概率来推算。这种测验明显地结合了主观信念的修订准则，在此意义上，自然而然与所谓的“贝叶斯条件化”（Bayesian Conditionalisation）相亲近。我将在第四章讨论“贝叶斯条件化”。提出这一“斯托尔内克假说”的动机，正如已从爱丁顿的讨论中所确认的那样，是由于对实质意义的条件句的理
解，没有通过“如果”一词正确地理解推理。但是，对“斯塔 155
尔纳克假说”而言，1970 年代分析哲学的最大事件，是戴维·刘易斯提出了被称作“贫乏性结果”（triviality result）的强有力反驳，显然“斯塔尔纳克假说”无法再原样维持。也就是说，无论涉及什么相互命题，它们都是随机独立的（第一贫乏性结

果），或者即使料到避免该结果的概率函数，这种函数也最多只有四值（第二贫乏性结果[1]）（Lewis 1976，131－134）。若是如此，爱丁顿的程度理论原本在理论上是不可能的，从一开始就必须被废弃。刘易斯的“贫乏性结果”，产生了各种各样的反应。实际上，爱丁顿及其源流亚当斯的讨论，已包含针对刘易斯的策略。也就是说，从亚当斯和爱丁顿的角度来看，“拉姆齐测验”和“斯塔尔纳克假说”始终都是以“真理程度”即“真理度”的形式来理解概率，并将条件句理解为真值函数，但正是这种基本方针才是导致“贫乏性结果”的主要原因。亚当斯认为不是条件命题而是条件性主张（assertion）更符合条件句的地位（Adams 1975，98 et al），亚当斯似乎遵循把爱丁顿之流的真理度与可信度区分开来的路线。可信度是“信念度”，它只

---

[1] 作为参考，在此写上“第一贫乏性结果”的证明。不同于实质意义，路易斯把“拉姆齐测验”的条件连接符号称作“普遍概率条件法”（a universal probability conditional），用“→”表示。并且，其成立是以“斯塔尔纳克假说”为前提。

(1) $P(A\to C)=P(C\mid A)$

当对（1）施加B条件，得出

(2) $P(A\to C\mid B)=P(C\mid AB)$

如果将（2）中的B置换为C或∽C，

(3) $P(A\to C\mid C)=P(C\mid AC)=1$

(4) $P(A\to C\mid \sim C)=P(C\mid A\,\&\sim C)=0$

然而，对于任意句D，按照全部概率公式，形成如下等式。

(5) $P(D)=P(D\mid C)\,P(C)+P(D\mid \sim C)\,P(\sim C)$

这里设D为A→C。于是，由（1）、（3）、（4）、（5）得出

(6) $P(C\mid A)=1\times P(C)+0\times P(\sim C)=P(C)$

也就是说，对于任何A和C，它们都是概率上独立的（Lewis 1976，131－132）。

不过是人们能够相信所讨论的句子为**真**的程度，可谓潜在地倾向于真值函数的想法。于是，把可信度等同于模糊性的真理度的基础上展开程度理论，实质上是遵循“斯塔尔纳克假说”，而 156
显露“贫乏性结果”。在这一点上，爱丁顿的可信度和真理度的严格区分也有一定的理由。

我个人认为，在“连锁推理”中使用“概率”作为处理现实中出现的“阶段性变化”的工具是有希望的，在这一点上，我对爱丁顿的方法有着亲近感。但是，只要爱丁顿是把概率理解为拉姆齐那种主观的“信念度”，他就不仅仅是类推而是将概率概念以直接和现实的方式应用于“连锁推理”；只要这将导致“贫困性结果”之刃的到来，他就难做到这一点。但是，若这样下去，语境主义稍微打开的“因果问题”之道将被关闭。那该怎么办？这里应该想起来的是，“连锁推理”是现实中产生的真实（real）悖论。“连锁推理”并不是应该被解决、消除的东西，而是应该弄清其生成过程的实在“事件”。若是这样，那么为了表达这种阶段性变化的“概率”，何不干脆承认它并非作为信念度的可信度，而是更为现实的东西？这也将顺便突破语境主义的边界吧。这是因为，语境主义也是一种心理或会话形式的主观相对性·个人相对性的讨论。

根据这种思考，我想提出“**连锁推理因果说**”（the causal
theory of sorites），就是把“连锁推理”的各种条件句的前提， 157
其前件作为原因，后件作为结果，从这一视角来把捉“概率因果”（probabilistic causality），理解悖论。很明显，这是直接对应“因果问题”的讨论。这种“连锁推理因果说”决非奇怪的东西，而是先前强调讨论的两种立场，即是“语境主义”和爱丁顿说的融合。也就是说，“语境主义”可能不经意地暗示了将因果性带入到模糊性问题，而引入概率概念乃是沿袭爱丁顿说。不仅如此，读取概率因果关系并通向“连锁推理”，是在接受“连锁推理”所带来的“矛盾”的同时，采取尽可能理解事态的姿态，在这一点上，可谓是“接受悖论”之立场的一种展开形式。“概率”原本就是允许肯定和否定都有一定可能性的语法，以及某种事态其结果的产生和不产生，又可谓是将“矛盾”暂时纳入合理性的概念装置。进而言之，对“连锁推理”施加因果性理解的构想，发端于把“连锁推理”理解为实在的东西，把“矛盾”的问题性理解为现实的事态，就此而言，模糊谓词作为实在性事态也有清晰边界，可以说与以这种方式面对这一问题的“认识说”相一致。

但是，为了展开这种“因果说”，必须先解决到底是什么构成“原因”和“结果”的项这种“因果关系项”的问题。我在前一段说了，条件句的前件是原因，后件是结果，但这太粗糙了。要将其提炼出来，有几种可能性。一种是将作为条件句之
158 组成部分的“句子”或“命题”本身视为因果关系项。但是，这是与怀特海形而上学相结合的立场，我现在不准备探索这条路。接下来可以想到的是，将与条件句的构成要素“句子”相对应的“信念”（belief）理解为关系项，并论述其因果关系。在这种情况下，有把“信念”理解为句子的主张内容，和把“信念”理解为心的现象这两种做法。前者将内涵之“事实”视为因果关系项，后者则将外延之“事件”视为因果关系项，在

此意义上，可以把它与因果关系项的经典争论场面联系起来（E. g. see Mackie 1974，248－269）。但是，这种基于“信念”的立场绝对无法抵达充分的阐明。因为，如果考虑到与前件或后件相对应的“信念度”之间的因果性，就会再次被“贫乏性结果”所困扰。无论如何，也要寻求别的观点。作为一条路径，与其把“信念”视为作为其自身而存在，不如把“信念”视为特定说话者或主体而生成的东西。实际上恰恰相反，如果我们认为“信念”是作为其自身而存在的东西，则无论说话者是谁，相同内容的信念是同一的，那么它仍是形而上学的，是异质于我所考虑的因果说的立场。

对于我来说，我想通过将具有与前件或后件相对应的“信念”之“主体”的状态理解为因果关系项，来阐明“连锁推理”。从这一观点出发，即使可以概率地理解“连锁推理”诸前提下出现的条件句，也不可能用“斯塔尔纳克假说”之类的简单形式来表达，而可谓是与“概率因果”固有的“语境一致性”
（contextual unanimity）和“因果马尔可夫条件”（Causal Markov 159
Condition）等要件相对应的，有着重层结构的事态（关于这些要件将在第四章中涉及）。换句话说，出现于“连锁推理”的条件句，严格地说不应该被视为条件句，而是必须理解为推论主体之状态的“事件”之连锁，在此意义上，它已脱离了真值函数的观点，摆脱了“贫乏性结果”之刃[1]。而且，我想把这

[1] 这一点在第148页提到的研讨会上，通过我以前的学生铃木聪的提问（成为本章的基础）而变得明确。我始终对铃木氏敏锐的洞察力表示敬意。

种“主体”的概率状态，理解为与“连锁推理”的实在性相适应的某种物理概率，即主体的某种客观认知的“倾向性”。如第一章所提到的，“倾向性”是波普尔为了理解量子的概率运动而提出的概率解释之一。波普尔讨厌所谓“哥本哈根解释”中隐含的主观概率解释，想要物理·客观地把握量子运动的概率运动。但是，当时理论化的概率的物理·客观之解释乃是冯·米塞斯的频率说，它自觉地排除了与独立事件（single event）之间的概率关系。因此，频率说不能直接应用于独立量子的各种运动。于是，波普尔提出了“倾向性”概念，作为适用于物理·客观的独立现象的概率解释（see Gillies，2000，113－136）。

11. 连锁推理的描述性阐明

实际上，像这样将波普尔的“倾向性”应用于“连锁推理”未必奇怪。这种方向性等同于把“条件连锁推理”的每个条件
160 句中涉及的说话者或主体的状态客观化为“倾向”（disposition），这是因为它是将人类的认识理解为主体所进行的实践和行为的一种自然且可能的方式，并且它也是一种扩展实际的研究和应用的可能性的观点。通过信念和需求因果性地理解人类行为无疑具有一定的说服性，但实际上引起行为的因素是复杂多样的，从一个主体采取一项行动的原因这一意义上说，将主体的存在方式与主体的经历、环境等要素混合在一起，作为只能随机地预测结果的一种“结构”，即作为“容易变成那样”的性向，而抽取出来，是符合实际情况的（黑田，1992，

76－77)。而且这也意味着在考虑主体的认识语境，或者在与语境的关系中把捉“连锁推理”，继承“语境主义”的构想。另外，以主体的“倾向性”来阐明“连锁推理”的立场，开辟了对“连锁推理”问题进行实证研究的路径。这是因为，“倾向性”可以通过物理学语境的设计而明确地进行数据化或计量化来处理。事实上，正如彭斯所指出的那样，使用模糊谓词句的评价在结构上酷似谓词“grue”[1]的“归纳”问题（Burns 1991，135－138，以及《迷宫 1》194－197)，在与这类经验科学基本问题的联动这一点上，基于“倾向性”的“连锁推理因果说”，只要是以实证性为导向，那么作为方向性应该是正确的。而且，即使对照条件句的阐明这一成为我的思考之发端的领域，引入“倾向性”也决不是唐突的。因为布赖恩・斯科姆斯提出了假定条件句的“事前倾向性”说明，形成了一定的论 161
域。不过，虽然斯科姆斯试图按照相对于客观可能性的主观性期待来理解条件句，但我的因果说相反地使主观性期待这一状态的物理客观的概率倾向性主题化，而与基于条件句来考虑的语境有所不同[2]（see Skyrms 1978，259－265)。

让我们将上述想法的基本思路，表述为“连锁推理因果原

[1] 绿蓝悖论（Grue Paradox)，亦称“新归纳之谜”，美国当代科学哲学家古德曼在其《事实、虚构和预测》（刘华杰译，北京：商务印书馆 2010 年版）一书中提出的归纳悖论。——译者注

[2] 不过，在将“连锁推理”中出现的前提作为条件句的时候，这是直说法还是假设法尚有争论的余地。斯卡姆斯的讨论说到底不过是关于假定法条件句的，所以特此说明。但是，正如本文所述，严格来说，我自己不采取将“连锁推理”的前提作为条件句来处理的方法。

理”。在“连锁推理”的前提下出现的任意单位句 a_{n-1} 和 a_n，假设用 J［ ］表示主体的判断状态，用 t_1 和 t_2 表示时间指标（t_1 先于 t_2），用 Pp 表示作为“倾向性”的概率，

〈连锁推理因果原理〉

$$Pp(J_{t2}[Fa_n] \mid J_{t1}[Fa_{n-1}]) > Pp(J_{t2}[Fa_n] \mid \backsim J_{t1}[Fa_{n-1}])$$

在此条件下建立条件概率的大小关系时，例如在“强行连锁推理”中，J［Fa_{n-1}］将因果性地引起 J［Fa_n］，即，会产生“连锁推理”。然而，当左边的值递减时，这种大小关系将崩溃；当左边和右边相等时，则可能产生语境主义的“跳跃”。（这应该包含前面涉及的“一定条件”下的“语境一致性”和“因果马尔可夫条件”，但这种条件性也存在问题。不过，这里暂且搁置概率因果关系思考的固有问题）让我们依据“连锁推理”的具
162 体例子，试着重新思考上述“连锁推理因果说”。这并非“连锁推理”的解决或错误的说明，而正是对“连锁推理”的描述性阐明。让我们回到“269Hz 的音是不是 C 音”的例子。在这种“C 音”边界个案的情况下，如果根据“连锁推理因果原理”来理解的话，在做出“269Hz 的音是 C 音”的判断之前，（ⅰ）判断“268.9Hz 的音是 C 音”，以及（ⅱ）未（缺乏）判断“268.9Hz 的音是 C 音”，这类情况是判断“269Hz 的音是 C 音”这一概率因果关系之比较的线索。换句话说，问题是情况（ⅰ）的条件概率的值是否大于情况（ⅱ）的条件概率的值以及

相差多少？在别的例子中，情况也完全相同。关于日本男性，“高个子”这一模糊谓词的边界个案，恐怕是指“身高 167cm 的人”吧。这时，判断“身高 167 厘米的人是高个子”，在做出这一判断之前，是根据情况（ⅰ）判断“身高 167 厘米的人是高个子”，以及情况（ⅱ）未（缺乏）判断“身高 167 厘米的人是高个子”这类概率因果关系之比较的线索。这种比较，需要通过改变有关判断主体和判断环境的各种条件或语境来完成。是否接受“269Hz 的音是 C 音”、“身高 167cm 的人是高个子”等判断的倾向性，作为判断主体一侧的存在方式，在此以概率分布的状态浮出水面。

若是这样依据“连锁推理因果说”来把握事态，就能阐明“连锁推理”的悖论性。我们将其分为三种情况加以说明。再次 163
以“269Hz 的音”为例。第一，从“264Hz 的音是 C 音”这一几乎明确为真的阶段开始，判断“269Hz 的音是 C 音”，这时没有任何问题。这一判断只不过是一个明显的认识性事实。即使别人提出了疑问，做出了相反的判断，那也是意见的不同或对立，在语义学层次上完全没有矛盾。第二，但是，当对自己的判断产生怀疑，感到无法判断，或者聆听例如 268Hz 的音，接着聆听 269Hz 的音的时候，推论自己会迷失于判断的时候，这就必须考虑遇到了真正的边界个案的情况。这类情况，若根据我的因果说，可以理解为在听到 269Hz 的音之前，其频率小于或等于 269Hz 的音，这类与我们的倾向性或性向相关的概率因果关系。如前段所述，我们的这种存在方式，可以理解为判断是 C 音的倾向性和不确定是 C 音的倾向性之类的概率分布状态。

这种概率分布所表现的事态有何问题？我们在各种场合，都受到数据的归纳预测等概率分布的影响。这当中是否会产生语义学上的矛盾？“连锁推理”成为问题的原因，是连锁式没有反映出这种概率分布所表现的实态。换言之，“条件连锁推理”作为“连锁推理”的公式化，实际上并没有错误，但过于简单化，即
164 使对理解结构有帮助，最终也不成其为充分的把握方式。

第三，必须提及从一端到另一端执行“连锁推理因果原理”的推论，二者之间存在明显矛盾这种讨论的情况。这是因为，这正是“连锁推理”被称为悖论的核心理由。但是，关于这一情况的因果说的回答却很简单。从一端执行的“连锁推理”和从另一端执行的“连锁推理”，是我们形成相互不同的因果系列的倾向性序列，因此完全没有字面意义上那种语义学的矛盾，不存在任何问题。在将事态作为实在的现象而如实地接受这一点上，与“接受悖论”一样，是“全称肯定”的应答。如果人们理解在不同因果序列之间产生的对立也是“矛盾”之一（正如布里斯特根据弗协调逻辑所把握的那样），那么因果说的应答确实与“接受悖论”相同。因为“接受悖论”是接受失去一致性的现实的立场，因果说，也即是在预计非一致性（无论是不协调还是弗协调）的条件下接受悖论，做出“全称肯定”的应答。这样，若根据因果说予以阐明的话，就会显现“含糊理由”这一事态的真相。对于身高 167cm 的人，“他是篮球选手吧，因为个子很高”这一“因由”句的理由显然是模糊的，可是有时也能说服别人。但是，当然也有无法说服的时候。什么时候会产生说服的现象，这是应该使用概率概念进行实证研究的问

题。这是一种使用概率进行实证研究，在身份上具有实在性的 165
现象。

但是，关于上述“因果说”的思考不就立即出现这样一个问题？即，我的“因果说”从“语境主义”继承了“关于判断主体和判断环境的各种条件和语境”的观点，这种“语境”在主体的经历和环境等意义上具有内涵的特点，而“倾向性”原本是适用于物理对象的纯粹客观的东西，因此两者的相互关系未必合得拢的疑问。但是，可以通过回顾第一章也讨论过的波普尔自身的“倾向性”的定义来回答这一疑问。波普尔在《量子理论与物理学的分裂》中如是叙述：“物理学中倾向性的声明描述了状况的性质，因此，如果该状况是典型的，也就是说，（在光辐射的场合中）如果状况本身是重复的话，就可以进行检测。因此，倾向性也是可重复的实验配置的性质。”（Popper 1982，80）波普尔自己认为“倾向性”正是实验状况这一“语境”事态的性质。他称之为“针对特定化的相对性”（Popper 1982，80），甚至说这种事态不仅对量子理论，对所有实验都有效。换言之，作为“倾向性”的概率常被看作严格地表现物理・客观之现象，但原本是适用于考虑“语境”的一般实证情况的概念。若是如此，将“倾向性”适用于这里的“连锁推理因果说”就没有问题。相反，如果可以期望达到一定的生产率，
我认为应该积极尝试这种应用。 166

12. 非传递性共有

顺便说一句，我提出将“连锁推理”的推论过程视为概率

因果的建议，至少在形式上有一个强有力的旁证。或者更好的说法是，“连锁推理”的推论关系与概率因果关系之间，存在本质上的相似性，那就是“非传递性”（non-transitivity）。让我们根据目前的“条件连锁推理”（即使不是完全的公式化）来确认一下。构成它的连锁式为“非传递的”，毋宁说穿插于该公式中。也就是说，作为“条件连锁推理”第一个前提的 Fa_1 和结论 Fa_i，如果传递性，即

$$p \supset q \ \& \ q \supset r \rightarrow p \supset r$$

成立，那么，

$$Fa_1 \supset Fa_i$$

成立，但这是不可接受的，这正是提示“连锁推理”存在悖论的理由。如果“264Hz 的音是 C 音”，则“275Hz 的音是 C 音”
167 这一条件句，明显承认了前件是真（264Hz 的音是 C 音本身），但后件显然为假（275Hz 的音是 $C^{\#}$ 音），整体上说是假的。即使并非那种从一极到另一极的跳跃，也是非连续性愈突出，“非传递性”愈明显。当聆听从 264Hz 起的更高频率的声音时，几乎可以肯定的是，如果聆听的声音顺序仅在 1mHz 之间不同，那么确实会涉及“连锁推理”。但是，如果听到每隔 2Hz 不同跳跃的音将会怎样？可能会觉得它是高达 268Hz 的 C 音，但是当从那里跳跃到 270Hz 时，可能会觉得它明显不是 C 音。由此可见，“非传递”是“连锁推理”的本质特征。

那么，概率因果关系如何呢？虽然概率因果关系的概念还

有很多应予讨论的问题[1]，但是经常有人指出，只要聚焦一般承认的性质，概率因果未必保持传递性。例如，苏佩斯和卡特赖特认为概率因果一般没有传递性（Suppes 1970，58 and Cartwright，1979，437，note 6)，伊尔斯和索韦尔论述了除了“马尔可夫条件”（Marcov condition）成立的情况，概率因果是非传递性的，也没有是传递性的必要[2]。让我们通过伊尔斯和索韦尔列举的例子来确认这一点。假设获得如下数据：100 名吸烟者中 60 人有心脏病，40 人无心脏病。在这种情况下，60 个有心脏病的人中 30 人有胸痛，30 人无胸痛。无心脏病的 40 人中 15 人有胸痛，25 人无胸痛。另外，100 个非吸烟者中 50 人有心脏病，50 人无心脏病。在这种情况下，有心脏病的 168
50 人中 49 人有胸痛，1 人无胸痛。无心脏病的 50 人中 25 人有胸痛，25 人无胸痛。假设用 S 表示吸烟，H 表示有心脏病，A 表示有胸痛，可作如下图示。

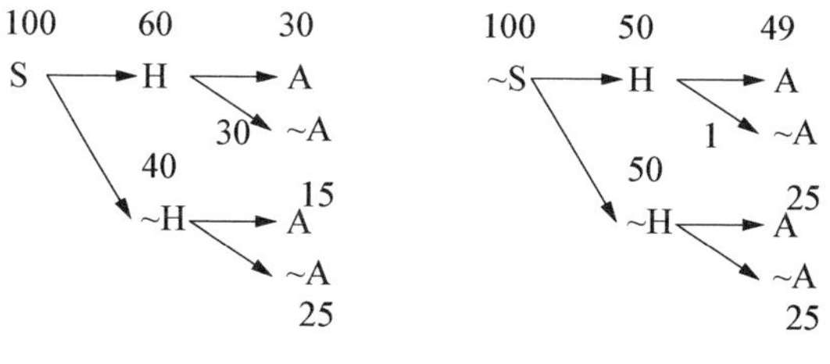

[1] 关于概率因果，我在《迷宫 1》第四章中作了若干讨论，本书第一章中也有涉及。

[2] Eells & Sober (1983) . 43 - 44. 不过，例如，与大多数论者不同，豪斯曼认为构建概率因果理论必须避免非传递性（Hausman 1998，194 - 197)。

为了简单起见，这里将数据解释为表示概率值。因为是为了了解思考形式的性质，这种操作是可以接受的。根据数据，下列情况成立。

169

$$P(H \mid S) > P(H \mid \sim S)\left(\because \frac{60}{100} > \frac{50}{100}\right)$$

因此，按照概率因果的思考，可以推断“吸烟是心脏病的原因”。进而，根据数据，下列情况成立。

$$P(A \mid S\&H) > P(A \mid S\&\sim H)\left(\because \frac{30}{60} > \frac{15}{40}\right)$$

$$P(A \mid \sim S\&H) > P(A \mid \sim S\&\sim H)\left(\because \frac{49}{50} > \frac{25}{50}\right)$$

因此，可以推断“心脏病是导致胸痛的原因”。然而，这里不能传递地推出“吸烟是导致胸痛的原因”。这是因为，根据数据，可导出如下关系。

$$P(A \mid S) \not> P(A \mid \sim S)\left(\because \frac{45}{100} \not> \frac{74}{100}\right)$$

由此可知，在概率因果的思考中不需要“传递性”。一般来说，经常追求因果关系的传递性，可以说是造成“如果刮风，木桶店就发财”式奇怪结论的方针，这是一项很难具有说服力的要求。因为当将因果性应用于人类行为和责任时，如果要求
170 严格的传递性，那么森罗万象的原因可能就是造物主，因此所有的人类行为都是没有责任的。一般认为，概率因果的非传递显在化原本是基于因果概念本身的本质。不管怎样，我们知道模糊

性的“连锁推理”的推论和概率因果，具有非传递性、平行性的共同特征。这种形式上的类似无疑会加强“连锁推理因果说”。

13. 贝叶斯的模糊性探究

但是，正如多次强调的那样，“连锁推理因果说”的一个要点是，使得模糊性的实证研究成为可能。这种情况的具体可能性是什么？我目前设想的工作是，通过收集数据来缩小发生边界个案（正如在超赋值论中所说）的“半暗部”范围。这种情况下的数据，是我们关于连锁式推论的倾向性数据，它收集了若用与心理学实验相同的被试者的应答形式以及其他（可能是物理的・生理的）测定就无法完全断言的这一“结构”的临界点上的数据（或许与拉姆齐曾经为了确定主观概率的值，利用有关赌博的思想实验这一构想相似）。即，根据先前的“连锁推理因果原理”，当左边和右边的某值从概率 1 的状态变为小于概率 1 的时候，进入到边界个案，可以说是如此。这确实与“高阶模糊性”相关。在我看来，若采用“连锁推理因果说”，总之 171
可以实证地处理“高阶模糊性”[1]。此外，也许还可以将“半暗部”中“连锁推理因果原理”左边的概率下降到等于右边之地点，作为相对于实验的“边界”，亦即可以处理为产生“跳跃”之地点。我认为，如果把这种跳跃预期地点看作相对于实验的初步边界，那么它将作为处理模糊谓词的一个基准而发挥

[1] 关于消解“高阶模糊性”这一点，从不同于我的观点，吉满（2003）展开了饶有兴味的讨论。

作用。这就是“超赋值论”所说的“精确化”中最标准的“精确化”吧？

我估计，这种实证工作可以使用“贝叶斯条件化”（Bayesian Conditionalisation），以与实证工作同样的方式进行。换句话说，这是一项提出引入边界个案的边界值假说或跳跃预期地点的假说，然后根据数据进行确认、修改的工作。不过，
172 通过“贝叶斯条件化”或基于此的“贝叶斯网”（Bayesian Nets）的确证工作，一般被看作是基于作为“信念度”的认识·主观概率。然而，我在这里采用的概率乃是倾向性这种物理·客观概率。“贝叶斯条件化”能够适用这种形式的概率因果吗？这一疑问，可以从两个不同的方面来回答。第一，正如已经看到的那样，实际上波普尔提出的“倾向性”是实验装置性质这种“语境”的东西，在此意义上（可能是个人之间的）实际上可谓是与“信念度”相重合，因此，将“倾向性”与已经主要适用于认识·主观概率的“贝叶斯条件化”联系起来绝非不恰当。第二，确实，朱迪亚·珀尔引入“贝叶斯网”而使用“贝叶斯信念网络”（Bayesian belief networks）这一表述，事实上是把“贝叶斯条件化”及“贝叶斯网”解释为认识·主观概率（pearl 1988，50），但是正如吉利斯所述，“贝叶斯网络是根据概率来定义的，在某些情况下，可以把这种概率解释为客观概率，而不是主观概率”（Gillies 2002，73－74）。实际上，吉利斯本人和苏卡尔他们已经在这个方向上进行了研究（See Sucar et al 1993）。不管怎么说，在概率的“倾向性”解释的基础上把贝叶斯理论应用于“连锁推理”这一点上，“连锁推理”

和模糊性获得了有趣的实证性，有关模糊性的哲学讨论，无疑与风险论、决策理论和 AI 论等诸多领域形成联动[1]。

实际上，基于这种“倾向性”的“连锁推理因果说”的范围，确实与作为问题源头的条件句问题的背景是相通的。在讨论条件句问题的层次时，吉伯德和哈珀接受了“拉姆齐测验”、“斯塔尔纳克假说”陷入“贫乏性结果”之死胡同的教训，重新设置了“决策”（decision-making）层次的问题所在，将其转换为前件状态是否会“因果”地引起后件状态这种因果决策理论（causal decision theory）的语境（See Gibbard & Harper 1978），这一潮流无疑与“连锁推理因果说”相呼应。因此，我们可以这样说：爱丁顿区分了作为“概率”的不确定性“可信度”和 173
作为“模糊性”的不确定性“真理度”，前者与决策有关，后者与决策无关，那样做是因为认为“连锁推理”是应予消除的悖论，并试图仅将概率解释为“信念度”。实际上，“连锁推理”在堕胎争论、死刑存废论和核电问题等背景下表现为一个个现实问题，因此它已经涉及某些决策问题。并且，要解决这种决策的冲突，至少首先要展开前规范的描述性阐明，依据“倾向

---

[1] 但是，这种联动方式并非是简单的。这里我的目标是将贝叶斯的理论适用于模糊性，仅是就模糊概念的边界而言，也许不会直接有助于例如在必须通过模糊概念理解状况的条件下进行决策的情况。但是，即使在这种决策的场合，也不是在决策主体的状况理解中，例如关于作为决策素材的第三者证言中出现的模糊性。我认为，我将贝叶斯主义适用于“连锁推理”的提案具有一定程度的有效性。在这种情况下，通过把证人作为被试者的实证性验证，测试证人是否在一般的“倾向性”下作证，进而根据“连锁推理因果说”来计算证言的可信度，以此反映在整个决策上。关于模糊性在风险论中的地位与现状，参照竹村等（2004），12－20。

性”的“概率因果”的关系乃是关键，这种探究可以在与今天的自然科学的联合中实现吧。这样，在以“模糊的理由”为问题的语境中，序章中所示的“概率”和“模糊性”这两个不确定的相位就融合在一起。

但是，最后必须注意的是，将“贝叶斯网”的思考方式应用到“连锁推理”，是否意味着基于数据的积累慢慢地“确证”模糊谓词的边界问题。如果此处“确证”这一说法是正确的，则意味着该边界从一开始就存在，我们将一点点“发现”它。这和威廉姆森等人的“认识说”是一样的构思。但是，我想在这里着力强调的是，我提出“连锁推理因果说”，并非想要消除模糊性。认识到模糊性作为模糊性实际上渗透于整个世界，这是我的基本立场。那么，如何将贝叶斯理论加以应用？对此我
174 想说的是，不是“确证”，而是初步边界的“创造”。也就是说，进入边界个案的边界和跳跃预期地点的值，恐怕是以某种形式的连锁式、与“宽容”原理相符的相邻个案间的幅度是怎样的程度、以怎样的时间间隔来检查条件句的前件或后件的发生，这种实验设定的因素来依存性地变动的（这无非是波普尔所谓“对于待定化的相对性”）。在此意义上，我认为应用贝叶斯理论而得到的东西，可以说是在实验者和被实验者之间的相互性中孕育出来的，只要沿着这种语境，就是初步的“创造”物[1]。这一点，可以再次使用“C音”的例子来说明。在稍微

---

[1] 我说这是“创造”而不是“确认”，是因为这也凸显了作为**确证**理论的贝叶斯主义存在一个根本的困难。作为第四章论述的先导，我一边避免这些困难，一边发掘贝叶斯理论的优势，提出“语境”已规（转下页）

有点偏离“C音”的音当中，从哪开始感觉到“C音”（从哪开始感觉到没有跑调），那是演奏现场的包括偶发因素在内的某种“创造”。这是与演奏者和听众之间产生的即兴边界相关的一致，在形成这种一致的过程中起作用的模糊性“波动”形成音乐的填充和魅力。这种情况，对于使用模糊概念和谓词的我们的认识·一般言语表现来说，或多或少都可以说是正确的。通过“召唤与应答”，我们的认识和理解实践总是会发生波动。活力（vibrante），让我们的理解实践在波动的同时不断地响应下去，“创造”出具有一定说服力的“理由”。并且这种“创造”，只要是遵循现在语境的初步的东西，就可以沿着语境的各种变迁·动态，进而实现再“创造”。不断接受这种变迁的事实，正是模糊性的实在性之证明。也就是说，所谓“连锁推理因果说”，是指 175
概念和语言意义的变化随着时间的推移而不断被“创造”，它是通过吸收贝叶斯理论来把捉这种（实际上很常见）事态的理论。

马克斯·布莱克曾提出用“剖面一致性”（consistency profile）的统计图来处理模糊性问题的路径（Black 1937，443ff）。我想要提出的“连锁推理因果说”，归根结底无疑是回归布莱克的一种表现。“回到布莱克”（Back to Black）[1] 这一

（接上页）定了过去事件，特别是确定了“责任”的问题域。与此相对，这里作为另一种利用贝叶斯理论的方式，试着列举了语言意义上的“创造”这一场面。但是，粗略地讲，关于统计的一般操作，至少从哲学的观点来看，可以发现某种“创造”的形式。

[1] 我在十多年前写了一篇关于模糊性的英语小论文，最后一节以“Back to Black's Argument”为题。这次，从全新的视角重新研究（转下页）

路线的生产性验证，是哲学在与其他领域交叉时应予进一步探求的课题。作为对前两章的应用，而远眺这一课题，下一章让我们讨论过去之认识的问题。

（接上页）了同样的主题，计划对自己的讨论进行全面修改，但最终还是再次到达了与前次相似的构想。想起从布莱克的讨论中获得的第一印象至今仍根深蒂固，我感到自己思考的历史遭遇了一种不自觉的方向性。如果把这件事作为对自己思考方式之波动的验证，也许会出现“发现”抑或“创造”的问题。即使暂且撇开与模糊性问题的关系不谈，用清晰的方法勾勒一个人的轮廓，即使是第一人称也可以说是很难吧。Ichinose（1995），xxiv－xxvii.

第三章　历史的认识　ad libitum

1. 不在性的统治

表示“原因”和“理由”的“因由”句，大致可分为两种 177
类型。这两种类型是，仅提及已经发生的过去事件，和提及包含将要发生的未来内容。当你用眼睛瞪着我，我问你为什么这样瞪我时，你回答说“因为你的态度太无礼了”。这不是一种平静的情况，这明显是对“为什么”“我的态度太无礼了”这种过去事态的回答。或者，你在冬天的傍晚把盆栽植物搬进里屋，问你为什么这样做，你回答“因为明天早晨会降霜”吧。这是对“为什么”根据冬季的早晨的气象必须把盆栽植物搬进里屋这类有望在未来生效之规律的回答。这些指的是“原因”抑或
“理由”，正如序章所述，至少在以“召唤与应答”的形式考察 178
“因由”句时，必须把握其不断进行的反转。但是，从现在的例子也可以看出，提及过去式的“因由”句通常与人类行为的“为什么”有关，包含未来式的“因由”句多偏向于规律性·假说性的事件，即与自然现象相关的事件。作为对前两章有关

“概率”和“模糊性”的讨论中所阐明的“因由”句的直接应用，本章首先把提及过去式的“原因”和“理由”作为主题。我处理这一问题的基本立场是，提及过去式“因由”句中出现的是“历史的认识”。即使是关于人的一般行为或其他什么，提及过去式的应答都必须是历史的认识。确立这种看似唐突的主张，并探索这种历史的认识之实相，乃是本章的课题。

那么，让我们从“过去不存在于任何地方”这一健全的理解来展开讨论。过去，现在不能看到或触摸到它。过去是超经验的。或者，从语法上说，过去可能是不在的。如果不在的话，就变成了现在。如上所述，“过去的不在性”难以动摇。但是，虽说如此，过去是完全不在的，并非世界的事实，这种对过去的全面怀疑论恐怕行不通。作为理由，至少可以立即列举两个论点。第一，我们的语言实际上包含很多过去的含义，如果主张过去根本不存在这种怀疑论，那就丧失了相当多的主张。试
179 着思考一下“这是他的作品”、“这辆自行车生锈了”等日常表现。“作品”这一谓词，意味着作者在过去某个时候所做的事情。通过与过去发生的事情相联系，某某的作品具有意义。另外，“生锈了”，很明显含有在过去时间的流逝中逐渐产生的氧化作用。如果排除这种含意，即使可以说它是“茶色的”，也不能说是“生锈的”。第二，相对于过去的现在原本是什么，仅是这样考虑，过去怀疑论也会失去说服力。如果把现在作为点的瞬间来考虑，我们的经验基本上都是过去的，因此过去是非存在这种主张，会导致我们的经验原本就不可能这种自我毁灭。或者，如果认为现在是广义的，过去就意味着以“过去的现在”

的形式而成为广义的现在，所以把过去当作非存在必然是自我毁灭。既然“过去不存在”的断言，其本身就是在时间内发生的事情，因此如果过去真的不存在，就只能陷入自相矛盾的悖论。综上所述，可以知道无论根据两个论点中的哪一个，我们的现在都确实包含着过去，也就是说被过去所统治，通过这件事来确保现在的真实。“过去的蕴含性（implicationality）”，可谓是难以逾越的真理。

当谈到对过去的怀疑时，经常会引用罗素曾经提到的奇妙假说。 180

> 如果假定，世界事实上是五分钟以前产生的，并且其居民“记得”一种完全非实在的过去，那么这并非是逻辑上不可能的。不同时刻的事件之间并无逻辑上必然的联系，所以现在或未来所发生的任何事情都不能否证这个假设，即世界是五分钟以前开始的。因而，那些被称作对过去的知晓的事件在逻辑上是独立于过去的；它们完全可以分析为当前的内容，并且从理论上说，即使过去不存在，它们亦可恰好就是它们现在所是的东西[1]（Russell 1971，159－160）。

这一假说的目的究竟是什么？是否想证明可以合理地认为过去根本不存在？但是，这一假说并不能完全抹消过去，因为

［1］ 罗素：《心的分析》，贾可春译，北京：商务印书馆 2009 年版，第 135 页。——译者注

它至少以五分钟前的过去为前提。那么，如果不是在五分钟前，而是在一瞬间前出现了世界，将是怎样？假说的讨论结构仍是相同的。但是，即使该假说被纯化到极限，该假说也没有表明过去根本不存在之想法的可能性。这是因为该假说包含这样一个事实：从世界出现的瞬间开始，经过后来的时间，它成为过去，变得能够言说关于（世界出现之前的假想）过去的知识。为了使知识以知识的形式存在，并使记忆以记忆的形式形成，时间有必要经历过去。反过来说，我认为这个假说的最大意义是暗示着无论怎样极限地探索可能性，都无法理解过去根本不
181 存在的想法。不过，罗素的讨论也有一个重要的启示。那就是严格区分“过去的知识”和“过去本身”这一点。在这种情况下，“过去的知识”，如果从为了知识的存在而必须存在过去这一眼下确认的论点来看，可以说是与我前面所讲的“过去的蕴含性”相对应。与此相对，“过去本身”，从可以在语境上表示未知的过去来看，终究接近“过去的不在性”的相位。虽然不清楚罗素的假说是以这种严格区分为前提抑或旨在建立这种区分，但是不管怎么说，肯定与这两种区分密切相关。然而，如果我所说是正确的，这个假说具有通过提示本身，暗示其不成立的性质。若是如此，我想可以由此确认如下这一点：那就是，关于过去概念的蕴含性和不在性，有着陷入紧张状态的宿命，因此，为了理解过去往往有必要考虑这两个相位的相关性。

那么，如何定位“历史”呢？在这里，我想暂且粗略地说，“历史”是过去事件的存在方式，这些事件通过人类的语言描述

与现在联系在一起[1]。正如“史前时代”这一说法所表达的那样，若没有语言描述，则无法追溯与现在相联系的过去，也就实际上不在“史学”的范畴之列。但是，另一方面，正如“自然史”（natural history）概念所暗示的，即使没有源自事件主体的语言描述，也可以通过人类语言描述的中介而纳入“历史”。“宇宙史”、“地球史”这种说法决非不自然。即，“历史”是指过去的一部分，那是从仅为部分程度到几乎包含整个过去 182
的非常灵活的概念。不管怎么说，历史的认识形成了过去的认识之部分集合，因此讨论历史，强烈地要求讨论过去，这是毋庸置疑的。通过确认上述情况，可以推出两点。第一，事实上一切人类行为的理解可以说都是历史的认识。也就是说，**所谓行为理论就是历史认识的哲学**。这是因为，所谓理解人类行为，基本上源于已发行为的“因由”，这种过去性可以明显地蕴含在历史的认识中。即使是最近的过去。这一点，也适用于指向未来意愿的“您为什么要那样做”这类问题。因为在这种情况下，意志本身就是已经发生的过去现象。行为的理解·解释，无非是历史的认识，这在今天的行为理论中几乎被忽略，因而我想在此强调这一点。第二，不仅是行为，对过去的自然现象的**理**

---

[1] 可援用美国心理学家雷德·海斯蒂、罗宾·道斯所言“‘今’为‘古’锚”作为概括：“锚定和调整也能严重影响我们的记忆。尽管这种记忆是一种‘回忆’实际发生过什么的内省过程，但它在很大程度上是以我们现有的信念和感受为‘锚’的。这一原理已经通过心理学实验和问卷调查等方式得到了证实。”（雷德·海斯蒂、罗宾·道斯：《不确定世界的理性选择：判断与决策心理学》，谢晓非、李纾等译，北京：人民邮电出版社 2013 年版，第 84—85 页）——译者注

解也可以说是历史的认识。因为，正如已暗示的那样，当试图理解自然现象之“因由”时，就已将过去的自然现象纳入语言描述之中了。

不管怎么说，基于这种理解，我想在这里陈述我在面对历史的认识这一主题时的问题意识。正如过去的蕴含性所示，我们受过去的统治，从某种意义上说，没有过去，我们的现在就无法成立。然而，过去具有不在性。这样的话，我们受不在性的统治。“不在性的统治”，这是我追问历史的认识时的主题[1]。这时，我想首先把“统治”理解为“因果”的东西。
183 并且，就因果与不在的东西相关这一点而言，我想把这种因果理解为“概率”。因为这是无物之因果，所以至少不能僭称“确定性”。实际上，历史学家詹金斯也承认，过去的知识是假说的东西，“确定性（certainist）主张”[2]不成立。以下，我想首先讨论过去的真实性，然后将历史认识的因果性分成三个层次，并逐一考察。这三个层次即“事件层次”、“叙事层次”和“动

---

[1] 严格说来，“不在性的统治”这一事态不仅仅出现在“过去”。“我的死”这一未来现象，即使超越了定义性经验的不在的现象，也统治我们的认识和行为（参阅海德格尔所谓生命意义上的倒计时法——“向死存在”。海德格尔：《存在与时间》，陈嘉映、王庆节译，北京：商务印书馆2017年版，第328页。——译者注）。我认为，如何理解“过去”和“我的死”这两者的共同性，是讨论过去和未来的不对称性的必要课题。关于这种不对称性，在本章第5节有所涉及。

[2] 詹金斯（2005），19－20。附带说一下，詹金斯列举了历史在认识论上的四个脆弱方面。（1）过去事件的内容是无止境的，没有历史学家可以处理或恢复整个过去，（2）任何描述都无法复原事件的过去，（3）历史难免从作为“叙事者”的历史学家的视角出发，（4）历史总是对过去进行综合、修改和夸大。（詹金斯2005，21－25）

机层次”。通过这种考察，“模糊理由”支撑历史的认识这一新情况也将浮出水面。为了更好地概览，现将因果的三个层次图示如下。

〈历史认识中因果的三个层次〉

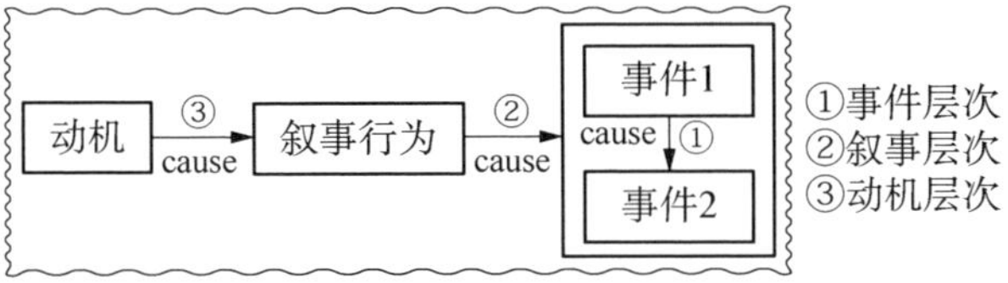

2. 过去的实在性

不在不同于非存在。现在不在是不在，不是不存在。实际上，如果过去真的意味着非存在，那么受过去的因果统治就不过是妄想。说起来，如果允许把非存在指定为原因的话，恐怕因果的理解就会瓦解。我的爱犬突然叫了起来。这是什么原因？是眼前没有龙宫？还是它没有第五只脚？我们可以无限地命名非存在，并且这种非存在可以与任何现象有规律地联系在一起。 184
因此，以非存在为原因的因果理解只能导致完全的无序、无内容。与之相对，不在，或者消亡，可以说包含着定义上的某种实在性。正因为曾是实在，所以现在不在，或者已经消亡，这种说法才成为可能。因此，过去的不在性伴随着过去的实在性。现在这里所没有的实在性，乃是过去的本质，甚至是历史认识的基础。丹图曾生动地阐述了这一点。“正因为无法直接接触过去，我们才从那里开始历史。历史把自己的存在归因于这一事实。与其说历史是不可能、不必要的，不如说历史是可能的。”

（Danto 1985，95）

那么，何谓过去的实在性？这个问题当然取决于如何理解实在性。毋庸置疑，这是著名的哲学难题，但是在这种语境中追问实在时，通常会以大致的共同理解为前提。那就是不管怎样，我们可以理解现在的实在。现在眼前这桌子是实在的，这是可以确认的立场。不过，在这一点上，更严格地说，与其说是“现在”，不如说是“刚刚”这一最近过去的实在。也就是说，实际上在理解或确认的过程中已经历了一段时间。并且，当把捉这种意义上的实在性时，可以看到它与第一章“过去概率原理”所示的概率 1 重叠。但是，这里为了与其他哲学家的讨论相妥协，暂时将“过去概率原理”的概率 1 这种实在性宽泛地理解为“现在的实在”。当然，从原理上讲，可以怀疑这种
185 意义上的现在的实在，但是如果这样做，将导致不可能抵达过去的实在性。我认为，以现在的实在性为前提，从我们目前的语言使用来看是合理的。因为我觉得实在性这个概念确实存在。实际上，讨论过去的实在性的哲学家也试图根据现在的实在性与过去的关系来确立过去的实在性。对这一问题做出明晰整理的是达米特。众所周知，达米特通过利用命题是真还是假的二值原理，重新定义对此予以承认的立场为实在论，而未必全面承认的立场为反实在论，提出了实在论争论的语义接近法，但他也试图将其应用于言明过去时态。这一点，一方面与以“酋长之舞”而闻名的“逆向因果”（backward causation）的可能性相关，但是更直接地在言明过去时态的真理“真值链”（the truth-value link）的讨论中出现。“真值链”，最初出于过去实在

论的观点。对于如何获得过去判断的真理概念这一问题，实在论者的回答如下。达米特说：

> 这个概念，的确是通过把握真值链的存在而获得的。如果我说“我现在在我的研究室”，我会按照我说的那样，说出真正的现在时态。我们把这种判断称作 A。那么，从现在开始正好一年后有人说“一年前达米特在他的研究室”（称作 B）。这时，因为判断 A 现在是真的，一年后形成的判断 B 也是真的，此乃真值链的结论。因此，实在论者认为：从这个例子可以看出，186
> 无论是言明过去时态，还是言明现在时态，想要把握到底什么是真，乃取决于对真值链的理解（Dummett 1978，363）。

与此相反，反实在论者认为“某个既定时刻所做出的言明过去时态在当时是真的，只有在当时存在证明该判断的主张为正当的情况下才成立”（Dummett，1978，368）。但是这样一来，如果在陈述上述判断 B 时没有证据证明判断 A，那么就不能说判断 B 为真，就可能与“真值链”不协调。反实在论者认为，现在使用的“真”与一年后的“真”的含义并不相同，现在的“真”无法表达一年后的“真”的含义（Dummett 1978，373）。这有些像苏格拉底式的问答，最终意味着言明过去时态的真理，即使实在论者提出了“真值链”，实在论者也无法单方面获胜。

“真值链”的概念可能指向一条健康的道路。这是因为，言明过去时态是真的，不过是从言明现在时态的真理性这一目前最确切的根据而产生的想法，不管怎么说，正如过去的蕴含性所表示的那样，我们已经给予了过去某种真实性，可以说是合理且有力的理解方法。但是，达米特难以放弃反实在论的倾向。这是因为，虽说是“真值链”，但如果在言明过去时态时没有被认识到的话，结果只不过是空谈而已，这种想法是无法消除的
187 吧。特别是，在言明现在时态时设置真理性根据，是将语义学和认识论隐秘地叠加在一起，事实上犯下这种语义学和认识论的越境的“真值链”概念，岂不是从一开始就蕴含着自我毁灭的要素？实际上，在论述远在数百年前的历史事件的言明过去时态之真理性的场合，如果不能确切证明作为其来源的言明现在时态，那么即使提出“真值链”也不过是空洞的断言。达米特认为：“实在论者希望的是，站在思考的整个时间过程之外，没有任何时间位置，而从可以瞥见所有时间位置的视角描述世界。”（Dummett 1978，369）明显把实在论者当作那种站在上帝俯瞰视角的人而加以揶揄。

反过来说，朴素实在论若要彻底主张过去的真理性，就必须堂而皇之地从俯瞰视角来重新展开讨论，并积极地说明其意义。对此加以尝试的代表是皮科克。他提出作为“真值链”概念之发展的“性质同一性链”原理（the property-identity link）。其想法如下。

> 所谓“昨天下雨了”的思考（陈述）为真，是因为当涉及今天的赋值时，“现在正在下雨”这种现在时态的思考（陈述）为真，而且当且仅当“昨天”具有与“今天”相同

的性质时。（Peacocke 1999，57）

皮科克认为，这种“性质同一性链”可以“链接”（bridging）言明现在时态和言明过去时态，尽管可以帮助理解言明过去时 188
态的含义，但言明过去时态并不能还原到言明现在时态，毋宁说是以承认言明过去时态的“同等绝对性”（equicategorical）之身份的形式，来要求实在论的想法（peacocke 1999，59－69）。引入“昨天”其本身的存在性这一点，显然是形而上学的，皮科克自己也首先公开承认这一点（peacocke 1999，56）。如字面那样展开关于过去的实在论，可以从过去的不在性进行想象，但是经过语义学以及认识论，最终必然抵达这种形而上学。

由于透视这种论战的趋势并非这次的主题，我想在此一举汲取总结性的论点。指向过去的朴素实在论的形而上学乃是纯粹的思辨。其成功与否，就像讲述死后世界的情况一样，取决于人们能否接受它。另一方面，当试图从达米特之流反实在论的视角建立过去的实在性和真理性，通过证据的验证和认识来理解言明过去时态时，在证据的传承和证据的赋值这一点上也涉及诸多的人。即，不管怎么说，过去是不在的，过去的实在性只能以人们共同创作·共同了解这一形式相互渗透。这件事，如果特意将“实在性”替换为“客观性”[1] 这一符合历史认

[1] 价值哲学之父洛采则是将“实在性”替换为“有效性”，以此区分思维过程和思维内容，把判断而不是概念作为逻辑的核心，打破近代哲学的主观和客观、唯心和唯物的二元分立。——译者注

识的实践性现场的用语，就更加明了。也就是说，历史的客观性取决于以下几点，即，“是否可以合理地接受”（Gorman
189 1998，334），而其中的合理性“来自历史学家普遍的认同，并实际地发挥作用，他们的共同体的目的”（Gorman 1998，338），或者在“达成了可以普遍接受的结论”（Passmore 1974，156）这一点上大概没有异议。或者可以说，既然在我们的世界理解中广泛地包含着过去，总的看来所谓实在或客观性毋宁说是这种共同了解的东西。若是这样，即使过去意味着实在，但只要是以我们的共同了解为中介，那就不可能保证绝对可靠的身份·内容。这里衍生出了关于历史学基础之哲学探讨的空间。

3. 历史因果关系的概率性理解

考虑到这一点，让我们最后转向过去的不在性的统治问题，即历史认识的因果问题。首先，让我们着眼于历史事件之间的因果关系，也就是“事件层次”的因果关系。我想举例进行探讨。这里，我们以日本史——平安末期平氏政权下的伊豆源赖朝举兵之际北条时政的行为——为例。如《源平盛衰记》所显示的，治承四年（1180 年）8 月 17 日晚，平治之乱后流放伊豆的源赖朝袭击了山木判官平兼隆的宅邸，揭开了源氏复兴之战的序幕（石川 1935，659－667）。在这个事件之前，发生了一个意外。当地豪族北条时政得知自己的女儿政子与流人赖朝恋爱，为了处理此事，决定让政子嫁给平兼隆，送至兼隆宅邸。但是，政子一个人从那里逃了出来，越过伊豆山中，跑到了赖

朝身边[1]。由此，迎来了兼隆和赖朝之间形成敌对关系的 8 月 190
17 日。此时，北条时政与赖朝共同行动。如何理解这一连串的事件，特别是时政的行动才好？当时赖朝只不过是一介流人，京都的清盛仍矜夸自身强大的权力，而且正是时政自己让政子嫁给兼隆的。为什么时政会站在赖朝一方？从当时的状况来看，为什么没有选择“与兼隆一起讨伐赖朝，夺回政子，以显示对平氏政权的忠诚”这一条被看作安全无灾的道路呢？

这种问题需要历史解释。20 世纪的历史哲学有一段时间围绕这一问题的盛况让人记忆犹新。问题的根源在于，我们在描述可理解的历史事件时是否对它应用一般规律性。历史事件在某种意义上是一次性的。因此，它既不会反复出现也无法反复观察，可以认为是与规律性相反的一极。从原理上说不存在作为历史对象的过去，因此在原理上不可能进行观察和验证。那么，所谓理解历史事件，意味着寻求什么？在研究这个问题时，我想以丹图暗示的“历史解释总体上是因果解释”为前提（Danto 1985，237）。所谓历史事件的解释，是指通过提及接近被解释项事件的其他解释项事件而使之易于理解，揭示这种时间经过中出现的事件之间的联系，这（既然与时间相关）既不是逻辑关系，（既然研究第三人称的事件）也不是意向关系，而是最符合因果关系的作用。基于这种理解，如果重视历史事件
的一次性，并把这些事件之间的关系看作因果关系，那么这里 191

[1] 石川（1935），597－590。顺便说一下，根据历史学家渡边保的说法，关于政子逃避行为的“《源平盛衰记》的描述并非完全是创作，而是颇为可信的”。（渡边 1961，6）

起作用的因果就是“单称因果”（singular causation）。虽然单称因果是不含规律性的因果，但是据我所知，这最终回到了杜卡斯曾经规定的那种特定时间和空间中继起的两个变化，进而是切入了对变化的观察的因果关系（Ducasse 1980，116－124）。但是，这仍是基于继起的知觉，纯粹是现象层次的关系性。因此，除了真正的原因之外，不具有区分仅是表面上继起的情况和真正的因果关系的机制[1]。如果是这样，那么必须认为这种不仅仅是现象的历史事件的因果解释，如果它是成功且令人信服的话，就不是单称的因果关系，而是事实上引入了某种一般规律性。至少，这里可以确认，为了具有说服性，应该引入规律性这一规范的主张。

确实，在前面的北条时政的例子中，要理解他的行为，可以说介入了相同情况下人类行为的一般因果规律。否则，就不得不放弃合理的可理解性。亨佩尔是按照这种思路提出大胆想法的代表。亨佩尔试图将自己的科学解释的理论应用于历史。据他介绍，事件C引起事件E的解释，一般通过（1）“特定情况下事件C的出现”，（2）“基于经验证据而充分确证的，事件C与事件E相联系的普遍假说”这两个必要条件的判断，达到（3）“逻辑地演绎事件E”。通常认为（1）称作“判定条件”，
192 （2）称作“一般规律”（Hempel 1970，232）。也就是说，如果

［1］ 托利认为，上帝介入因果过程且真正的原因是上帝的情况，和上帝不介入的情况，在知觉经验上没有区别。因此，将因果关系视为直接知觉的单称因果的立场没有说服力，因为不能这样区分（Tooley 1997，95）。

简化地表示，就取得如下推论形式。

（1）Ca

（2）$(x)(Cx \supset Ex)$

（3）Ea

亨佩尔认为，历史解释也可以理解为遵循这种推理方式。当然，严格说起来，（2）的全称条件句其本身并不表示因果规律。相反，仅以这种形式，就连解释的东西与被解释的东西这种基本的非对称性也不能明确地区分（参见户田山 2005，108－111）。我想确认的是，在将（2）这种普遍规律关系实际地应用于对历史的理解时，事实上会读入因果关系。不管怎么说，亨佩尔的这种推论后来被德雷命名为“覆盖律模型”（The Covering Law Model）（Dray 1957，1－21），而亨佩尔自己也沿袭了这种说法（Hempel 1963，143－163）。那么，此例中的北条时政参加赖朝阵营的行为，其覆盖律是什么？当然，这里也必须考虑一些背景条件，并且需要提供包含这些条件的覆盖律。例如，同为治承 4 年 4 月发布的以仁王（最胜王）的旨令使平氏政权开始显出破绽，源赖朝这一人物被认为是所谓的贵族源
氏的嫡系，赖朝和政子之间已生下长女大姬等条件。考虑到这 193
些条件，这里起作用的覆盖律似乎是“某武士 A 去了自己女儿命中注定的武士 B 那里，而且武士 B 对于武士 A 来说，是具有足以托付自己未来之才能和条件的人，并且武士 B 知道，若是讨伐武士 A 的女儿制造的敌人，A 就会支持 B”（CL1）。实际

上，《源平盛衰记》中记载，“北条四郎时政，起先惧怕世俗，以兼隆为婿，摄于兵卫佐的气魄，之后便为其深深吸引”（石川 1935，598－599）。

但是，这里产生了疑问。像 CL1 这种东西真的配称规律之名？能否具有规律的普遍性？亨佩尔的观点一出现，就涌现对覆盖律模型的批判。例如，雷舍他们批判说，虽说是规律，但在历史的场合，是受时代的场所限制的规律，在此意义上并非只能进行演绎的解释（Rescher & Joynt 1959，383－387）？另外，德雷考虑到柯林伍德的“再演”（re-enactment）中感情移入的历史理解潮流，原本历史解释并非规律的演绎问题，而是以人的自由行为的“合理解释”（rational explanation）为核心（Dray 1963，129－133），历史的因果解释也并非演绎，而应该是以必要条件所提示的“操作”（manipulating）这方面的关注为中心，以凸显谁负有责任的方式来进行（Dray 1957，86－117）。但是，包括德雷在内，很少有人讨论在任何意义上历史解释的背后并不存在一般规律。因为，正如我们所看到的，这种主张会回到单称因果，可能放弃对事件抱相互联系之理解的
194 道路。考虑到这一点，我在这里想要关注的，是 CL1 这种覆盖律，而不单是“统计的”（statistical）观点。即使像 CL1 这种东西作为规律既模糊又有限，也必须归结于某种规律性，而且如果想起过去的不在性，那么有望在此处读入统计的性质。事实上，亨佩尔自己也承认，历史解释的演绎模型实际上是“统计性的东西”，即“概率假说”（probability hypothesis），这个模型毋宁说是与历史有关的“解释纲要”（explanation sketch）

(Hempel 1970，237－238)。如前所述，既然关于历史事件的假设都是涉及因果关系的东西，那么这种讨论自然可以引入已多次提到的“概率因果”(probabilistic causality) 概念。

4. 贝叶斯条件化与语境选择

但是，冷静地思考一下。什么是“统计”？即使在今天，再现状况和收集数据也不是问题。那么，是否基于当时类似状况的武士行状的数据进行的统计？当然可以，但是如何理解“类似状况”却是模糊的。在我看来，这种场合的“概率假说”之“概率”，仅是尽可能考据数据的历史学家和我们的“认识概率”，即“主观概率”。换句话说，与其说是统计和频率，不如说是拉姆齐所谓的“信念度”。但是，虽说是“主观概率”，也 195
并非与普遍性无缘。正如贝叶斯主义所尝试的那样，即使最初起源于各种主观概率，也可以根据数据的积累来制定合理的概率变化。这种概率变化，应用了涉及条件概率的所谓“贝叶斯定理”，增加了时间传递的因素，其执行基于如下“贝叶斯条件化”(Bayesian Conditionalisation)。[h 是假说，e 是证据或数据，k 是假说所未包含的背景知识，P (x) 是 x 为真的概率，p (x | y) 是 y 成立的条件下 x 为真的概率。pri，pos 分别为事前和事后。]

$$P_{pos}(h \mid k) = P_{pri}(h \mid e\&k) = \frac{P_{pri}(e \mid h\&k)P_{pri}(h \mid k)}{P_{pri}(e \mid k)}$$

这提示了在获得数据即证据 e 时，该如何修改假说 h 为真的信念度的规范指南。就前面例子而言，若发现以与前述 CL1

相协调的方式证明北条时政支持赖朝的新资料，CL1 的事后概率就会相应地提高。一致性的程度，以被称作“似然”（likelihood）的 P_{pri}（e | h & k）表示。

麦克莱认真地研究了这种历史解释的理论路径，认为未必可以向历史学家推荐贝叶斯条件化，并举出了两个理由。其一，
196 历史事件在统计上难以获得必要的事前概率。其二，在历史假说的场合，P_{pri}（e | h）和 P_{pri}（e | k）都很高，因此似然 P_{pri}（e | h & k）大致与 P_{pri}（e | k）相等，如果赋值 k，那么 e 和 h 都有很高预期，而重新赋值 e 则没有影响。关于第二点，麦克莱认为，历史假说大多基于日记等资料（与 k 相对应），而这些资料在获得附加证据（e）之前就已有力地确证了假说（McCullagh 1984，57 - 58）。但是，我并不满意这一说法。首先，在统计方面，我已经说过，至少应该考虑到事前概率的主观概率。而且，关于历史假说，现有资料不可能总是有力地印证假说。绝对不能赋与日记那么大的可靠性。边怀疑边利用日记是历史学的通常态度。而且，从邪马台国的争论中可以看出，明显只是概率计算的历史假说并不鲜见。我认为，就历史解释而言，可以更认真地考虑贝叶斯主义的应用。

话虽如此，贝叶斯主义不可能是万能的。详细的讨论将在下一章进行，由于贝叶斯条件化是将概率公式直接作为假说的确证形式来重新解读，因此假说的确证，实际上对于把捉相当复杂的活动来说过于简单，会产生很多问题。证据相关性（evidential relevance）和旧证据问题（the problem of old evidence）是典型的困难。这里，我想预先一瞥下一章讨论的旧

证据问题。旧证据是已知的现有证据，因此将其成立的概率视为 1，根据情况不同，旧证据有时能够确证假说，但是贝叶斯 197
条件化在 $P_{pri}(e \mid k) = 1$ 的场合，出现了 $P_{pos}(h \mid k) = P_{pri}(h \mid k)$，无法解释这种情况下的证据的确证力，此乃旧证据问题[1]。基于旧证据的假说发生于自然科学中，不过亦发生在历史假说的确认中。比如，仍以赖朝举兵时的事情为例。夜袭兼隆宅邸之后，在石桥山之战中失败的赖朝逃到安房，企图东山再起。他向安房地区的有力武士千叶介常胤和上总介广常派遣使者，号召会合。常胤马上归顺并参加了会议，但广常迟到了。这是一直以来众所周知的事实。然而，关幸彦在别的语境中，当问到赖朝为什么被发配到源义家以来源氏势力很强的东国时，提出了“前提是源氏的主从关系不可能起作用”的假说（称为 CL2）。如此回看，广常的迟到，则被认为证明了对跨世代的源氏没有忠心（关幸彦 2001，72－73）。这可以说是广常迟到的旧证据确证了新假说（CL2）的事态。再举一个稍前时代的例子。在平治之乱中失败的源义朝有一位名叫常盘的妻子，她在义朝败走后带着三个年幼的孩子到平清盛那里求救，得到了赦免，这是我们日本人非常熟悉的事实。这件事的理解，历来局限于常盘的无节操、清盛的一见钟情（无由之爱）这种层次。但是，保立道久提出了平治之乱后的平清盛敏感地领会了围绕王权的朝廷内部的力量关系、并对乱后自己的行动做出了

[1] 旧证据问题，是由格莱莫尔提出的。Glymour（1980），esp. 86. 参照本书第四章。

"极为政治正确的慎重判断"之假设（称为CL3）。就这一观点而言，清盛赦免常盘的已知事实（旧证据），从常盘作为侍奉近
198 卫天皇的中宫九条院呈子的"美女"也即是九条院的象征性存在（这亦可谓是旧证据）这一点来说，毋宁是确证新假说CL3的证据[1]（保立道久2004，119－134）。然而，贝叶斯条件化不能直接解释这种确证关系。其欠缺什么？与所提出的新假设同时产生的新相关性，或新语境结构的采用，此乃贝叶斯条件化所欠缺的。或者反过来说，贝叶斯条件化之所以起到相应作用，是因为在应用贝叶斯条件化时，会黯然地关注并考虑适当语境。而且，即使历史解释仅具有概率的说服性，也只有在设置·选择这一语境时，它才达到一定的成功。根据北条时政的行为，可以在某种程度上理解CL1，根据上总介广常的迟到，使得在某种程度上赞同CL2，根据清盛对常盘的处理，则CL3具有说服性，这是因为CL1、CL2、CL3以其言外之意支撑着有关日本中世的时代状况和武士的存在方式的通常语境。

5. 叙事行为的过去制作

这种语境的选择，正是历史叙事行为所遂行的事情。这样，

[1] 但是，严格地说，从过去的不在性来看，作为已知的事实也不可能无条件地赋予概率1。这里只不过是为了表示"贝叶斯主义"的难点，假定大致已知的事实被认为具有概率1的情况而论。不过，若是想起第一章讨论的基于"逆溯概率假说"的过去决定论，这种策略即便有"虚构"的局限，也未必奇怪。此外，当涉及刚刚进行的行为的解释或理解时（这也是过去·历史认识之一），是有可能赋值概率1的，因此确实会发生"旧证据问题"。

接下来的讨论必须转移到“叙事层次”之因果。但是，历史叙事学，与某种概率规律性参与历史解释同样，并非稀奇的说法，乃是过去的不在性的直接结果。既然过去是不在的，关于过去的判断就无法从定义上验证，因此为了达成合理性，最多在对 199
概率的可信度的估计中，尽可能在可理解程度高的秩序中配置、建构事件。将叙事形式的历史理解与历史概念的起源结合在一起，乃是非常自然的。毫无疑问，丹图是展开历史叙事学的代表人物之一。根据丹图，“叙事句”（narrative sentences）的定义如下：

> 它表示至少两个时间段之间的事件。不过，它只描述所述事件中的最初事件（仅与此**有关**）。（Dans 1985，143）

这也体现在我所列举的赖朝夜袭山木兼隆宅邸的描述中。我将这一事件描述为“揭开了源氏复兴之战的序幕”。根据丹图的定义，这句话是表示夜袭山木宅邸和源氏复兴这两个时间段之间的事件的叙事句。但是，这句话描述的是夜袭山木宅邸。

这种叙事句几乎引起无数哲学问题。在此，我只想谈三点。第一，根据我在因果关系中理解历史事件的问题设定，我想关注叙事行为本身所散发的因果效力。简而言之，是叙事行为成为历史理解乃至过去事件之原因的可能性问题。丹图在定义了叙事句之后，提出了过去是已决定的，未来是未决定的这一常识的观点，并探讨其原因。而且，与迄今为止发生的知识相比， 200
今后发生的事情是极不确定的，这一知识点上似乎存在差异，若是如此，就无法支持常识的观点，因为“我们总是对过去的信念进行修订，因此过去是‘固定的’这一假设违背了历史研究的精神”（Danto 1985，145）。那么，我们是否通过讲述历史来改变过去或制作过去？若是这样，原因是现在产生的，结果是过去产生的，因果的方向岂不发生了逆转？对此，丹图自己最后也考虑了以下几点（Danto 1985，155），即便可以改变过去或制作过去，我们也不可能直接因果性地作用于治承 4 年的赖朝行为，而只是将治承 4 年的事件在与此后发生的另一事件的关系中获得了新特性，在此意义上让人马上想到“过去可以改变”这一温和的回答。例如，后来建久年间，当镰仓幕府的基础稳固的时候，属于过去治承 4 年事件的意义发生了追溯性的变化。但是，这一说法是基于朴素的过去实在论。我们设想，历史的认识是独立于过去本身的实在，是不变的神圣领域。如上所述，这是抵达形而上学的立场，并不具备必须绝对接受的约束力。但是，如果不接受这一点，而是愈发真挚而协调地面对过去的不在性和蕴含性的话，只能如字面那样改变过去或制作过去。比起这样，倒不如遵循大森庄藏所谓“过去制作论”的精神（大森庄藏 1992，27－56），即“所谓过去和历史，本
201 质上是由这种叙事行为制作的现象”这种表述比较好。只是，那样的话，将导致逆向因果。该怎么办呢？

也许，如果从一开始就停止全面拒绝逆向因果，那么事情就会平息。虽然第一章是按照“逆溯概率假说”来论述的，但我们对因果世界的理解，原本就穿插着面向过去的逆向因果这一应坦率承认的选择项。我觉得这种看法并不怎么危险。这是

因为，正如第一章所论述的那样，我们日常的世界理解所包含的逆向因果契机可以说基本上是虚构的，不仅如此，即使逆向因果在历史叙事学的意义上得到承认，但因果方向乃是前向的这种观点的优越性似乎不可动摇。因为，即使叙事行为制作着过去，也可谓是在构成（准）本体论事态的最终形成现场，叙事行为产生关于过去的理解和信念，这种认识层次的因果关系，在历史叙事学的构成上，原因显然必为先于结果而建立的前向关系。这样，历史叙事学就保持着强有力的可理解性。

第二，与上述论点相承，我想提及的是，历史叙事学对历史事件的理解是概率性的，换言之，是偶然的东西，这证实了在讨论覆盖律模型时导出的论点。正如由前面提到的事情可看出的，丹图认为，过去某个时间点的事件其意义可根据此后发生的事件而变化，在此意义上，有着“过去的偶然性”（past contingencies）（Danto 1985，195－196）。然而，使用这种说法，即使故事中所指的两件事已经发生，也不知道过去的偶然性是 202
否该被承认。但是我认为，即使在那种情况下，对历史事件的理解也只能是概率性的，是偶然的。这可以从两点来讲。其一，不能断言所叙事件的联系是否具有确定性。因为不能消除发现其他证据和资料而进行不同叙事的可能性，同时即使没有这种新数据，根据情况也可以讲述不同（甚至矛盾）的故事[1]。不能完全排除把夜袭山木宅邸描述为源氏嫡系灭绝之开端、而

[1] 由于心理上被迫捏造证据或“做伪证”而造成的冤案，是历史陈述句的概率性、偶然性以暴力方式暴露出来的场合。关于这一点，浜田寿美男（2004）提供了一条线索。

不是源氏复兴之开端的可能性和说服性（倘非如此，可能就没有义圆、行家、义经、范赖、阿野全成、赖家、实朝、公晓之悲剧）。其二，历史叙事句并非什么都有说服力，而是构成叙事的背景，它必须与日本史和特定时代的一般共同了解相协调，这种共同了解正是由几代人的证据和证言之积累所形成的，对于讲述者而言，不得不说此乃无法抗拒的偶然赋与的条件。而且在原理上，甚至可能实现与之不同的共同了解。无论如何，过去的不在性这种存在方式，在这里有着决定性的统治力。

第三，把握作为叙事的历史认识的路径，必然达到一边使用深厚意义上的模糊谓词，一边理解交织着“原因”和“理由”的历史。上一段中提到的对特定时代的共同了解包含着那个时代特有的各种概念，但是严格说起来它们具有难以挽救的模糊。“元服”[1]、“诅咒”及“举兵”等，都是其边界充满不明确的
203 谓词。这里明显隐藏着诱发举兵是何时开始，是大将那样说的时候、抑或士兵聚集 10 人以上的时候等等“连锁推理”的结构。当然，不能否认一般用于叙述事情的所有动词在本质上都蕴含模糊性。因此，根据第二章的结论，历史的叙事人必须在这种模糊谓词的边界个案的某处把握事实上的“跳跃”。并且在上一章中，关于这种跳跃，我认为应该有一种客观而实证地研究判断主体之“倾向性”概率的路径。当把这一论点投向历史认识的问题将如何？我首先关注的是，基于历史认识的认识·

---

[1] 元服，又称冠礼、成人礼。华夏礼仪制度之首，流传于朝鲜、越南及日本。在男子 20 岁时举行，与之相对应的女子成年礼被称为笄礼，一般在女子 15 岁时举行。——译者注

主观概率的贝叶斯主义的可能性。尽管贝叶斯主义并非万能，但我觉得难以接受从一开始就拒绝这一路径。但是，如果在这里引入“模糊性”问题的话，对于这种使用主观概率讲述历史的人，应该会把这种讲述者的存在方式全部对象化，以实证的方式研究其“倾向性”。换句话说，这是揭示人们在何种情况下讲述何种方向的历史的认识，例如从生理学或脑科学上进行量化研究，即所谓的元历史认识研究。我不知道这种研究是否实在，但原理上是可能的，考虑到今天我国历史的认识问题的重要性，我想此乃应有的研究领域。不管怎么说，如果情况是这样，那么在概率的意义上被确认的“偶然性”，就是在决定每次这种模糊谓词划何处的目前边界来使用的，或者根据第二章的讨论，就是每次进行的决策，这也是作为创造形态的“偶然 204
性”。历史的认识是一个笼罩着“概率”和“模糊性”的不确定、偶然的因果叙事和理由的巢穴。

但是，像这样强调历史认识的偶然性的话，那就混同于未来的偶然性了，必定会产生如何说明过去与未来的非对称性的疑问。关于这一点，我想目前有望提出以下三个对比。（1）过去时态的阐明伴随着“完全的断念**感**”（即使理论上“逆向因果”是可能的，感觉上也伴随着谛观[1]），未来时态的阐明则没有；（2）过去时态的阐明蕴含的偶然性是显在化的偶然

---

[1] 谛，真实无谬的道理。佛学有苦、集、灭、道之“四谛”说。谛观，即审视、看破。——译者注

性[1]，未来时态的阐明蕴含的偶然性只是潜在的东西；(3) 过去时态的阐明有划分责任或行为者属性的作用，未来时态的阐明则没有。

6. 行为理论的历史化

以上，从“事件层次”和“叙事层次”，讨论了与历史认识有关的因果关系。并且，确认了历史认识的不确定、偶然的存在方式。最后，我想通过一瞥“动机层次”的因果关系来结束本章的讨论。我所理解的“动机层次”的因果，只不过是当追问人们为什么讲述历史这一叙事行为的动机时，其动机和叙事行为的因果关系问题。关于这一点，野家启一的分析给了我们一个线索。野家认为，若将言语行为和叙事行为进行对比，较之于言语行为使讲述者面向未来履行责任，叙事行为则使发言行为空无化的回忆结构化、共同化（野家启一 2005，97 -
205 124)。这一指认，与我关于历史叙事的偶然性所暗示的论点相通。我的论点是，如果联系共同了解伴随着历史叙事，历史叙事及历史认识就会渗透到现存的共同体这个极为偶然的因素中。但是，若讨论到此为止，则还远远不够。这种共同化的历史叙事，并非从一开始就被共同化，而是应该有一个以建立共同化为目标的原始过程。如果不问这一点，难免只是追认了共同体的同化指向这一事后形式化的历史叙事之表现方式，而没能真

[1] 关于“偶然性”，我在一之濑（2002）中关注并考察了在“外部性意图”的模式下，那种过去时态的“偶然～进行了”的概念。请参照。

正回答“动机层次”的问题。并且我在这样问的时候，不能不注意到一件事情。即，叙述历史叙事，阐明历史的认识，是由于国与国之间发生紧张关系的时候，于某种危机和日常波动中显示自己的合法性和存在理由或前进道路。历史叙事和历史认识的最初动机，不正是针对危机和波动而合法化地鼓吹自己之需求？事实上，无论是程度轻重，还是历史认识所涉及的范围大小，合法化的表现方式各不相同（自己对历史的反省也是自己现在的合法化），我认为这几乎都适用于历史叙事·历史认识[1]。可以这么理解，传说的历史叙事也讲述了自己文化的存在理由。若是这样，必须看到历史认识的不确定性·偶然性更是波及深层。因为“所有阶级·各个集团都在书写以自己为根据的集体自传。历史，在某种程度上是人（们）建立自己身份的方式”（詹金斯 2005，36），所以“对于不同集团意味着不
同的事物，由于是对立的语言/言说，因此历史必须是不确定的 206
东西”（詹金斯 2005，34）。

但是，到了这个地步，必须解决一个非常重大的问题。这就是，赋予历史叙事·历史认识以动机的“危机”和“波动”本身，就是一种历史叙事·历史认识。当从国与国的外交问题之起源说起双方的历史解释时，外交问题本身就是经历了一定

[1] 安斯库姆曾认为，在理解因果性时必须关注“干扰与预防”（interference and prevention）的契机。换句话说，因果的理解关注是由偏离日常生活和正常生活而引发的事态，这一点与我的讨论和构想相同。Anscombe（1981），147. 这一点，正如本章末尾所提到的那样，所谓人类行为的解释或理解尤其成为问题，明显对应的是犯罪等偏离日常生活的情况。

过程的历史事件（即使是比最后叙述的历史更近的历史）。然而，历史叙事·历史认识本来就是偶然的东西。因此，必须说既然那种故事和认识的动机也是历史的理解，所以偶然性作为其本质的存在方式而弥漫于历史认识的所有方面。或许，所谓历史的认识，与其说是在这种偶然性的弥漫中，以某一历史认识为动机而产生的，此后产生的历史认识又以下一个历史认识为动机，是在反馈作用中体现的活力，毋宁说实际上这种历史认识的偶然性活力才是历史这种东西的本体。

这种历史认识的状态，通过“召唤与应答”而完美地体现着我们的理解实践。若发生某种危机或波动，即不过是意味着某些“召唤”向我而来。我首先听取它。由此产生历史认识的动机。在这一点上，大桥良介的“听之历史”这种把握方法着实切中要害（大桥良介 2005）。只是，这种“召唤”是以至于
207 促使我将自己进行合法化的迫切的东西（否则，就没必要提及过去并指出原因和理由），也常常是政治的东西。因此，不得不进行“应答”。毕竟，历史认识是在“召唤与应答”的应酬中产生的。而且，这种历史的认识，如已讨论过的那样，偶然性·不确定性渗透至骨髓，并且每次“应答”都是含有跳跃着模糊性的大胆创造边界的活动。例如，当某人叙述“实际上北条时政期望政子嫁给平兼隆时，政子已经踏上了赖朝的道路”的时候，必须说那人颇为自由而大胆地使用了“期望”这一模糊谓词。在本质上，历史的认识是对“召唤”的 ad libitum（随意）的即兴“应答”。

以上内容，对于我们一般行为的解释或理解是有效的。正

如已经确认的那样，实际上理解或解释我们的行为，无非是认识过去事件。原本对行为的解释·理解，是因为已经**进行了**一些必须说明或解释的事情。而且，这多半是偏离日常性的行为，典型的犯罪行为等相当于此。日常生活中任何不会引起不可思议之感的行为，没必要特别地解释或理解。但是，对于偏离日常生活的典型行为的犯罪行为，我们要求解释或理解（即，“召唤”），乃至进行审判等。而且，当中探讨的行为理解确实是历史的认识。没有人会否定被审判或取证的行为从定义上说是过去发生的事情吧。若是这样，则行为理论必须基于历史认识的探讨。而且，当我们理解或解释行为时，由于日常的原因，我 208
们在某种意义上是对暗中接受的语境和文化加以合法化，必须对这种真相的事态（也许由于熏染、胶着太深而难以察觉）进行主题化[1]。然而，今天的行为理论的现状未必如此。从安斯库姆和戴维森以来，至今基本上仍沿用需求、意向、信念内容之类的“理由”来解释行为、或作为大脑中发生的生理现象的“原因”来解释行为这一问题图式。在那里，仿佛一般行为是以中立、无时态的形式被主题化。但是我想，需要解释的行为在某种意义上乃是偏离日常的行为，关于一般行为的解释等这种中立性问题是不现实的，而且这种被问题化的行为是过去产生的，因此行为理论与历史认识的问题有着本质的联系，从这种理所当然的观点出发，应予进行的问题设定似乎被等闲视

[1] 我想，关于触法精神障碍者的问题，在讨论其刑事责任，尝试解释或理解所做的行为时，恐怕会暴露我们潜意识中几乎不自觉地保守或合法化的语境和文化。

之了。的确，正如水本正晴所指出的那样，有着诸如德雷斯基那种洞察力的哲学家，明确把握了形成行为之因果的事实是“历史事实”（德雷斯基 2005，水本解说 293－294）。但是，如果我读取了这种历史性，那么这种历史的把握就是源于“召唤”的因果性动机的“应答”，而这一“应答”则弥漫着“概率”和“模糊性”这两种不确定性·偶然性，因此历史的认识乃至行为的解释或理解，在本质上不得不是 ad libitum 的东西，我想如字面那样主张这种行为理论之历史化的道路。无论如何，当人们以这种方式思考时，历史认识的存在状态理所当然体现我们的
209 理解实践。因为很明显，人类行为是与“因由”句相关的重要领域。

但是，最后我想补充一点，将历史认识及行为理解把捉为 ad libitum 创造的叙述，并非意味着什么都可以接受。正如已经提到的，在基于普遍接受的证据[1]、诉诸贝叶斯主义方法之类的同时，始终要求在一定程度上指向个人之间的实在性·客观性，也唯有这一方向是消除历史认识之对立的手段。而且，

[1] 正如将在第四章看到的那样，严格说来，“证据”概念也不能绝对客观而无怨地给出概率 1。这一点，历史学家詹金斯予以了确认，他道破了“证据是作为证据而使用时才成为证据，是历史学家的言说所产生的东西”（詹金斯 2005，97）。不过，如果仔细检视这一观点，很有可能导致对历史认识的全面怀疑论乃至一般认识的自我毁灭。这里，重要的是像我所追求的，把不确定性作为必不可少的要素积极地纳入认识论。无论是有多可疑的事态，我们实际上都在进行某些认识和行动。虽然可能犯有某些跳跃。但是，我的立场是从“已经做了”的事实感·实在感（reality）开始思考。这是与《迷宫 1》中所描述的“制度性实在”之概念完全对应的想法。参照《迷宫 1》序章。

最终为了使自己合法化而说的话，必须从对他者的说服性这一观点来评价，在此意义上，也可以归结于自己的“责任”（或“称赞”、“功绩”）。也就是说，历史叙事等待结果。就此而言，历史认识在其作为“应答”而发出的瞬间，就能改变未来的眼光。在接下来的最后一章中，我们就来探讨将这种未来纳入视野的“因由”句。

第四章　假说的确证　deciso

1. 概率策略

211　我们总是被不确定性所包围。确实人们有时候也会说“台风确实登陆了”。但是，这种确定性主张的来源是什么？可能是我现在得到的信息。但是，我们日常生活中得到的信息基本上只是以权威的发言和大众媒体为媒介的传闻而已。因此，原理上不可能完整校正此类信息的可信性。更严格地说，除了第一章讨论的“过去概率原理”之有效的情况，甚至连我们直接经历、权威者或目击者自身获得的一手信息都必须看作是不确定的。为什么？这是因为用于描述感觉、信息的模糊语言、记忆等要素存在认识的限界。而且，从台风的例子也可以推断出，我们为了预测未来的事件、使一般规律合法化等，经常活用迄
212 今为止的信息。这种程序被称为“归纳”。但是，归纳的整个程序，从哲学的观点来看是不确定的。这是因为，应该信任的此类信息完全不确定。而且，正如休谟早就点破的那样，谁也不知道未来会发生什么。未来无论发生什么都不犯规。过去与未

来之间存在固有的非对称性，因为它是如此明显。也就是说，撇开虚构的“飞矢决定论”不谈，如果归纳的程序试图绝对确定地预测未来，或者以完全合理的方式使一般规律合法化的话，那么这种企图从一开始就完全是绝望的。与此相对，可能也有人认为应该是用于处理信息的逻辑推理形式具有确定性，而不是信息本身。但是，这不是确定性，而是推论的有效性问题。一般而言（参照第二章第6节），推论的有效性，仅在前提确实为真的场合，才能保证结论确实为真。但是，正如序章和第二章提到的爱丁顿的“不确定性逻辑”所示，如果这种前提本来就是不确定的，有效的推理也就只能卷入不确定性。

在最后一章中，我想谈谈刚刚提到的归纳问题，即重点讨论关于未来的认识，其中的几个方面。当我严格锁住家门之际，有人问我为什么要这样做，我回答“因为今晚台风会在这一带登陆”的时候，像这种以“因由”句出现的“原因”或“理由”，显然是与台风、与传播这一信息的媒体、与房屋的坚固性等归纳性知识相关。探索这种“召唤与应答”的存在方式，乃 213
是本书最后的课题。如今，没有哲学家想说明该如何使一般规律以完全合理的方式合法化，该如何对未来做出绝对准确的预测。因为他们十分理解，这种课题只是在追求千里眼。因此，哲学家不是直面这个问题，而是通过引入“确证”（confirmation）概念，仅致力于阐明证据与假说之间的关系，来避免该问题。要言之，如果证据（e）积极支持假说（h），即，如果e使h更容易接受，则e确证h。如果e降低h的可接受性，则表示e不确证（disconfirm）h。概括地说，作为确证理论，这是迄今为止在哲学上占主导地位的两种策略。即，演绎（deductive）策略和概率（probabilistic）策略。根据演绎策略，证据确证假说是存在于在证据被假说演绎的时候，另一方面，概率策略，是在给予某个证据说明时存在针对某个假说的“条件概率”（conditional probability），因此主张确证关系是基于概率关系的分析（Glymour 1980，12－13）。然而，演绎策略，好像无法充分反映与科学活动现场的确证相关的实际情况。因为在科学活动中，确证过程即使从一开始就没有预计到确定性，也随着获得新证据而逐渐以动态的方式进行。在此意义上，我认为概率策略才是值得仔细考察的。实际上，这个策略与我前
214 面提到的不确定的见解极为一致。

在以下的论述中，我将首先考察在概率策略中影响最大的方法，即贝叶斯主义（Bayesianism），同时也考察对此传统且本质的反驳。然后，为了正确理解这种反驳所描绘的问题现象，提出另一种不同的方法。即，通过找出确证所涉及的某一决策过程的情况，来解决确证的诸问题的方法。我想通过提及医疗情况来揭示这一点。这种讨论，乍一看，可能被认为乃是表示不能接受概率策略。最后我想表明，尽管是在有限的不同意义上，贝叶斯理论仍具有充分的可能性和意义性。

2. 贝叶斯确证理论

那么，关于确证，贝叶斯主义有着怎样的思考？为了易懂起见，让我们举一个简单的例子。假设眼科医生提出了以下

假说。

（h）食用蓝莓是视力变好的原因。

而且，我也假设我得到了这种证据。 215

（e）我在食用蓝莓后在电脑前工作的时候，确实减轻了眼睛疲劳的烦恼程度。

显然，e 给予 h 积极的支持。因此，e 无疑是确证 h。概率策略的主要立意是，将这种确证关系解释为“e 提高 P（h）”（e 提高 h 为真的概率）。证据提高假说概率的这种关系，被看作对确证而言至关重要[1]。迄今为止，已多次提到基于这一构想的最有影响力的方法，就是“贝叶斯主义”，或者更严格地说是“贝叶斯认识论”（Basyesian epistemology）。并且其中，假说的概率变化通过“贝叶斯条件化”（Bayesian Condinalisation）来表达。当聚焦于这一问题时，贝叶斯认识论也被称为“贝叶斯确证理论”（Bayesian confirmation theory）。据此，基于获得

[1] 根据费希尔以来概率的频率解释的传统统计学，仅仅给出一个证据（e），关于假说（h）还几乎什么都不能说。如果不收集很多数据的话，概率就没有意义了，而且如果不与不摄食蓝莓的场合的数据进行比较的话，就无法导出统计的有效性。但是，因为贝叶斯主义使用认识·主观概率，所以仅凭一个证据（e），就会产生某种信念变化，这一点是值得关注的。这里，不管好坏，贝叶斯主义都有针对传统统计学的特征。我是从日常的推论这一点，来进行不能忽视贝叶斯主义这一立场的讨论。

的证据（E）怎样更新假说（H）之概率原理，根据条件概率和“贝叶斯定理”（这也被称为贝叶斯主义），可进行如下公式化（pri，pos分别表示事前、事后）。

216

$$P_{pos}(H) = P_{pri}(H \mid E) = \frac{P_{pri}(H \& E)}{P_{pri}(E)}$$

$$= \frac{P_{pri}(E \mid H)P_{pri}(H)}{P_{pri}(E)} (P_{pri}(E) \neq 0)$$

$$= \frac{P_{pri}(E \mid H)P_{pri}(H)}{P_{pri}(E \mid H)P_{pri}(H) + P_{pri}(E \mid \sim H)P_{pri}(\sim H)}$$

这就是贝叶斯条件化（以下简称“BCOND”）原理。在第三章中，是通过混合“背景知识”（k）来进行表述，在此不再赘述。其公式化的本质是相同的。不管怎么说，在现在的语境中讨论哲学认识论的时候，不能忽视这一点。

关于贝叶斯认识论，这里先讨论一下它的两个基本特征。第一，可以在此使用拉姆齐以来传统上定义为“信念度”的认识・主观概率，特别是可以使用“事前概率”（prior probability，即Ppri（E）和Ppri（H））[1]。这正是贝叶斯主义最广为人知的特征，实际上通过这一点，产生了在没有过去数据的新情况下也可以使用它，这种贝叶斯方法的广泛适用性[2]。第二，

---

［1］参照Giillies（2000）关于概率概念的诸解释。另外，关于概率概念本身，参见第一章。

［2］但是，正是因为承认认识・主观概率，所以贝叶斯方法常为某些哲学家所忌讳。相反，他们倒是聚焦于似然（likelihood，即，Ppri（E｜H））。因为似然可以用比较客观的方法来评价，并且似然率也（转下页）

贝叶斯主义者规定，这种信念度必须满足概率的基本数学规律“柯尔莫哥洛夫定理”（参见本书第 32 页）。它通常是通过所谓的“荷兰赌论证”（Dutch Book Argument）（也称作“必输赌注契约”（sure－loss contract））[1] 而建立。换句话说，持有不满足“柯尔莫哥洛夫定理”的不合理信念度的人，如果被主持赌博的庄家觉察的话，就一定会陷入蒙受损失的赌局。正如第 217
二个特征所暗示的那样，贝叶斯主义者们与其说是把自己的讨论作为“描述性”的东西，不如说是作为“规范性”的东西而提出。虽然作为心理事实，我们也有可能打破概率的定理，但为了我们的信念度成为合理的“理由”，就必须遵循“柯尔莫哥洛夫定理”。不管怎样，贝叶斯确证理论就这样巧妙地回避了归纳问题。正如哈金指出的那样，在贝叶斯主义的语境中，问题不在于我们的信念是否合理，而是对照新的证据，这样修订信念是否合理（Hacking 2001，256）。这种贝叶斯确证理论，在评价确证程度时无疑是明确而简单的方法论。如果 P_{pos}（H）＞ P_{pri}（H），H 则被 E 确证，如果 P_{pos}（H）＜P_{pri}（H），H 则未经 E 确证。我觉得它是如此简单、直观而合理，足以解释我们

（接上页）是比较不同假说的简便工具。这种观点有时被称为“似然主义”（Likelihoodism）。关于贝叶斯主义与似然主义的若干问题，参照 Sober（2002），27－38。豪森也提出了关于似然主义的有趣论点，即，为了使似然主义成为有意义的东西，最终我们必须诉诸贝叶斯的理论。参照 Howson（2002），51－53。

[1] 哈金（I. Hacking）指出，“Dutch Book Argument”称为“Dutch”的原因，可能是拉姆齐（F. Ramsey）在提出这个论证之际，当时大学生赌博常用的黑话，与荷兰（Dutch）无关。——译者注

关于归纳的常识性感觉[1]。实际上，在今天贝叶斯认识论被称为“贝叶斯网络”（Bayesiannetworks），通过格拉夫化模型的开发，获得了强有力的应用性和实用性。“贝叶斯·网络”是一种概念装置，它将假说和证据视为变量，形成用箭头将它们连接起来的“有向无环图”（directed acyclic graph），结合相对于各个变量的“概率分布”，可以简单地判别变量之间的依赖性、独立性[2]。

但是，与任何哲学理论一样，对贝叶斯的确证理论也提出
218 了许多批评。因此，迄今为止，它引发了激烈的争论。大致说来，我认为这些争论指出了两大困难的方向性。即，（1）BCOND可能包含某些与确证无关的情形作为确证的个案，（2）BCOND有时无法解释与确证相关的某些情况。要言之，BCOND有时过于宽泛，有时过于狭窄。

3. 证据相关性

第一个困难与以下基本问题直接相关，即，“为什么我们可

[1] Talbott（2001）对于了解贝叶斯认识论的基本想法和问题点很有用。另外，Bovens & Hartmann（2003）是了解当前语境中贝叶斯认识论立场的一个很好指南，当中不仅讨论了确证，而且还详细讨论了一致性（coherence）和可靠性（reliability）的问题。

[2] See Pearl（1988），116 - 131 and Williamson（2005），esp 14 - 48. 顺便说一下，约翰·威廉姆森认为，“贝叶斯网络”并不一定意味着使用贝叶斯主义的主观概率，只是因为使用了“贝叶斯条件化”，所以称之为“贝叶斯”（Williamson 2005，p. 51 note）。威廉姆森自身提出了应被公众接受的以个人概率为基础的“客观贝叶斯主义”（objective Bayesianism）的观点（see ibid 65 - 106）。参照本书第一章第 3 节。

以简单地将确证程度问题与条件概率联系起来?”正如格莱莫尔直接指出的那样，“特定证据是在与特定理论的关系中，确证或未确证特定假说”（Glymour 1980，110），因此“如果某个假说在与某个理论的关系中，未通过相关证据的检测，也总会存在别的理论，在与该理论的关系中，该证据确证或未确证该假说”（Glymour 1980 – 120）。换言之，确证之所以在证据与假说之间成立，乃是背景理论或背景知识的“功劳”，因此本来就要求证据与此类背景理论的联系（以及通过该理论与该假说的联系）。尽管如此，BCOND 本身并没有对这种证据相关性提出要求，因为它只是把作为数学公式的贝叶斯定理看作确证的表现。这一点，与第三章中加入“背景知识”（k）来对 BCOND 进行公式化是同样的。因为，K、E 和 H 之间的相关性不能仅从这种公 219
式化来理解。BCOND 的这种状况，可能会产生尽管缺乏那种证据相关性却仍被认为是确证关系这种违反直觉的个案。为了明确地认识这一点，让我们举出针对 BCOND 的如下反例。

这是与前面提到的蓝莓示例相关的因果关系的个案。确实，“食用蓝莓之后减轻了眼睛疲劳”（e）会提高“食用蓝莓是视力变好的原因”这一假说（h）之概率。但是，对于下面的假设则又作何解释?

（$^*h$）将牙齿染成淡蓝莓色是视力变好的原因。

盖我们在食用蓝莓的时候，牙齿总会或多或少被自动地染成淡蓝莓色。若是这样，根据我们的经验，就会把牙齿被染成淡蓝莓色，与视力提高有规律地联系起来。因此，让我们来考虑以下证据。

（$^{*}e$）我在牙齿被染成淡蓝莓色之后在电脑前工作的时候，
220 实际上减轻了眼睛疲劳的烦恼程度。

就条件概率而言，应该说$^{*}e$也提高$^{*}h$的概率，即$^{*}e$确证$^{*}h$。但是，这种确证关系是完全无法接受的。因为我们并不认为牙齿的淡蓝莓色会对我们的眼睛造成因果的影响。实际上，即便使用人工的淡蓝莓色为牙齿染色，这种颜色也不会对我们的眼睛带来任何影响。这正是在概率因果的语境中苏佩斯提出的术语——“虚假原因”问题（参照 suppes 1970，21－28. 以及《迷宫 1》第四章）。当然，这种问题可以通过所谓的“过滤”（screening off）操作来解决。注意牙齿不被染色地食用蓝莓的情况，和任其被染色地食用的情况，可以说视力提高的概率上升度不会发生变化（实际上正是如此）。这个关系性，可以表示为以下等式，其中 A 表示“视力提高”，B 表示“食用蓝莓”，C 表示“牙齿被染成淡蓝莓色”。

$$P(A \mid B \& C) = P(A \mid B)$$

此时，食用蓝莓被认为是视力提高的过程而“过滤”了牙齿的淡蓝莓色，牙齿的淡蓝莓色被看作是“虚假原因”。但是，这确实表明由于必须考虑应对这类情况，仅凭 BCOND 不足以处理含有因果关系的确证过程。这样，我们必须十分注意条件

概率与因果关系之间的概念差异。然而，只要 BCOND 本身仅 221
简单地诉诸条件概率，就不能正确地考虑概率与因果之间的这种微妙差异。

不过，今天的“贝叶斯网络”的想法，企图通过简单地把“过滤”的操作融入系统中，而进一步洗练化。在建构网络时，主要以变量之间的因果关系为线索，引导这一过程的，是被称作“因果马尔可夫条件”的如下原理。

〈因果马尔可夫条件〉（Causal Markov Condition）

每个变量在将其直接原因作为条件时，其非-结果在概率上是独立的。[1]

这一“因果马尔可夫条件”，与提出“如果由一个原因产生多个在概率上相互依存的结果，并以这一原因为条件，那么这些结果是独立的”的“共因原则”（the Principle of Common Cause）相结合，当中融入了“过滤”的想法（Williamson 2005，50－52）。但是，即使施行了这种纯化，也还是不能完全区分概率与因果的差异。这是因为，可能存在无法“过滤”、没有因果关系的概率。作为例子，约翰·威廉姆森列举是感染了流感，还是
感染了正黏液病毒科（包含流感病毒的科名），这种在意义是相 222
关的两个变量、有着概率的依存、即使假定是共因、一方也不

[1] 参考：“在其父节点的条件下，每个 X_j 独立于其非子节点。”——译者注

能“过滤”另一方、可相互之间却没有因果关系的情况。但是，如果根据“贝叶斯网”简单地进行推论，两个变量之间就会形成因果关系（Williamson 2005，53）。贝叶斯认识论以及BCOND的这种存在方式，是展开确证理论时的严重缺陷。因为，要确证的假说很多都明显包含因果关系[1]。

此外，对于成问题的假说，即使通过联言或选言与无关的假说联系起来，也还是存在仅确证一个联言肢·选言肢的证据会提高整个联言或整个选言的概率，以致似乎恰好确证了无关的假说这种反论。这也可谓是贝叶斯确证理论并未考虑到证据相关性的结果（see Pennock 2004）。

4. 旧证据问题

现在，我们来谈谈BCOND的第二个困难。那就是，BCOND无法描述 P_{pri}（E）＝1的确证过程。无法描述的原因

[1] 近几年的概率因果理论，试图通过考虑因果关系的问题来进一步展开。例如南希·卡特赖特借助约翰·杜普雷的用语而引入的“语境一致性”（contextual unanimity）的概念等反映了这一趋势。这个概念，包含了概率因果中的原因其语境是独立的，即“无论涉及什么相关性，原因都是原因”的要求。（see Cartwright（1989），143 et al.）但是这个概念也受到进一步批判斟酌，因为可以想象到一些反例。顺便说一下，关于这个话题，Twardy & Korb（2003）也值得关注。因为他们抓住了“客观同质性”（objective homogeneity）这一更加洗练的概念，提出了概率因果的新策略。“客观同质性”是作为定义“语境一致性”的基础被提出。而且他们把“客观同质性”的概念与“贝叶斯网络”相结合。他们的讨论可能会对我有关“贝叶斯网络”的讨论产生重大影响，但对其进行考察需要时间，我想把这方面的讨论和评价留作今后的课题。

是，在这种情况下，P_{pri}（H | E）等于 P_{pri}（H），因此，变成 P_{pos}（H）$=P_{pri}$（H），这意味着证据与确证没有任何关系[1]。当然，既然 P_{pri}（E）$=1$，就算不发生确证过程也没有问题。在这种场合，它与确证不存在直接相关性，因此对 BCOND 来说是无害的。例如，这存在于逻辑之真理的场合，或为了正确说 223
明已获得的证据而提出假说的场合。在后者的场合，证据是提出假说的基础，本来就不期待证据能证实假说。但是，概率 1 对于 BCOND 而言是否可谓总是无害？如果以这些具有概率 1 的情况为证据并确证所讨论的假说，应如何考虑这种情况？当这样追问时，我们就遭遇到第三章所涉及的“旧证据问题”。这个问题最初是由格莱莫尔提出的。他用明确的方式对其做了如下描述。

---

[1] 这一点可以简单地证明如下。

根据“条件概率”的定义，下列（1）成立。

（1）$P_{pri}(H \mid E)=\dfrac{P_{pri}(H\&E)}{P_{pri}(E)}$

另外，根据概率一般的加法定理，下列（2）成立。

（2）$Ppri(H\&E)=Ppri(H)+Ppri(E)-Ppri(H\vee E)$.

根据该假设，下列（3）成立。

（3）$Ppri(E)=1$.

由于 E 在逻辑上伴随 $H\vee E$，因此 $Ppri(H\vee E)$ 不可能小于 $Ppri$（E）。因此，下列（4）成立。

（4）$Ppri(H\vee E)=1$.

因此，将（3）和（4）代入（2）中，得到如下（5）。

（5）$Ppri(H\&E)=Ppri(H)+1-1$.
$\qquad=Ppri(H)$.

这样，将（3）和（5）代入（1）中，得到如下（6）。

（6）$Ppri(H \mid E)=Ppri(H)$. （证明结束）

牛顿使用开普勒第二定律和第三定律来证明重力的普遍性，但实际上开普勒定律是在牛顿的《自然哲学的数学原理》出版之前确立的。爱因斯坦在1915年提出的引力场方程的论证，解释了半个世纪前建立的水星反常近日点。是的……事实上，旧证据可以证实新理论。但是根据贝叶斯运动学，这种确证是不可能的。（Glymour 1980，86）

格莱莫尔的讨论要点很明显。关于水星近日点的旧证据，在爱因斯坦提出重力场方程式的1915年已获得概率1，根据前面提及的 P_{pri}（E）=1的情况，如果以“重场”表示“重力场方
224 程式为真”，以“水旧”表示“存在水星的旧证据”，那么该事态可列式如下。

$$P_{1915}(\text{重场} \mid \text{水旧}) = \frac{P_{1915}(\text{水旧} \mid \text{重场})}{P_{1915}(\text{水旧})} = P_{1915}(\text{重场})$$

也就是说，这种旧证据没有任何确证力。尽管如此，作为事实，旧证据确实确证了爱因斯坦的假说。因此，BCOND无法正确地处理这一事实。这似乎是对BCOND和贝叶斯认识论的非常严肃之批评。

范·弗拉森巧妙地提出了旧证据问题的三种可能的应答（Van Fraassen 1988，154）。（1）第一，实际上没有人真正相信旧证据，即，P（旧证据）≠1。“这是所能想到的最有效的应答，它完全可以消除问题。”（2）第二，当谈到旧证据确证假说

时，假设“我们不是指现在的实际认识状态，而是指另一种接受它的方式”。即，假设我们考虑到“如果旧证据的确立时间比实际出现的时间晚得多，那么它将确证假说”这一反事实条件句。(3) 第三，“‘E 确证 H’ 这一说法在普通人的对话中也可 225
以使用，但在这种情况下，对于我们来说，要注意与 E 有关并确证 H 的其他某种东西”。换言之，这个问题超越了证据和假说之间的自身关系性，毋宁说应解释为我们主观的信念状态，即我们对证据与假说之关系性的“发现”。

第一种应答，是“旧证据问题”原本就不成立的应答，所以在解决问题这一点上非常有吸引力。例如，马克·卡普兰建议概率 1 仅可以赋值给逻辑或数学真理（Kaplan 1996，50－51)。另外，蒂莫西·威廉姆森主张，否定第一章提到的“单调性”原理，就无法总是保持概率 1。威廉姆森看穿了 BCOND 的证据命题是以不失去概率 1 为前提（实际上豪森等人是这么说的。Howson & Urbach 1993，99)，强调遗忘的因素，批判“贝叶斯概率遗忘了遗忘”（Williamson 2000，218)。威廉姆森的立场也可以与 P（旧证据）≠1 的主张联系起来[1]。但是，虽然这种应答作为对“旧证据问题”的应答可能很有魅力，但它使概率 1 的概念过于狭窄。正如我在第一章中采用的“过去

[1] 正如第一章注释（8)（第 37 页脚注②——译者注）中所提到的，在讨论证据的概率是否为 1 的时候，严格来说，必须考虑“杰弗里条件化”。但是，由于 BCOND 无疑是贝叶斯确证理论的核心，所以为了研究贝叶斯确证理论这一具有巨大影响力的立场，目前聚焦于 BCOND 并非无的放矢。

概率原理”所暗示的那样，概率 1 的概念应该更宽泛一些。不过，从威廉姆森的立场来看，在遗忘之前，概率 1 可以应用于除逻辑和数学以外的信息。但是那样的话，就有再次发生“旧
226 证据问题”的可能性。这一点后面再谈。

让我们再看第二种应答，即通过引入反事实条件句来回避问题的应答。豪森和乌尔巴赫提供了对这一应答的典型讨论。他们说，在针对贝叶斯理论的旧证据问题的公式中，“这个理论的使用方式明显并不正确。错误在哪里也很明显，即错在相对于现在的知识总体，所有概率都相对化了。当然，这种概率应是相对于用现在的知识减去 e 的相对化”（Howson & Urbach 1993，404ff. See also Horwich 1982，52）。但是，针对这种应答，也不乏如何识别减去旧证据的背景知识、如何处理从旧证据中逻辑地演绎的信息、如何厘定对科学史的架空的反事实假设，这类尖锐的疑问（see e. g. Van Fraassen 1988，155 - 156，and Glymour 1980，87 - 91）。但是，这些疑问很奇怪吧。原本所谓确证就包含预测，所谓预测就是一面考虑概率一面比较及预测未来的若干可能性。当中反事实分析是事情性质上的必然。确实，很难评价反事实条件句。但是，这并非拒绝确证包含反事实条件句这点的根据。从该公式可以明显看出，BCOND 原本就是假定在获得证据之前甚至获得证据之后的状态，来对确证假定进行分析。

那么，第三种应答是怎样的？代表这类应答的是加伯的论述。其实质性想法在以下发言中被简洁地表达。

> 如果旧证据提高新假说的概率，那一定是通过发现迄今为止不为人知的逻辑关系。在产生旧证据问题的场合，我们处理假说，是通过假说与证据之间的逻辑关系的发现所确证的状况，而不是通过证据本身。（Garber 1983，120） 227

如果事态是这样，旧证据问题就会得到解决吧。因为假说和旧证据之间的逻辑关系的发现是“现在”，在此之前，旧证据还没有被视为证据。换句话说，旧证据实际上是新发现的具有悠久历史的证据。针对加伯的这种应答，例如厄尔曼批评说，原本的问题是关于数据和假说的关系，加伯的论述则是研究假说者的信念的心理过程，这本是一种误解（Earman 1992，120）。但是，这种批评是不公平的。因为所谓确证就是以人的认识过程、独立数据与假说的客观关系为前提的批判。正如贝叶斯以此为自明的前提那样，从根本上说确证就与我们的信念相关。这一点，如果试着采用决定论的世界观就很清楚。也就是说，在这种情况下，以提高概率的形式进行的确证显然与客观现实无关[1]。

---

[1] 确实，被称为“客观贝叶斯主义”（objective Bayesianism）的立场在计算确证力的时候非常重视客观因素。但是，正如注释（5）（第217页脚注②——译者注）中所提到的，在这种情况下，客观因素仅与以个人方式确定事前概率有关。换句话说，这仍是诉诸认识概率，而不是物理概率。特别是，通常会使用某种无差别原则进行那种确证。不过，众所周知，将这种无差别原则明确地公式化并使之有用是非常困难的。See Talbott（2001），section 5. 1.

5. 确证的决策负荷的特点

228 我想指出，为了解决旧证据问题，上述三种应答都没有错。但是，我并不认为它们完全令人满意。因为，这些只不过是对旧证据问题的应答，还没有达到对支持这些应答的观点如何为确证理论做出贡献的系统分析。实际上，这些应答在维护贝叶斯认识论这一点上，还不够充分。也就是说，这些应答，还存在另一个严重的困难：如何处理证据相关性的问题，这是不清楚的。因此，我拟提出一个打破这一僵局的想法。在这里，让我们试以医疗个案为切入点。

那么，我们假设以下情况为典型个案。

> 某地方医院的急诊室来了一名患者。根据住院总医师的诊断，不能排除其症候和症状是阑尾炎的怀疑。住院总医师咨询了外科主任，外科主任也同意这种症候和症状为阑尾炎。外科主任知道，有这种症候和征兆的患者往往是NSAP（非特异性腹痛），因此这时若进行手术的话，那将是不必要的手术。但是，在这类患者中，有的在开始手术之前阑尾发炎并穿孔。外科主任考虑，在决定是否对患者
> 229 进行手术之前，观察患者在急诊室休息6小时的状况，看其症状是改善还是恶化（抑或无变化）。（Weinstein & Fineberg 1980，130）

这段话引自有关医疗决策的著名教科书。当然，目前医学治疗的决策问题不在我这次讨论的范围之内。我想在这里聚焦的是，上面例子中住院总医师所描述的“不能排除怀疑”的医学“诊断”之不确定性。虽然很明显，诊断和治疗是医疗的两大主要课题，两者以复杂的方式相互缠绕，相互区别。而且，诊断（例如“该患者患有阑尾炎”）无非是确证假说的理论课题，而治疗则对应于该理论的实际应用。在此意义上，应该可以通过把医学上的“诊断”情况作为特别问题，将医疗个案与确证问题联系起来。不过，对于这种讨论方式，可能有人会质疑是否偏离了本章主题的路线？因为本章的课题应该是阐明提及未来的“因由”句，而“诊断”是对已经发生的过去或历史的理解。这是一个合理的疑问。对此，我想说的是，历史的认识主要是涉及自我身份的确立，而不是直接面向未来，医学上的“诊断”，正如刚才所述，与相当直接的“治疗”这种未来的行为，以及可能发生的“症状”和“预后”的概念联系在一起，有着超越单纯的历史认识的未来指向性。实际上，如果将某位患者“诊断”为患有“梅尼埃病”的话，那么可以同时做出未 230
来的预测，例如今后可能发生间歇性眩晕耳鸣，也可能产生听力减损等。或者反过来说，当历史的认识与未来的指针或方针直接相关时，可以说提及它的“因由”句倾向于包含未来式。原本“因由”句的提及过去式和包含未来式并没有严格的区别，而是模糊的，具有边界个案。无论如何，在这里将“诊断”作为确证问题的典型例子是合理的。而且，就像第三章的历史的认识一样，医疗的“诊断”可谓是“召唤与应答”的典型。这是因为，“诊断”是对患者“因由”这一“召唤”的“应答”，反过来又成为对患者和医护人员的“召唤”，等待其“应答”，继而“治疗”的连续过程。

那么，医生和临床医生如何确证自己的诊断呢？现在，我从描述的观点提出这个问题。关于这一点，在“循证医学”[1]（EBM）的研究过程中已积累了丰富的经验数据，这非常有用。首先应该注意的是，在临床实践中，并非简单地提供假说即确证诊断的证据和数据，而是必须有意识地收集。这种收集，通常是在必须考虑实行何种类型的诊断测试，以及为了执行这种测验可能产生何种风险的情况下进行的。毫无疑问，这只不过是决策过程。事实上，确证诊断，基本上被视为临床决策的过程之一。根
231 据温斯坦和芬伯格的说法：“大部分的临床决策都属于以下两个范畴：即，（1）是否应该寻求（若是如此，该如何寻求?）追加性信息的决策，并且（2）若是如此，应该实施何种治疗的决策。”（Weinstein & Fineberg 1980，23）另外，查普曼和爱尔斯坦这样说：“患者和医生必须对治疗的益处是否大于副作用，或者对照诊断测试所提供的信息是否值得治疗这些问题进行决策。”（Chapman & Elstein 2000，189）。就前述阑尾炎的例子而言，“让患者在急救室休息6小时”，是为了收集追加临床数据的一种诊断测试，正如前述例子明确表示的那样，在现实上涉及决策。若是这样，可以说，诊断性假说的确证本来就包含了决策负荷的特点。

---

[1] 关于“循证医学”，镰江（2005）作有简洁扼要的阐述，即使不是专家也能明快地理解。

从别的角度也能确认这种决策负荷的特点。这与如何决定特定疾病或特定症状的事前概率、如何决定特定疾病与特定症状的似然有关［事前概率的特定困难经常被看作贝叶斯主义一般的困难。SeeHesse（1975）］。医生是如何决定那些的呢？通常他们首先尝试找到医学文献中相关的一手研究。但是这种作业本身，牵涉概率的状况，也就是说，例如，可能存在出版偏好（肯定的研究比否定的研究更容易出版）（Hunink & Glasziou 2001，225)，又或是这些研究中发表的数据未必总是适用于他们所担当的患者（Hunink & Glasziou 2001，232)。换言之，如 232
果他们坚持使用这种客观的硬数据，就必须在它们之间进行取舍选择，即必须做出决策。这也是决策负荷特点的表现之一。但是，实际上医生常常面临着根本无法获得客观硬数据的临床实践。然而，“必须做出决策，这是黯然地基于对不确定事件概率的判断”（Weinstein Fineberg 1980，172)。也就是说，医生常常依据认识·主观概率，在这一点上临床的情况适合于贝叶斯式的分析。但遗憾的是，“根据身体检查和诊断手续得到的信息本就是多义的，根据不同的观察者可以用不同的方法来解释”（Weinstein Fineberg 1980，2)。有人指出医生在决定基本概率时会产生认识偏差的一些心理因素。例如，“典型性”、“容易入手”及“拘泥”等（Tversky & Kahneman 1974，1124－1131)，它们被统称为“确证偏差”（Chapman & Elstein 2000，187－188)。当然，根据贝叶斯的想法，这种偏差可以随着证据的累积而被修正，达到大致一致。但是，这并不适用于医疗。因为临床诊断和治疗或多或少都很紧急，没有足够的时间收集大量证据。因此，为了适当地减少这种偏差，尽可能精确地确定概率，专家们甚至提出了一种以匿名方式进行概率赋值的决策方法，叫做“德尔菲法”的方法（Hunink & Glasziou 2001，237 -
233 238）。总之，这种状况强有力地暗示着临床诊断的确证过程存在决策负荷的特点。

根据以上的考察，不难发现，即使在更基本的层次也同样存在决策负荷的特点。即，为了做出令人满意的诊断，必须做出应该依靠哪种背景理论的决策。再以先前的阑尾炎为例，也许中医在诊断时会做出完全不同的鉴定。例如，可以判断这是由腹直肌的紧张引起的。若是这样，接受了西方医学和东方医学这两方面教育的医生（近来这种医生并不罕见），将不得不就哪个体系更为适合进行决策。在稍微表面的层次也能确认同样的问题点。让我们回到眼睛疲劳的例子吧。眼睛疲劳这种类型的症状，也出现在脑肿瘤和心身症的场合。因此，医生在诊察主诉此症状的患者时，严格说来，必须做出该患者应该由眼科、脑外科、精神内科的哪个医疗科来诊断的决策。这可以看作是选择各种理论的一极。如果进一步追究这种想法，已经讨论过的关于如何收集数据、计算概率等的决策，也可以看作是与各种理论相关的决策之一。

就事实而言，同样的事情不仅可以通过医生的情况，而且可以通过物理学家的情况来确证。洛伦茨和庞加莱对迈克尔逊-莫雷实验的不同反应，是背景理论的差异深刻影响确证关系的
234 典型例子之一。洛伦茨坚持以太理论，将实验结果（未测量到以太漂移）视为收缩假说的证据，但庞加莱质疑以太理论，将其看作相对性原理的证据（Cushing 1998，202 - 204）。要言之，

支持诊断的证据和数据与背景假说是不可分割的，这与我前面提到格莱莫尔的基本构思时所确认的事实完全一致[1]。实际上，这一点也潜在于"贝叶斯网络"的思路当中。在构建网络时，当然必须"选择"作为出发点的变量（Pearl 1980，122），并且必须"决定"变量的事前概率（Williamson 2005，128）。在这种场面的根底，即使没有意识到，也很明显地介入了合理决策的过程。而且，构建"贝叶斯网络"需要"因果关系的事前知识"（Williamson 2005，49），因此，在经常发生关于体质改善的病因学争论的情况下使用网络时，应该事前进行某种决策。也就是说，支持假说或诊断的证据或数据与背景知识是不可分割的，因此与知识相比更是不可分割的。

6. 确证的决策指向的特点

无论如何，只要我的讨论涉及决策理论，接下来就必须要超越以上的描述性讨论，现在就来探讨确证的决策负荷特点的规范形式的问题[2]。要正确地提出此类问题，有必要澄清此

---

[1] 我在这里的讨论可能不仅涉及格莱莫尔的论点，而且涉及克里斯托弗·希区柯克的关于因果关系的讨论。希区柯克强调，因果关系不应该作为原因和结果的二项关系来研究，而是应该作为原因、结果、以及语境和背景理论所推论的别种可能的原因这三项关系来研究。但是，我倒是比较关心如何选择这种语境。这些问题，在希区柯克的讨论中并没有被认真提出。See Hitchcock（1996），pp. 267 - 282.

[2] 关于决策理论的语境中"描述性"和"规范性"的区别，我从 Mellor（2003）学到了很多。在该书中，与重视规范性及主观性的特点的主流趋势相反，梅勒强调描述性和客观性的特点在决策理论中的重要作用。

235 处应考虑哪种效用或价值。但是就目前而言，从公共的角度来看，这个问题的答案非常简单。即，无论是诊断还是治疗，所负责的患者的良好生活质量才是医疗决策追求的效用。这种良好质量，可以说是与向死而生、长寿或长的“质量调整后的余生”的状况相适应。但是，我想在这里指出的是，在这一语境中几乎没有提到的一些附加因素。我想在这里提出应予考虑的三个附加因素。它们是将诊断的确证视为临床记录，并将诊断传达给患者的医生的实践行为，是可以从极为实用的观点来演绎的重要因素。第一，作为事实，医生必须考虑自己诊断的“说服力”（多半是指明晰和易于理解地被获知）。因为，近来，医生在临床实践中必须通过知情同意的手续。第二，医生必须根据自己和所属医疗机构的声誉，考虑所给予的各种诊断的意义。这一点，在患者是具有非常特殊社会地位的人，或者怀疑患者患有非常罕见的传染病等场合，表现得尤为明显。第三，在做出或传达诊断时，必须考虑患者因被传达诊断而经受的心理影响（不确定是否可称之为“安慰剂效应”）。实际上，与不安地想自己患有某种疾病相比，患者更安于被告知自己所患疾
236 病的具体名字。或者，可能有人会根据专业医生基于详细检查的诊断，在充满顾虑的谈话中，为其所说明的事实而被治愈。在这一点上，将诊断传达给患者本身就具有某种临床价值。正如前面提到的，所有这些都可以归结为“诊断”不过是“召唤与应答”的过程。这样说来，如果这种主要因素或价值在临床上与诊断有关，那么诊断的确证就必须考虑到这种价值的决策场面。因此，换言之，确证诊断就是如上所述的决策负荷的过

程（其中应该考虑的价值正是患者的良好生活质量），最终，就像现在讨论的那样，它是指向附加价值·效用（以怎样的叙述方法将诊断传达给患者等）的决策。

那么，通过这样揭示确证的决策理论（即决策负荷和决策指向）的特点，能否有助于思考前面所讨论的确证的困难？我想，这些困难会得到明显的解决，或者至少有进一步的理解。就证据相关性而言，这种相关性，在决策应该进行哪种类型的诊断测试的同时就被确定。在某种意义上，诊断测试的决策，不过是对证据的背景理论之相关性的决策。当然，这种决策，之后可能会受到新数据的挑战及修正。那么，旧证据问题又是怎样？实际上，通过旧证据进行确证，在临床实践中并不罕见。237
让我们回想一下阑尾炎的例子。在该例子中，考虑了对应于特定症状的两个假说，即阑尾炎和 NSAP。然而，根据温斯坦和芬伯格的观点，“主诉急性腹痛的患者可能是糖尿病患者”（Weinstein & Fineberg 1980，26）。如果是这样且如果医生每每无法判断该患者是阑尾炎还是 NSAP 之后，例如，如果血液的临床检查强烈暗示该患者患有糖尿病的假说是正确的，那么急性腹痛的证据就是确证该患者患有糖尿病这一新假说的旧证据[1]。尽管如此，即使医生被迫改变策略，这里也不会发生

[1] 在确认糖尿病这一新诊断的过程中，发生以下情况并不罕见：医生再次确证了患者腹痛，之后马上知道了血液检查的结果，诊断出独立于腹痛的糖尿病，此后不久（即在没有忘记腹痛的证据之前），发现实际上腹痛是糖尿病这一诊断的进一步证据这种事态。在这种情况下，即使采用威廉姆森拒绝“单调性”的策略，也还是会出现“旧证据问题”。

任何理论性的问题。

如果考虑到诊断的确证所包含的决策理论的特点，就不难理解这里正在进行什么。基于旧证据的新假设的确证，是基于通过考虑以下两个问题而施行的决策，即，（1）通过考虑背景理论与概率、似然的计算，重新提出旧证据与新假说之间的相关性，（2）这种新提出的相关性成为新问题的效用。换言之，所谓旧证据，并不是纯粹作为旧证据而出现，而可谓是在新提出的相关性与作为新问题的效用的联系中，在现在正进行的决策过程中，作为现在的证据而出现。我提出的解决方案，似乎与对旧证据问题的三种经典应答相协调。我的解决方案，并不违背旧证据的概率可能小于 1 的想法。因
238 为，首先，证据是在某种背景理论下对假说的相对性评价，所以在不同的理论下会降低证据的概率 1。其次，只要确证是基于一极的决策，就不可缺少反事实的分析。之所以这么说，是因为决策通常在考虑着几个可能（反事实）的结果的同时而做出。最后，加伯所说的逻辑关系的发现，与我的解决方案非常相似，因为当通过旧证据来确证新假说时，实际上我们进入了新阶段。

但是，我认为可能还存在如下两大疑问。第一，我的讨论仅与确证诊断的医疗个案有关，这令人怀疑我的方案是否适用于一般确证关系。这确实是一个悬而未决的问题。但是，我倾向于认为我的提案最终适用于任何确证关系。因为，事实上，任何确证关系都只能以一种面向他人的言语行为的形式展开，

因此，不能不将决策理论的特点嵌入其中[1]。这一点，与本书将我们的认识和理解实践把捉为“召唤与应答”的立场非常相符。第二，我关于确证问题的决策理论之特点的方案，可能有人觉得不清楚最终是会强化还是损害贝叶斯确证理论。一方面，我的讨论试图解决贝叶斯确证理论所面临的困难，这像是拥护贝叶斯主义。但是另一方面，我的方案也被认为是通过从根本上改变贝叶斯的确证理论的结构，结果实际上是破坏贝叶斯主义。 239

也许在这里，既然我的方案正是决策理论的，那就应该考虑贝叶斯决策理论，而不是贝叶斯确证理论。那么，何谓贝叶斯决策理论？关于这一点，至少应该注意的是，正如伊尔斯所定义的（Eells 1982，41），贝叶斯决策理论，基本上是一种根据对行为的信念度（即认识·主观概率）和期望度来解释的理论。这即是说，如果这样的话，贝叶斯决策理论甚至在接受BCOND的主观概率这一点上，继承了贝叶斯认识论的所有困难[2]。而且，众所周知，贝叶斯决策理论为“囚徒困境”和第一章所涉及的“纽科姆问题”这类悖论所困扰。在这类悖论

---

[1] 根据Howie（2002）的说法，实际上，概率的主观之解释在从18世纪到今天的自然科学史上一直占主导地位。但是，在公共场合，频率解释一直被视为基础。如果我的方案像贝叶斯确证理论那样，在确证假说时我们多少基于利用主观概率的经验事实，那么豪伊的讨论，可能暗示我的方案也可以适用于医学之外的其他自然科学领域。

[2] 实际上，由于贝叶斯决策理论没有充分考虑因果关系的问题（证据相关性的问题之一）而屡遭批判。并且在那里，建立了所谓的因果决策理论。See Resnik（1987），112-115.

中，“概率矩阵可能因为选择了某一别的行为，并且在那时，可以预期会以某种方式发生变化”（Jeffey 1983，16）。换句话说，有可能发生决策本身就改变作为决策基础的概率分布的状况。根据我的方案，做出诊断也与这种悖论状况有着相同的结构。这是因为，诊断本身伴随着某种安慰剂效应。当然，贝叶斯他们也尝试过应对这种谬论。例如，他们设计了一种被称为“可认可性”的巧妙策略。所谓“可认可性”（ratifiability），是指进行决策的决定者，设想可能有不执行自己最终想要执行的决定
240 之行为，考虑如果自己最终决定执行该行为的话将拥有的概率矩阵，而要求做出决策的想法（Jeffrey 1983，16）。引入这一想法，或许可以在一定程度上适当地处理贝叶斯框架的上述悖论。但是，这种策略不适用于有关诊断的医疗决策。如果医生最终决定告知这个诊断结果，却在最后关头推翻了那个决定的话，那么与安慰剂效应相关的诊断的总体状况，以及与该决策相关的概率矩阵，就会全面地发生变化。在临床环境中，一切都是实践性的，因此可认可性的设想是不切实际的。因此，我的方案，至少就 BCOND 的简单应用而言，与其说是强化倒不如说是有损贝叶斯的确证理论。

我想补充一点。尽管到目前为止我还没有触及上述以“诊断”为典型例子的确证的决策理论的特点，实际上应该说实质地包含了对模糊谓词之边界的决策。究其原因，“诊断”的证据不仅明显涉及“胃病”、“眼睛疲劳”等模糊谓词，而且涉及各种疾病规定本身，从而只好允许边界领域。在精神医疗等领域，这一点非常明显。人格障碍的各种类型的清晰边界等，用外行

人的眼光怎么也看不出来。若是这样，在以“诊断”为典型例子的决策中，包含着决定者之于模糊谓词的“跳跃”。也就是说，若根据第二章的结论，应该可以进行决定者决策的客观“倾向性”的实证性研究。可以说，这将是所谓元诊断学，元·
贝叶斯确证理论。但是，虽说是元·贝叶斯确证理论，正如第 241
二章第 13 节所提到的，也很有可能使用与“倾向性”有关的贝叶斯条件化。无论如何，从这种模糊性的论点来看，显然不能仅靠一阶的贝叶斯确证理论来完成。因此，为了进一步将我所说的确证的决策理论的特点提炼成明确的形式，在不是一阶的贝叶斯确证理论的意义上，需要提出某种非贝叶斯的决策理论。但是，由于这是一个过于宏大的课题，所以我想在这里暂时停留于对决策理论的批判，应有的非贝叶斯决策理论的展开且留作我自己的作业。

7. 责任逻辑

对于我的讨论，加地大介给予了这样的评价：“对于贝叶斯理论，不是以破坏性的方式工作，毋宁说是以补充性的方式工作。”（Kachi 2006，44）对此我想采用矛盾的应对方法。如果贝叶斯确证理论是作为“确证”这一主题的哲学讨论而提出的话，我认为必须将与证据相关性和事前概率等纠缠在一起的决策理论的特点也纳入范围，用贝叶斯的框架来进行说明。既然我的论述表明这是不可能的，我的论点就是作为哲学的确证理论，贝叶斯的确证理论并非完善。因为有待另一种理论建立之

后才能建立的理论，与其说是哲学理论，不如说只是一种技术。但是，并非作为非完善的哲学的确证理论，而如果作为技术或
242 哲学考察的线索来把握贝叶斯理论的话，正如加地所暗示的那样，我不认为应该完全废弃贝叶斯理论。因为，如果已经进行了证据相关性和效用的决策，那么贝叶斯理论无疑是我们的推论，即提出合理“理由”的精彩而简洁（且优美）的公式化表述。如果将贝叶斯的构思应用于已做出那种决策的情况，贝叶斯理论将发挥其真正价值。那么，是何种情况？是追问过去事件的情况？因为，当回溯性地追问人们的过去行为、过去事件时，相关性和效用确实是通过提出此类问题而确立。与其这么说，毋宁说是通过追问过去事件的这种相关性和效用而建立。我想在这里聚焦的，并非第三章所处理的那种单纯的历史认识的情况。所谓已做出决策的情况，是已在一定程度上达成对历史认识之理解的情况，在这基础上，此处重新考虑了其内容的评价和善后的情况。换句话说，是已把历史的认识确立为共同了解之后的问题。在此意义上，正如第三章末尾其实也暗示的那样，我认为“责任”问题将成为一个有前途的主题，而贝叶斯理论可以适当地应用于该主题（但是，作为讨论的流程，与历史认识的责任有着相位差异）。以下，是我关于这一主题的初步想法，
243 我想以简短的描述来结束本书。希望它能抵达“责任逻辑”。

首先，我想提出的不是“预期效用”，而是“预期危害”（EH，expected harm）的函数公式。它可以与预期效用的标准公式平行地给出。让我们以阑尾炎为例进行说明。在对 hold（即观察腹痛患者在急救室休息 6 小时的状况）进行决策的时候，

可能会产生三种结果，即，假设改善（im），恶化（ws）和突然死亡（sd）的概率依次为 0.5、0.4、0.1，以及危害量（AH，amount of harm）的概率依次为 0、10、90。虽然 AH 的值可以任意分配，但是原理上，在产生利益或改善，即正效用的情况下 AH 必须一律为 0。因为在那种情况下，未产生任何危害。不过，这种情况下的 AH，如果结果极具价值，以至真正值得赌上尝试它的风险和可能危害的话，那么也有可能获得负数。这是与当患者的状况极为危险，在不作任何处置的情况下不久就将死去时，医生斗胆地进行成功率极低（导致死亡的概率很高）的紧急手术相对应的情况。在这种情况下，如果手术成功，则手术行为的 AH 为负数，即使不成功，AH 也可能会降低。不管怎么说，在阑尾炎的例子中，“让患者休息 6 小时”的过去时间 t 的 EH 可以表示如下。

$$
\begin{aligned}
\mathrm{EH}_t(\mathit{hold}) &= \mathrm{AH}_t(\mathit{im})\mathrm{P}_t(\mathit{im}) + \mathrm{AH}_t(\mathit{ws})\mathrm{P}_t(\mathit{ws}) + \mathrm{AH}_t(\mathit{sd})\mathrm{P}_t(\mathit{sd}) \\
&= 0 \times 0.5 + 10 \times 0.4 + 90 \times 0.1 \\
&= 13
\end{aligned}
$$

244

如果 act_i（无论是诊断、确证抑或身体行为）表示基于决策的特定行为，r 表示可能的结果，那么，我的想法，可以在仅存于从 r_1 到 r_n 的 n 个可能结果的条件中，进行如下一般化。

$$
\begin{aligned}
\mathrm{EH}_t(act_i) &= \mathrm{AH}_t(r_1)\mathrm{P}_t(r_1) + \mathrm{AH}_t(r_2)\mathrm{P}_t(r_2) + \cdots\cdots + \mathrm{AH}_t(r_n)\mathrm{P}_t(r_n) \\
&= \sum_{i=1}^{n} \mathrm{AH}(r_i)\mathrm{P}(r_i)
\end{aligned}
$$

$$
(\mathrm{P}_t(r_1) + \mathrm{P}_t(r_2) + \cdots\cdots + \mathrm{P}_t(r_n) = 1)
$$

每个概率都可以通过“规范且追溯”地应用 BCOND 来计算[1]。也就是说，例如，如果医生被给予这一数据，就“应该”具有对这一结果的认识・主观概率，或者说有更新的“应该”。在这一点上，我认为我的想法与贝叶斯理论非常吻合[2]。实际上，过去事件本身的概率，在事件性质上，只能作为主观概率来处理（即便使用主观概率进行判断的人的推论
245 情况可以根据该人的“倾向性”来进行实证研究）。当然，如果再出现新证据或证言，作为前提的数据内容发生了变化的话，那么可以根据 BCOND 对其进行追溯地修订。

---

[1] 休・梅勒友善地阅读了本章的早期草稿，提出了“预期危害不过是预期效用的反面（例如损失函数之类）吧”这样一个充满洞察力的问题。他对预期危害观念和预期效用观念在概念上果真不同感到惊讶。这是非常自然的疑问。但是，正如我的讨论所显示的，至少可以发现二者之间的两个不同。第一，预期危害应该仅是追溯地计算，而预期效用（或与之相关的平均损失）则被用于对未来行为的决策，所以一般是展望地计算。第二，效用与危害不成反比。如上所述，正效用不等于负危害。这是因为，关于正效用的预期危害必须为零。当然，这一点与损失函数同样，无论达到多少目标值都会得到正的高度评价，损失为零。但是，如果作为计算效用的基准的最初状况非常充分的话，负效用（即损失）恐怕未必与正危害相对应。例如，月收入 100 万英镑的非常富裕的人偶然缩减到月收入 75 万英镑的场合，从该人最初的情况来看效用为负，即可能算作损失，但应该说没有发生任何危害。这样，危害这一概念与效用和损失等比较客观且可能简单数值化的东西相比，依存于规范和语境等复杂因素，所以预期危害必须独立于预期效用和损失函数的公式。如何将其提炼为统计学的公式，我期待有识者之建议。

[2] 实际上，在法理论的语境中——责任当然是重要问题——为了理解犯罪假说与 DNA 证据之间的关系，已经使用贝叶斯理论。例如，参见 Dawid（2002）。此外，Redmayne（2001）就贝叶斯理论在一般审判过程的可适用性作了更为广泛的讨论。

最后，我想以 EH 表示责任度（DR，degrees of responsibility）的公式。假设（*mah*）表示绝对意义上的最大危害量（如残酷谋杀造成的伤害），最终实际发生了所有 r 之一的 r_m。于是，行为者在过去的时间 t 中执行 act_i，实际发生了 r_m 情况的 DR 可表述为如下公式。

$$DR(act_i \& r_m) \frac{EH_t(act_i)AH(r_m)}{(mah)^2} \times \omega$$

ω 是一个“意向权重”（intention-weight），可以取 0 至 1 之间的值。$\omega=0$ 意味着行为者没有选择的余地而机械地执行了 act_i 的事态，$\omega=1$ 意味着行为者全面意向地执行了 act_i 的事态［例如，“恶意”（mens rea）地执行的情况］。这个公式是通过类比地考虑联言推理而获得的。显然，DR 在 0 至 1 之间变化。这使得该系统能够稳定运行，而不管任意分配给 AH 的不同值如何。如果行为者是用斩首的完全确切的方法恶意地进行了残忍的杀人，那么 EH_t（杀人）=（*mah*）且 AH（死）= 246
（*mah*），于是 $\omega=1$。因此，DR（杀人 & 死）=1，即最大责任度。相反，如果行为者是在物理上完全无法避免的过程中杀死了他人，那么无论 EH 和 AH 取得什么值，DR（杀人 & 死）=0，即最小责任度，因为 $\omega=0$。另外，在未遂的情况下，AH（未遂）=0 未必责任度为零，如果认定由未遂行为引发了危害（例如恐怖和不安），则 AH（未遂）>0，就要承担责任。

也许，DR 不等于有罪程度，也不会直接促成量刑。因为，包括医疗事故审判在内，所谓法律问题，是指斟酌行为者的责任能力[1]、行为者做出这种行为的社会、人际和家庭等其他各种因素来进行判断的。我所希望的仅在于，我关于 DR 的方案可以在整理责任问题时，从一开始就成为一个概念装置。而且，这将利用贝叶斯的思路。总之，让我们总结一下。我认为，在概率策略或贝叶斯认识论的语境中提出的关于确证的哲学问题，必须通过考虑其决策理论的特点来考察，而这条路径暗示了在某种意义上能够保存特有贝叶斯理论的可能性。换句话说，它是从追溯的观点出发，是责任度的决策理论的公式化，即责
247 任逻辑。如果它是正确的，那么贝叶斯理论则依然持久有力。

这样，“原因”和“理由”之迷宫的探索，在“不确定性的认识论”这一主题设定的基础上，在“召唤与应答”这种场景中反复把捉“因由”句，围绕“概率”和“模糊性”这两个不确定的相位，或围绕这两个相位的纠缠、混合，终于收敛到“责任”问题上。deciso（决然）地提示过去叙事、果断采取决策承担责任或断然拒绝责任所在，这种“应答”的响应方式，表现为构成理解实践之核心的历史的认识和假说的确证这两方面。但是，如若思考一下，这亦是自然的结果。因为，在不确定性中做出判断、行为和决策，既然这是不确定的，那么最终“应该这样”的判断就会“跳跃”地断定下去，也就是说因为有了跳跃的创造，所以与通过决策来进行跳跃·创造的人产生了“责任”（或者“功绩”）乃是同义。而且，如果只有这条道路，

[1] 我认为，尤其必须仔细考虑触法精神障碍者的刑事责任问题。因为，尽管很难用关于自由和责任的哲学的传统语境来定位这一问题，但实际上这是责任概念的核心主题。See Schopp（1991）.

实际上在这种跳跃・创造的果实中被广泛承认的东西，就可谓
是构成我们理解实践之基石的“实在”。《迷宫 1》中所述的
“制度的实在”，在这里以与不确定性和“责任”概念相联合的
姿态出现。不管怎么说，像这种对“召唤”的“应答”，乃是
“可能性应答”即预估“责任”这一自然事态的存在状态，通过
我们的理解实践之分析而显露了出来。这种事态，恐怕自然包
含发现作为“解释责任”之“原因”的情况，不惟如此，“责
任”，还存在与“原因”原本同义的内在可能性（希腊语
“αἴτιον”、日语“怎么了”的表述，既表示“原因”又表示“责
任”）。“原因”和“理由”之迷宫的探究，之所以抵达“责 248
任”，是因为聚焦于“召唤与应答”的理解实践这一问题设定，
事情本身乃是具有吸引力的归结。并且，到目前为止，我的讨
论，其本身乃是对你的“召唤”。你的“应答”，其实应是从听
到“召唤”的那一瞬间开始。那是怎样的“应答”？

因此，我在《迷宫 1》中关于因果性之迷宫的探究，经过与“理由”概念的对比，终于有必要转向关于“原因”和“责任”的探究，这可谓是因果之迷宫的中心主题。我自身“应答”我自身的“召唤”，并再次“召唤”你，等待你的“应答”，那将是下一个“迷宫 3”的课题。

后记

273 那是一个炎热的夏日。从东京回来的时候，有够呛的事情等着我。妻子说想保护在附近游荡的可怜的雌金毛猎犬。像是一只流浪犬，在酷暑中游荡了好几天，瘦得肋骨都凸显起来了，脏得很。我家附近有高速公路出入口，以前就有冷酷的人在那里将犬从车上遗弃下来，自己开车像脱兔一样离开，我推测这只金毛猎犬也是这样被遗弃。我也感到些许怜悯之情，最终在我家暂时保护起来。但是，此乃苦斗之日的开始。

实际上，我在 20 天前的 2003 年 7 月 20 日刚从英国访学回来。在牛津大学，新学院的蒂莫西·威廉姆森教授接受我为访问研究员，度过了整整一年的研究生活。2001 年，由劲草书房出版了《原因与结果的迷宫》，为了总结三部曲之二《原因与理由的迷宫》，我在威廉姆森教授指导下，有时间彻底思考因果、
274 概率、模糊性、贝叶斯主义和决策等问题，这是我访学的主要目的。日本人哲学研究者的访学方式大致有两类：一种是把所得的自由时间用于（日语的）写作活动，另一种是融入访学目的地的研究环境，经常参加研讨会或学会的活动。我完全属于后者。也许是生来识见贫乏吧，好不容易在英国，我忙于牛津

的各种研讨会和活动，与以威廉姆森教授和德莱克·帕菲特教授为主的哲学系工作人员交流（我到彼得·斯特劳森教授家里拜访了他。他不久前去世了，祈愿他在天堂安息），或多次前往伦敦大学和剑桥大学，与认识的教授们交流。而且还去了伯明翰大学和雷丁大学，参加了与分析哲学相关的学会。对我来说这些都成为不可替代的财富。这次得以出版的本书《原因与理由的迷宫》，当中随处反映了在英国学术交流的成果。虽然英国一直延续曾经的大英帝国之面貌，但实际上现在并非多大的国家。但是，牛津和剑桥的那种学术氛围和传统却像强力的磁铁一样吸引着人们，为英国（综合国力之高令人惊讶）颇高的国际地位做出了巨大贡献。我今后也将与英国哲学家进行交流，努力完成三部曲之三《原因与责任的迷宫》。

但是，我在本书中展开的“不确定性的认识论”，如果没有与那只金毛猎犬的日子，就不会真正在我的头脑中形成头绪。保护金毛固然不错，可是我家有两只原住犬（柴系混血的“静香”和柴犬“牛若”），金毛怎么也与它们合不来。因此，不能准备足够的居住环境。而且，三只犬也无法一起去散步，要花两次时间。就连喜欢犬的我也觉得时间紧张。必须设法找到新的主人。如何保护金毛呢？对了，我认识为弃犬等宠物寻找收养者的志愿者，估计很快就能找到收养人。可是，虽然通过志愿者以各种方式寻找收养者，但始终未能如愿。我一直在想“今天或明天就能找到好的收养者”，所以把雌金毛叫做“明日香”。每次从志愿者 T 那里接到有可能成为收养者的电话时，我都会带明日香去。但是，从车上下来等 T 先生的时候，明日 275

香用强大的力量拼命地想回到车上。恐怕是唤醒了从车上被遗弃下来的记忆吧。我非常悲哀。为什么把犬遗弃？我非常生气。我看着明日香的眼睛。它在诉说着什么。但是，到底在诉说什么，我完全不知道。存在着不确定。但是，不，也许正是因为不确定，我们在此建立了令人害怕的现实且浓厚的交流。建立了理解实践。这是一种除了如此描述之外别无其他的压倒性的实在感。正如“前言”所述，我意识到几乎所有情况下都存在不确定性，但是我感觉到与明日香之间的不确定性是非常现实的。当然，与静香和牛若每天也有现实且不确定的交流，但它们是我的爱犬，不会伴有对于明日香那样的哀感，不会引起那种切实的印
276 象。此后，多亏T先生着实令人佩服的帮助，明日香幸运地得到了东京兽医M先生家的温暖接纳，并且仍以“明日香”的名字幸福地生活着。这种着落是我保护了8个月后的事情。在这一过程中，我留下了无法消除的罪恶感，留下了没能自己收养明日香的遗憾。每当想起明日香的眼睛诉说的不确定的内容，我就感到惶恐。但是，同时也切实感受到彼此之间可能缺少那种相互理解。本书“不确定的理解实践的事实”之概念，实际上就是以这种方式现实地呈现出来。明日香，还有，静香和牛若，谢谢！

本书的内容，以迄今为止发表的若干原稿为主干，这些原稿是推敲每一目标点之作业，目的是总结《原因与理由的迷宫》。当然，我的想法时刻都在变化，所以这次的总结做了很大变更和修改。感觉上，可以说几近于新写的东西。为了慎重起见，先写下构成各章之基础的原始论文。感谢日本哲学会和岩

波书店许可本书使用。各种更详细的书刊信息，请参照文献表。

序章　新写。

第一章　“Does Probability Collapse or Retroact?”（*Philosophical Studies* 23，2005）

第二章　“模糊性的渗透——连锁推理的因果说尝试”（《哲学研究论集》第2期，2005年） 277

“连锁推理悖论”的概率和因果（《论集》第24期，2006年）〔是为2005年12月4日第38届日本科学哲学大会研讨会Ⅳ“不确定性逻辑——概率和模糊性”提交的论文〕

第三章　“历史认识的因果和概率”（日本哲学会《哲学》第56期，2005年）

第四章　“贝叶斯认识论的可能性——将医疗决策纳入视野”（岩波书店《思想》第976期，2005年）

“Bayesianism, Medical Decisions, and Responsibility”（*Philosophy of Uncertainty and Medical Decisions*，2006）

另外，第二章的基础部分是2005年7月30日于“哲学青年研究者论坛”的主题演讲中，以“不确定性的认识论——关于概率·因果·模糊性”为题发表，论文预定刊登于论坛发行的《哲学探求》第33期（2006年）。

继《原因与结果的迷宫》之后，这次我也以英语圈哲学为线索，全面阐述了自己的主张。虽然意识到“概率坍塌假说”、“逆溯概率假说”、“飞矢决定论”、“连锁推理因果说”、“不在性

278 的统治”、“偶然性的弥漫”、“确证的决策负荷的特点”及“责任逻辑”等表达笨拙而不得体，但还是设法将自己的思考与语言结合起来。此外，我还将“音乐化认识论”贯彻于我以前的想法。本书所涉及的话题属于现代分析哲学最热门的问题域，但由于日本学界尚未充分了解它们，因此我也尝试进行一些解说和整理。但是，这只是一条辅助线索，重点在于我自己观点的展开。因为这是一本用日语写的哲学书，也许能够吸引那些仅期待西方哲学思潮的切实介绍及其解释和评论的人们。或者，因为看起来有点怪，可能唯有被无视。虽然这可能是一种禀性的东西，但我必须从自己的切身感受来讨论哲学。而且，切身感受恐怕与我固有的体验密切相关，当将其普遍地逻辑化时，难免会偏离既成的概念。顺从这种趋势，这就是我的写作方针。与其这么说，不如说我只能这样做。但是，冷静思考一下，出版哲学书，无非是发表自己的理解方式和想法吧。这么说来，我国最近也逐渐发行了这种极其理所当然的哲学书。希望本书也能适应这种趋势。不管怎么说，既然业已成书，它就已经脱离我的手了。剩下的就是虚心接受您的意见和批评。发表自己的理解方式和想法，同时也就要对其内容承担一切责任。因此，本书的观点适用于本书本身。所谓不确定的理解，就是对问题
279 （“召唤”）经过决策之后，出示“原因”和“理由”的回答（“应答”），那是必须预见到此后责任（“可能性应答”）的实践。

至本书出版时，我承蒙很多人的恩惠。牛津大学的威廉姆森教授自不必说，剑桥大学的休·梅勒教授、伦敦大学的唐纳

德·吉利斯教授和科林·霍索恩教授，墨尔本大学的格雷姆·布里斯特教授也发表了各种有益的评论。非常感谢。此外，有关本书的内容，不仅在本校东京大学的授课，而且在京都大学的集中授课中也讲解了部分，从而锻炼了自己的思考。我想向邀请我参加集中授课的伊藤邦武教授和出口康夫副教授以及提出各种问题的东大和京大的学生们表示深深的感谢。当然，也感谢东京学大学院人文社会系研究科哲学研究室的同事们不断给予我学问的刺激。另外，东京大学 21 世纪 COE“生死学之建构”发起人的活动，也极大地推动了本书的写作。我想向作为生死学项目带头人的岛园进教授，既是发起人又是畏友的熊野纯彦副教授及其他成员，在此谨表谢意。另外，我也要感谢日本哲学会与会长野家启一教授，他给了我一个深入探讨历史的认识问题的宝贵机会。另外，关于因果性，我想向邀请我参加心理学和统计学学会研讨会的繁桝算男教授表示衷心感谢。这次，在写作和编辑过程中同样受到了劲草书房富冈胜先生的大力关照。富冈先生鼓励我在自己退休之前再出一本书（给我压力?），让我得以总结自己的工作。在一直佩服他高超的操纵 280
术和助产术的同时，也向他表达谢意。我也要向同劲草书房的土井美智子先生道谢。最后，即使是私事，也要感谢妻子。如果没有和她谈论音乐，就不会有本书吧。

愿本书成为诸位读者思考的因缘。

一之濑正树

2006 年 2 月于土浦市家中

参考文献

西文文献

Adams, E. W. 1975. *The Logic of Conditionals*. *D. Reidel*.

Anscombe, G. E. M. 1976. *Intention*. *Basil Blackwell*. (《意图——实践知识的考察》〔『インテンション——実践知の考察』, 菅豊彦訳, 1984 年, 産業図書〕)

——1981. Causality and Determination. *In Metaphysics and the Philosophy of Mind*, Basil Blackwell. 133 - 147.

Audi, R. 1986. Action Theory as a Resource for Decision Theory. In *Action, Decision, and Intention*, Reprinted from *Theory and Decision* Vol. 20, No. 3, ed. R. Audi. D. Reidel. 207 - 221.

Augustin. 1947. *LA MUSIQUE*. Finaert, G. et Thonnard, F. -J. : *Œuvres de Saint Augustin 1re Série: Opuscules* Ⅶ. *Dialogues Philosophiques* Ⅳ., Desclee. lee. (《论音乐》〔『音楽論』, 原正幸訳, 『アウグスティヌス著作集』第三巻, 1989 年, 教文館〕)

Ayer, A. J. 1940. *The Foundation of Empirical Knowledge*. Macmillan Press.

Barrett, J. A. 1999. *The Quantum Mechanics of Minds and Worlds*. Oxford University Press.

Beall, JC. ed. 2003. *Liars and Heaps: New Essays on Paradox*. Oxford University Press.

——2004. Introduction: At the Intersection of Truth and Falasity. In *The Law of Non-Contadiction: New Philosophical Essays*, ed. by G. Priest, JC. Beall, and B. Armour-Garb. Oxford University Press. 1 - 19.

Berkeley, G. 1951. *De Motu*. *In The Works of George Berkeley*. *Volume 4*. ed. A. A. Luce and T. E. Jessop, Thomas Nelson and Sons Ltd.

Black, M. 1937. Vagueness: An exercise in logical analysis. *Philosophy of Science 4*: 427 - 455.

Bovens, L. and Hartmann, S. 2003. *Bayesian Epistemology*. Oxford University Press.

Burns, L. C. 1991. Vagueness: *An Investigation into Natural Languages and the Sorites Paradox*. Kluwer Academic Publishers.

Call and response (music) . 2005. *Wikipedia, the free encyclopedia*. http://en.wikipedia.org/wiki/Call_and_response_(music)

Campbell, R. 1985. Background for the Uninitiated. In *Paradoxes of Rationality and Cooperation*, ed. R. Campbell and L. Sowden. The University of British Columbia Press.

Carnap, R. 1950. *Logical Foundations of Probability*, 2nd Edition, University of Chicago Press, 1963.

Cartwright, N. 1979. Causal Laws and Effective Strategies. Noûs 13: 419–437.

——1989. *Nature's Capacities and their Measurement*. Oxford University Press.

Chapman. G. B. and Elstein, A. S. 2000. Cognitive Processes and Biases in Medical Decision Making. In Chapman & Sonnenberg, eds. 2000. 183–210.

Chapman, G. B. and Sonnenberg, F. A. eds. 2000. *Decision Making in Health Care*. Cambridge University Press.

Cohen, L. J. 1989. *An Introduction to the Philosophy of Probability and Induction*, Oxford University Press.

Compact Oxford English Dictionary, Second Edition, Revised. 2000. ed. C. Soanes. Oxford University Press.

Crisp, R. 2004. How to Allocate Health Care Resources: QALYs or the Virtues? A paper read at the University of Tokyo as a special lecture on 14th October 2004. (《医疗资源的分配，QALYs 抑或德?》〔「医療資源の配分，QALYsか徳か?」麻生享志訳，『死生学研究』2005 年秋号所収，21 世紀 COE「死生学の構築」，東京大学大学院人文社会系研究科．246 (147) –237 (156) 〕)

Cushing, J. 1998. *Philosophical Concepts in Physics*. Cambridge University Press.

Danto, A. C. 1985. *Narration and Knowledge*. Columbia University Press. (本书资料源于 Analytical Philosophy of History，日译《作为叙事的历史》〔本書のもととなった Analytical Philosophy of History には，邦訳『物語としての歴史』(河本英夫訳，国文社，1989 年) がある〕)

Davidson, D. 1980. *Essays on Actions and Events*. Oxford University Press. (《行为与事件》〔『行為と出来事』，服部裕幸・柴田正良訳，1990 年，勁草書房〕)

Dawid, A. P. 2002. Bayes's Theorem and Weighing Evidence by Juries. In

Swinburne, ed. 2002. 71 - 90.

Dirac, P. A. M. 1930. *The Principles of Quantum Mechanics*, 1st edition. Oxford University Press.

——1958. *The Principles of Quantum Mechanics*, 4th edition. Oxford University Press.

Dray, W. 1957. *Laws and Explanation in History*. Oxford University Press.

——1963. The Historical Explanation of Actions Reconsidered. In *Philosophy and History*, ed. S. Hook. New York University Press. 105 - 135.

Ducasse, C. J. 1980. On the Nature and the Observability of the Causal Relation. In *Causation and Conditionals*, ed. E. Sosa. Oxford University Press. 114 - 125.

Dummett, M. 1969. The Reality of the Past. Quoted from Dummett, M. 1978. *Truth and other enigmas*. Harvard University Press. 358 - 374. (《真理之谜》〔『真理という謎』, 藤田晋吾訳, 1986 年, 勁草書房〕)

——1970. Wang's Paradox. Quoted from Dummett, M. 1978. *Truth and other enigmas*. Harvard University Press. 248 - 268,

Earman, J. 1992. Bayes or Bust? The MIT Press.

Edgington, D. 1992. Validity, uncertainty and vagueness. Analysis 52: 193 - 204.

——1995. The logic of uncertainty. Critica 27: 27 - 54.

——1996. Vagueness by degrees. In Keefe & Smith 1996, 294 - 316.

Eells, E. 1982. *Rational Decision and Causality*. Cambridge University Press.

——1991. *Probabilistic Causality*. Cambridge University Press.

Eells E. and Sober, E. 1983. Probabilistic Causality and the Question of Transitivity. *Philosophy of Science* 50: 35 - 57.

Evans. G. 1978. Can there be vague objects? *Analysis* 38: 208.

Fetzer, J. H. 1981. *Scientific Knowledge: Causation, Explanation, and Corroboration, Boston Studies in the Philosophy of Science*, Vol. 69. D. Reidel.

Feynman. R. 1998. *The Meaning of It All*. Penguin Books.

Fine, K. 1975. Vagueness, truth and logic, *Synthese* 30: 265 - 300.

Galavotti, M. C., Suppes, P., and Constantini, D. eds. 2001. *Stochastic Causality*. CSL1 publications.

Garber, D. 1983. Old Evidence and Logical Omniscience. *In Testing Scientific Theories*, ed. J. Earman. University of Minnesota Press. 99 - 131.

Gibbard, A. and Harper, W. L. 1978. Counterfactuals and Two Kinds of Expected Utility. In Harper, Stalnaker, and Pearce, eds. 1981. 153 - 190.

Gillies, D. 2000. *Philosophical Theories of Probability*. Routledge. (《概率哲学理论》〔『確率の哲学理論』, 中山智香子訳, 2004 年, 日本経済評論

社〕）
——2002. Causality, Propensity, and Bayesian Networks. *Synthese* 132: 63 - 88.
Glymour, C. 1980. *Theory and Evidence*. Princeton University Press.
Goodman, N. 1978. *Ways of Worldmaking*. Hacket Publishing Company.（《世界制作的方法》〔『世界制作の方法』，菅野盾樹・中村雅之訳，1987年，みすず書房〕）
Gorman, J. L. 1998. Objectivity and Truth in History. In *History and Theory: Contemporary Readings*, eds. B. Fay, P. Pomper, and R. T. Vann. Blackwell Publishers Ltd. 320 - 341.
Graff, D. 2000. Shifting Sands: An Interest-Relative Theory of Vagueness. *Philosophical Topics* 28: 45 - 81.
Hacking, I. 2001. *An Introduction to Probability and Inductive Logic*. Cambridge University Press.
Harper, W. L., Stalnaker, R., and Pearce, G. eds. 1981. Ifs. D. Reidel.
Hausman, D. M. 1998. *Causal Asymmetries*. Cambridge University Press.
Heisenberg, W. 1927. Über den anschaulichen Inhalt der quantentheoretischen Kinematik und Mechanik. *Zeitschrift für Physik* 43: 172 - 198.（《量子理论的运动学及力学的直观内容》〔「量子論的な運動学および力学の直観的内容について」，河辺六男訳，世界の名著 80『現代の科学 II』所収，1978 年，325—355，中央公論社〕）
——1930. *The Physical Principles of Quantum Theory*. Dover.
Hempel, C. G. 1942. The Function of General Laws in History. Quoted from *Aspects of Scientific Explanation*, 1970, The Free Press. 231 - 243.
——1963. Reasons and Covering Laws in Historical Explanation. In *Philosophy and History*, ed. S. Hook. New York University Press. 143 - 163.
Hesse, M. 1975. Bayesian Methods and the Initial Probabilities of Theories. In *Induction, Probability, and Confirmation*, eds. G. Maxwell and R. M. Anderson. University of Minnesota Press. 50 - 105.
Hitchcock, C. 1996. Farewell to Binary Causation. *Canadian Journal of Philosophy*, 26: 267 - 282.
——2002. Probabilistic causation. In *The Stanford Encyclopedia of Philosophy* (*Fall* 2002 Edition), ed. E. N. Zalta, http://plato.stanford.edu/entries/causation-probabilistic/
Horgan, T. 1994. Robust Vagueness and the Forced-March Sorites Paradox. *Philosophical Perspectives* 8: Logic and Language, 159 - 88.
Horwich, P. 1982. *Probability and Evidence*. Cambridge University Press.
——1987. *Asymmetries in Time*. The MIT Press.
Howie, D. 2002. *Interpreting Probability*. Cambridge University Press.

Howson, C. 2002. Bayesianism in Statistics. In Swinburne, ed. 2002. 39 - 69.

Howson, C. and Urbach, P. 1993. *Scientific Reasoning*. Second Edition, Open Court.

Hume, D. 1975. *An Enquiry concerning Human Understanding*, ed. L. A. Selby-Bigge. Third edition by P. H. Nidditch, Oxford University Press. (《人类理智研究》〔『人間知性研究』, 斎藤繁雄・一ノ瀬正樹訳, 2004 年, 法政大学出版局〕)

——1978. *A Treatise of Human Nature*, edited by L. A. Selby4Bigge, second edition revised by P. H. Nidditch, Oxford at the Clarendon Press. (《人性论》〔『人性論』1～4 巻, 大槻春彦訳, 1995 年, 岩波文庫〕)

Humphreys, P. 1985. Why Propensities Cannot Be Probabilities. *The Philosophical Review* 94: 557 - 570.

Hunink, M and Glasziou, P. eds. 2001. *Decision Making in Health and Medicine*. Cambridge University Press.

Hyde, D. 2004. Sorites Paradox. In *The Stanford Encyclopedia of Philosophy*, (Fall 2005 Edition), ed E. N. Zalta, http://plato. stanford. edu/entries/sorites-paradox/

Ichinose, M. 1995. Vagueness and Our Linguistic Activity. *Hakusan-Tetsugaku* 29: i - xxix. Department of Philosophy, Faculty of Literature, Toyo University.

——2004. A Note on Abortion and the Sorites Paradox. *The Journal of Applied Ethics and Philosophy* 2: 1 - 9, Department of Philosophy, Graduate School of Humanities and Sociology, The University of Tokyo.

——2005. Does Probability Collapse or Retroact? *Philosophical Studies* 23: 19 - 53, Department of Philosophy, Graduate School of Humanities and Sociology, The University of Tokyo.

——2006. Bayesianism, Medical Decisions, and Responsibility. In *The Philosophy of Uncertainty and Medical Decisions. Bulletin of Death and Life Studies Vol.* 2. 21st Century COE Program, Graduate School of Humanities and Sociology, The University of Tokyo. 15 - 42.

Jaynes, E. T. 2003. *Probability Theory*: The Logic of Science, ed. G. L. Bretthorst, Cambridge University Press.

Jeffrey, R. 1968. Probable Knowledge. Quoted from Jeffrey, R. 1992. *Probability and the Art of Judgment*, Cambridge University Press. 30 - 43.

——1983. *The Logic of Decision*, Second edition. University of Chicago Press.

Kachi, D. 2006. Is a Decision-Theorist a Friend or Foe of a Bayesian-Theorist? Comments on Professor Ichinose's Paper. In *The Philosophy of Uncertainty and Medical Decisions. Bulletin of Death and Life Studies Vol*. 2. 21st Century COE Program, Graduate School of Humanities and Sociology, The

University of Tokyo. 43－45.

Kamp，H. 1981. The paradox of the heap. In *Aspects of Philosophical Logic*, ed. U. Mönnich，D. Reidel. 225－277.

Kaplan，M. 1996. *Decision Theory as Philosophy*. Cambridge University Press.

Keefe，R. and Smith，P. eds. 1996. *Vagueness：A Reader*. The MIT Press.

Keynes，J. M. 1921. *A Treatise on Probability*，Macmillan，1963.

Klein，M. 1990. *Determinism*，*Blameworthiness and Deprivation*. Oxford University Press.

Kruse，R.，Schwecke，E. and Heinsohn，J. 1991. *Uncertainty and Vagueness in Knowledge Based Systems*. Springer-Verlag.

Lewis，D. 1970. General Semantics. *Synthese* 22：18－67.

——1976. Probabilities of Conditionals and Conditional Probabilities. In Harper，Stalnaker，and Pearce，eds. 1981. 129－147.

——1986. A Subjectivist's Guide to Objective Chance. In *Philosophical Papers*，*Volume II*，Oxford University Press.

Logue，J. 1995. *Projective Probability*. Oxford University Press.

Machina，K. F. 1976. Truth，belief and vagueness. Quoted from Keefe & Smith 1996，174－203.

Mackie，J. L. 1974. *The Cement of the Universe：A Study of Causation*. Oxford University Press.

——1985. Newcomb's Paradox and the Direction of Causation. In Mackie，J. L. *Logic and Knowledge*，Oxford University Press. 145－158.

McCullagh，C. B. 1984. *Justifying Historical Descriptions*. Cambridge University Press.

McCurdy，C. S. 1996. Humphreys' Paradox and the Interpretation of Inverse Conditional Propensities. Synthese 108：105－125.

Mellor，D. H. 1995. *The Facts of Causation*，Routledge.

——2003. What does decision theory tell us? A paper read at the University of Tokyo as a special lecture on 7th October 2003.（《决策理论讲些什么》〔「意思決定理論は何を語るのか」鈴木聡・岩本敦訳，『死生学研究』2004年春号所収，21世紀COE「死生学の構築」，東京大学大学院人文社会系研究科，265（126）－249（142）〕）

Milne，P. 1986. Can There be a Realist Single-Case Interpretation of Probability? *Erkenntnis* 25：129－132.

Miller，R. A. and Geissbuhler，A. 1999. Clinical Diagnostic Decision Support System：An Overview. In *Clinical Decision Support System*，ed. E. S. Berner. Springer. 3－34.

Niiniluoto，I. 1988. Probability，Possibility，and Plentitude. In Probability and

Causality, ed. J. H. . Fetzer, D. Reidel. 91 - 108.

Nozick, R. 1985. Newcomb's Problem and Two Principles of Choices. In *Paradoxes of Rationality and Cooperation*, ed. R. Campbell and L. Sowden, The University of British Columbia Press. 107 - 133.

——1993. *The Nature of Rationality*. Princeton University Press.

Osada, R. 2005, Fitch's Argument and the Knowability Principle as the Principle concerning Truth of Judgment. *Philosophical Studies* 23: 321 - 329, Department of Philosophy, Graduate School of Humanities and Sociology, The University of Tokyo.

Papineau, D. 2001. Metaphysics over Methodology-or, Why Infidelity Provides No Grounds to Divorce Causes from Probabilities. In Galavotti, Suppes, and Constantini, eds. 2001, 15 - 38.

Passmore. J. 1974. The Objectivity of History. In *The Philosophy of History*, ed. P. Gardiner. Oxford University Press. 145 - 160.

Paty, M. 2001. Physical Quantum States and the Meaning of Probability. In Galavotti, Suppes, and Constantini, eds. 2001, 235 - 255.

Peacocke, C. 1999. *Being Known*. Oxford University Press.

Pearl, J. 1988. *Probabilistic Reasoning in Intelligent Systems*. Revised Second Edition. Morgan Kaufmann Publishers.

Peirce, C. S. 1986. *Writings of Charles S. Peirce*, vol. 3. Indiana University Press.

Pennock, R. T. 2004. Bayesianism, Ravens, and Evidential Relevance. *Annals of the Japan Association for Philosophy of Science*, 13. 1: 1 - 26.

Polkinghorne, J. 2002. *Quantum Theory: A Very Short Introduction*. Oxford University Press.

Popper, K. 1959. *The Logic of Scientific Discovery*. Harper Torchbooks. (《科学发现的逻辑》〔『科学的発見の論理』上・下，大内義一・森博訳，1971—2年，恒星社厚生閣〕)

——1963. *Conjectures and Refutations*. Routledge. (《猜想与反驳》〔『推測と反駁』，藤本隆志・石垣壽郎・森博訳，1980年，法政大学出版局〕)

——1982. *Quantum Theory and the Schism in Physics*. Routledge. (《量子理论与物理学的分裂》〔『量子論と物理学の分裂』，小河原誠・蔭山泰之・篠崎研二訳，2003年，岩波書店〕)

Priest, G. 1986. Contradiction, belief and rationality. *Proceedings of the Aristotelian Society* 86: 99 - 116.

——2001. *An Introduction to Non-Classical Logic*. Cambridge University Press.

——2003. A Site for Sorites. In Beall, ed. 2003, 9 - 23.

Priest, G. and Tanaka, K. 2004. Paraconsistent Logic. In *The Stanford*

Encyclopedia of Philosophy (Winter 2004 Edition), ed. E. N. Zalta, http://plato.stanford.edu/entries/logic-paraconsistent/

Quine W. V. O. 1981. What price bivalence? *Journal of Philosophy* 77: 90-95.

Raffman, D. 1994. Vagueness Without Paradox. *The Philosophical Review* 103: 41-74.

Ramsey, F. P. 1990. *Philosophical Papers*, ed. D. H. Mellor, Cambridge University Press. (《拉姆齐哲学论文集》〔『ラムジー哲学論文集』，伊藤邦武・橋本康二訳，1996年，勁草書房〕)

Redmayne, M. 2001. *Expert Evidence and Criminal Justice*. Oxford University Press.

Rescher, R. and Joynt, B. 1959. On Explanation in History. *Mind*, vol. 68.

Resnik, M. D. 1987. Choices: *An Introduction to Decision Theory*. University of Minnesota Press.

Russell, B. 1971. *The Analysis of Mind*. Allen & Unwin. (《心的分析》〔『心の分析』，竹尾治一郎訳，1993年，勁草書房〕)

Sainsbury, R. M. 1988. *Paradoxes*. Cambridge University Press. (《悖论哲学》〔『パラドックスの哲学』，一ノ瀬正樹訳，1993年，勁草書房〕)

——1989. What is a vague object? *Analysis* 49: 99-103.

——1990. *Concepts without boundaries*, an Inaugural Lecture at King's College London. Quoted from Keefe & Smith 1996, 251-264.

Salmon, W. C. 1979. Propensities: a Discussion Review of D. H. Mellor *The Matter of Chance*. *Erkenntnis* 14: 183-216.

——1984. *Scientific Explanation and the Causal Structure of the World*. Princeton University Press.

Schopenhauer, A. 1977. *Über die vierfache Wurzel des Satzes vom zureichenden Grunde*. In Arthur Schopenhauer Zurcher Ausgabe. Band V. Kleinere Schriften I. Diogenes.

Schopp, R. F. 1991. *Automatism, Insanity, and the Psychology of Criminal Responsibility*. Cambridge University Press.

Shapiro, S. 2003. Vagueness and Conversation. In Beall, ed, 2003, 39-72.

Singer, P. 1993. *Practical Ethics*, second edition. Cambridge University Press. (《实践伦理》〔『実践の倫理』，山内友三郎・塚崎智監訳，1999年，昭和堂〕)

Skyrms, B. 1978. The Prior Propensity Account of Subjunctive Conditionals, In Harper, Stalnaker, and Pearce, eds. 1981, 41-55.

——1990. Ratifiability and Logic of Decision, In *Philosophy and the Human Science, eds*. P. French, T. Uehling and H. Wettstein. Midwest Studies in Philosophy Vol. 15. Notre Dame University Press. 44-56.

Soames, S. 1999. *Understanding Truth*. Oxford University Press.

——2002. Replies. *Philosophy and Phenomenological Research* 65: 429 - 452.

Sober, E. 2002. Bayesianism-its Scope and Limits. In Swinburne, ed. 2002.

Sorensen, R. 2001. *Vagueness and Contradiction*. Oxford University Press.

Stalnaker, R. 1968. A Theory of Conditionals. In Harper, Stalnaker, and Pearce, eds. 1981. 41 - 55.

——1970. Probability and Conditionals. In Harper, Stalnaker, and Pearce, eds. 1981. 107 - 128.

Stanley, J. 2003. Context, interest relativity and the sorites. Analysis 63. 4: 269 - 280.

Sucar, L. E., Gillies, D. F. and Gillies, D. A. 1993. Objective Probabilities in Expert Systems. *Artificial Intelligence* 61: 187 - 203.

Suppes, P. 1970. *A Probabilistic Theory of Causality*. North-Holland Publishing Company.

——2001. Weak and Strong Reversibility of Causal Processes. In Galavotti, Suppes, and Constantini, eds. 2001, 203 - 220.

Swinburne, R. ed. 2002. *Bayes's Theorem*. Oxford University Press.

Talbott, W. 2001, Bayesian Epistemology. In *The Stanford Encyclopedia of Philosophy* (Fall 2001 Edition), ed. E. N. Zalta, http://plato.stanford.edu/archives/fall2001/entries/epistemology bayesian/

Tooley, M. 1983. *Abortion and Infanticide*. Oxford University Press.

——1997. *Time, Tense, and Causation*. Oxford University Press.

Tversky, A. and Kahneman, D. 1974. Judgment under Uncertainty: Heuristics and Biases. *Science* 185: 1124 - 1131.

Twardy, C. R. and Korb, K. B. 2003. A Criterion of Probabilistic Causality. http://www.csse.monash.edu.au/～korb/probcause.pdf

Tye, M. 1994. Sorites paradoxes and the semantics of vagueness. Quoted from Keefe & Smith 1996, 281 - 293.

Van Fraassen, B. C. 1968. Presuppositions, implication, and selfreference. *Journal of Philosophy* 65: 136 - 152.

——1988. The Problem of Old Evidence. In *Philosophical Analysis: A Defense of Example*, ed. D. Austin, D. Kluwer. 153～165.

Von Mises, R. 1957. *Probability, Statistics and Truth*. Dover Publications.

Weinstein, M. S. and Fineberg, H. V. 1980. *Clinical Decision Analysis*. W. B. Saunders Company. (《临床诊断分析——医疗决策理论》〔『臨床決断分析——医療における意思決定理論』，日野原重明・福井次矢監訳，1992年，医歯薬出版株式会社〕)

Williamson, J. 2005. *Bayesian Nets and Causality*. Oxford University Press.

Williamson, T. 1994. *Vagueness*. Routledge.
——2000. *Knowledge and its Limits*. Oxford University Press.
Wright, C. 1975. On the coherence of vague predicates. *Synthese* 30: 325 - 365.
Zimmerman, D. W. 1998. Temporary Intrinsics and Presentism. In *Metaphysics*. ed. P. van Inwagen and D. W. Zimmerman, Blackwell, 206 - 220.

日语文献

池内友次郎、野村良雄、服部幸三、皆川达夫（编）1977.《新音乐辞典》（『新音楽辞典』，音楽之友社）
石川核（校订）1935.《源平盛衰记》（『源平盛衰記』上巻，有朋堂書店）
伊藤邦武 1997.《人类理性哲学——从帕斯卡到现代》（『人間的な合理性の哲学ーパスカルから現代まで』，勁草書房）
市川仲一 1998.《探究概率的理解——3 囚徒问题及其周边》（『確率の理解を探る一 3 囚人問題とその周辺』，共立出版株式会社）
一之濑正树 1999.《面向音乐化的认识论》（「音楽化された認識論に向けて」，『感覚——世界の境界線』，河本英夫・佐藤康邦編，165 - 199，白菁社）
——2001.《原因与结果的迷宫》（『原因と結果の迷宮』，勁草書房）
——2002.《偶然性》（「偶然性」，『哲学の木』，279 - 281，講談社）
——2004.《威廉森哲学的知识第一说——认识说・反明晰性・证据条件化》（「ウイリアムソン哲学の知識第一説——認識説・反明輝性・証拠的条件づけ」，『哲学研究論集』第 1 号，1 - 17，東京大学大学院人文社会系研究科哲学研究室）
——2005.《模糊性的渗透——连锁推理的因果说的尝试》（「曖昧性の浸潤——ソライティーズの因果説の試み」，『哲学研究論集』第 2 号，1 - 42，東京大学大学院人文社会系研究科哲学研究室）
——2005.《历史认识的因果和概率》（「歴史認識における因果と確率」，『哲学』第 56 号，日本哲学会編，42 - 62，法政大学出版局）
——2005.《自由・偶然・必然——休谟因果论遭遇的黑暗》（「自由・偶然・必然——ヒューム因果論が遭遇する暗黒」，『ヒューム読本』，中才敏郎編，61 - 85，法政大学出版局）
——2005.《贝叶斯认识论的可能性——以医疗决策为视域》（「ベイズ的認識論の可能性——医療的意思決定を視野に入れて」（『思想』第 976 号 (2005 年 8 月号)，106 - 124，岩波書店）
——2005.《自然主义认识论的波动——关于制度与模糊性的考察》（「自然主義的認識論のゆらぎ——制度と曖昧性をめぐる考察」，『自然主義と反自然主義』，哲学会，1 - 28，有斐閣）

——2006.《连锁推理悖论的概率和因果》(「「ソライティーズ・パラドックス」をめぐる確率と因果」,『論集』第24号,20-39,東京大学大学院人文社会系研究科哲学研究室)
大琢公子1993.《死刑执行人的苦恼》(『死刑執行人の苦悩』,角川文庫)
大桥良介2005.《听之历史——历史的完成及其结构》(『聞くこととしての歴史——歴史の完成とその構造』,名古屋大学出版会)
大森庄藏1992.《时间与自我》(『時間と自我』,青土社)
镰江伊三夫2005.《患者中心医疗的决策——贝叶斯主义的适用与界限》(「患者中心医療における意思決定——ベイズ主義の適用と限界」,『思想』第976号(2005年8月号),78-96,岩波書店)
康德,I. 2005.《纯粹理性批判》(『純粋理性批判』上・中・下,原佑訳・渡邊二郎補訂,平凡社)
黑田亘1992.《行为与规范》(『行為と規範』,勁草書房)
小岛宽之2004.《概率构想法》(『確率的発想法』,NHKブックス)
后藤丈志2005.《关于音阶》(「音階について」,http://www.ma.noda.tus.ac.jp/u/tg/scale.html)
樱井雅人1993.《黑人灵歌及其起源论争》(「黒人霊歌とその起源論争」,『一橋論叢』第109巻第3号,317-335,一橋大学一橋学会)
詹金斯,K. 2005.《重新思考历史》(『歴史を考えなおす』,岡本充弘訳,法政大学出版局)
关幸彦2001.《源赖朝——镰仓殿诞生》(『源頼朝——鎌倉殿誕生』,PHP新書)
竹村和久、吉川肇子、藤井聪2004.《不确定的分类与风险评估——理论构架的提案》(「不確実性の分類とリスク評価——理論枠組の提案」,『社会技術研究論文集』Vol. 2,12-20,社会技術研究会)
户田山和久2005.《科学哲学的冒险——科学的目的与方法》(『科学哲学の冒険——サイエンスの目的と方法をさぐる』,NHKブックス)
德雷斯基2005.《行为解释——因果世界的理由》(『行動を説明する——因果の世界における理由』,水本正晴訳,勁草書房)
中岛信之2004.《探寻模糊性vagueness的系谱》(「あいまいさvaguenessの系譜を尋ねて」,http://www3.toyama-u.ac.jp/~nakanobu/vagueness04.pdf)
野家启一2005.《叙事哲学》(『物語の哲学』,岩波現代文庫)
浜田寿美男2004.《审讯室心理学》(『取調室の心理学』,平凡社新書)
广田堇、增田真也、坂上贵之2002.《心理学描绘的风险世界——行动决策入门》(『心理学が描くリスクの世界——行動的意思決定入門』,慶應義塾大学出版会)
保立道久2004.《义经的登场》(『義経の登場』,NHKブックス)
村上胜三2005.《数学或存在的权重——笛卡尔研究2》(『数学あるいは存

在の重み——デカルト研究2』. 知泉書館）
吉满昭宏 2003.《高阶模糊性的概念及其他》（「高階の曖昧性の概念そのものについて」，*Nagoya Journal of Philosophy* 2：55 – 74. Nagoya University.）
渡边保 1961.《北条政子》（『北条政子』，日本歴史学会編集，吉川弘文館）

人名索引

名词索引

（仅标记必要的对应西文名词）

译后记

因由哲学的形上之维

数年前，广松先生的弟子、东京大学的一之濑正树教授接受我为访问研究员。东大图书馆之静谧，神保町旧书街之古朴，涩谷地铁之繁忙，至今记忆犹新，在此向一之濑先生表示感谢。本书为一之濑先生的“因果性研究三部曲”之二，当属其精心挑选的代表作。本书的风格，虽与广松哲学的主题和风格大为不同，还是能够从中感受到学术本有的传承性。从本书结尾“我自身‘应答’我自身的‘召唤’，并再次‘召唤’你，等待你的‘应答’”之期盼，可体会到作者对所论主题的关切和执着。在一定意义上，本书的翻译亦复如是。本书的日文书名为“原因と理由の迷宮——「なぜならば」の哲学”，直译是《原因与理由的迷宫——“为什么”的哲学》。考虑到书中有大量“「なぜならば」句”的用法，若直译为““为什么’句”则不合汉语表达习惯，故析取“原**因**”和“理**由**”中的后一个字而合译为“因由句”，书名也相应地译作《原因与理由的迷宫——因由哲学》。

本书的主题是“不确定性的根据”，即通过“原因”和“理由”这两个概念来分析“根据”。当被问及“根据”的时候，我们通常回答“因由乃如此这般”。这种“如此这般”的回答就是“原因”或“理由”。在事物的本性上，“原因”和“理由”是不确定的。聚焦于这一迷宫，作者以现代哲学所探讨的主题为素材推进讨论，在聚焦于“不确定性”的同时，过去和未来的“时态”构成讨论的基轴。全书分为四章。在序章中，指出了“原因与理由的迷宫”这一问题设定的意义乃是“不确定性的认识论”。前半部分（第一章和第二章）讨论构成不确定性之内容的“概率”和“模糊性”；后半部分（第三章和第四章）应用前半部分的成果，分析原因和理由的两种类型，即提及过去式的“历史的认识”和包含将来式的“假说的确证”。

本书的主要观点可概括如下。第一，绝对的自信和确信，并不意味着有绝对确定的根据。根据，是某种不确定态度的形式，它或许可以被称作“意志”、“勇气”。因此，若以“原因”和“理由”的对比为基准来叙述哲学史，较之理性论、经验论和德国唯心论之类的叙述更富内容。第二，“原因”是时间的概念，“理由”乃非时间的概念。因此，“原因”适用于因痉挛而倒下之类的时间事件；如果询问朋友做坏事的根据，则意味着想要了解做坏事的合法化逻辑，而逻辑独立于时间，故适用于“理由”概念。第三，“原因”适用于自然事件，“理由”适用于意义内容。意义内容是人为、语言的东西，它包含意义本身之外的认识、信念[1]、意向和需求等内容。二者大致对应“因

---

[1] 以科学和宗教之“领地”为例，二者实由种种命题式（转下页）

果性”（causality）和“意向性”（intentionality）之差别。第四，因此，在原理上，原因是外延的（extensional），理由是内涵的（intensional）。由于“原因”指代事件，所以无论以哪种表达来描述它都是一样（外延相等）。“理由”在本质上依赖于语言，即使事件相同，根据表达（内涵）的不同，也有所差异。

作者运用纽科姆问题、汉弗莱斯悖论、爱丁顿的程度理论、贝叶斯定理、测不准原理、哥本哈根解释和量子理论等方法，以期实现如下理论创新。第一，所谓“确定性”，就是“概率”。立足于“自由”的人类意识的行为，与基于“困惑”的可选项之“选择”相关。选择用怎样的词语、怎样的声音表现知觉，决定着这个世界的面貌。所谓“决策”，就是在做出行为选择的时候着眼于目的、价值和实现的可能性。“概率”是行为和认识中贯穿于从困惑到决策的整个过程的基本概念。第二，过去概率原理：某事件是否通过特定方法而被确定为刚发生的东西，至少就独立事件之概率而言，其发生的概率必须是 1。概率 1，含有样式、时间和因果的困难。从认识上理解概率，就是将认识主体具有的“信念度”理解为期待感、预期感的概率。从物理上解释概率，就是把概率看作独立于我们的信念之类的“实在”现象的某种存在方式。第三，必然概率原理：当一个句子

（接上页）信念构成，不存在互不重叠的区域。空间本身是特定历史进程的产物。在宗教改革之前，“科学”和“宗教”二词一直是指人的内在德性，即推论的能力和对神的虔敬。至 19 世纪，天文学、自然志、技术和自然哲学的整合，“科学”因其集各部门之优点而登上历史舞台。科学家个人的道德水准降格为某种不偏不倚、遵从程序、高效合作的人格，自然神学的余波则成为无神论的理论资源。

被视为必然真理时，作为真理的概率必须是 1。问题是，在将句子视为必然之前，其作为真理的概率小于 1，且未来作为逻辑必然真理的概率 1 难免发生变化。第四，概率坍塌假说：当我们观察到某事件已经过去时，我们的观察正是使事件的概率坍塌为 1 的原因。既然时间和事实本身不能成为概率突变的原因，那么我们的观察行为就可以指定为唯一具有说服力的原因候选。第五，逆溯概率假说：我们虚构地呈现过去事件，这是概率逆溯至过去并坍塌为 1 的原因，由此出现了过去决定论。所谓过去，必定带有某种虚构的色彩而被叙述。虚构是过去的本性，这种过去的不变性和决定论，成为形而上学公开的主张。第六，连锁推理因果原理：Pp（Jt2［Fan］｜Jt1［Fan－1］）＞Pp（Jt2［Fan］｜∽Jt1［Fan－1］）。在这种条件下建立条件概率的大小关系时，比如在“强行连锁推理”中，J［Fan－1］将因果性地引起 J［Fan］，即，会产生“连锁推理”。然而，当左边的值递减时，这种大小关系将崩溃；当左边和右边相等时，则可能产生语境主义的“跳跃”。此从原理上解释了一根稻草何以压死一匹骆驼？第七，关于因果马尔可夫条件，即每个变量在将其直接原因作为条件时，其非—结果在概率上是独立的，这一原理与“共因原则”相融合，当中掺入了“过滤”的想法。可是，即使实施了这种纯化，也不能完全区分概率与因果的差异，因为可能存在无法“过滤”、没有因果关系的概率。

《易经》曰：“形而上者谓之道，形而下者谓之器。”古往今来，人们的求因工作，总体上可分为形上和形下两个维度。以下，我想侧重从形上的维度，尝试拓展因由哲学的认识论视野，在前人的登山路上凿出一级台阶，有心者拾级而上，或可为哲学理论创新乃至科研范式创新找到新的突破口。

一

“万事开头难”。更何况作为天文之端的“原因”和人文之始的“理由”。《说文解字》谓“文”通“纹”，即“两纹交互”，意为“纹理”，如“仲子生而有文在其手”[1]。人文的道理在天文，但凡太阳出没、月球盈亏、行星冲合、彗星隐现、流星闪逝、新星爆发和极光等地球大气层外的自然现象，皆可谓之“天文”。《易经》贲卦彖辞有云：“观乎天文，以察时变；观乎人文，以化成天下。”观者，不离于人。天、地、人“三才”，人居其间。“三才”各有其道，“天道”有阴阳，“地道”有柔刚，“人道”有仁义。若将“地道”归结于“天道”，则与“天文”、“人文”之分相一致。《道德经》第七十七章实以“天之道，损有余而补不足；人之道则不然，损不足以奉有余”[2]的形式，将“天道”与“人道”相区分。

说到哲学的起源，我们通常会想起亚里士多德所言，哲学起源于“惊异”[3]。若说最大的“惊异”，莫过于天地的开端，

[1] 《左传》（上），郭丹、程小青、李彬源译注，北京：中华书局2012年版，第1页。

[2] 《老子道德经注校释》，魏王弼注、楼宇烈校释，北京：中华书局2008年版，第186页。

[3] 亚里士多德：《形而上学》，吴寿彭译，北京：商务印书馆1959年版，第5页。

即世界缘何“原因”而生成？此为泰勒斯、赫拉克利特诸贤“水”、“火”之宇宙论的肇始。据古印度《薄伽梵往世书》记载，诸元素之创造，包括五大（地水火风空）、五唯（色声香味触）、五知根（眼耳鼻舌身）和心根，皆为“原因海”毗湿奴所化生。古希腊也有“神原被认为是万物的原因，也被认为是世间第一原理”[1]之说。倘若进一步追问，哲学家们为什么“惊异”？亚氏则开宗明义地指出：“求知是人类的本性。”[2]想来此为求知的终极原因，无法再追问下去。而就价值观而言，日本净土真宗初祖亲鸾则否认心好心坏是善恶的原因，认为善恶的原因在于宿业。在他看来，若说心的好坏是善恶的原因，乃是忽视了阿弥陀本愿的不可思议的力量（他力）。在我看来，这是以神意为万事万物托底。受此启发，尼采主张人的意志是善恶的唯一标准，善恶的区分取决于是愿意抑或违心地去做某事。亲鸾著名的“恶人正机”说，强调“连善人都往生净土，恶人更不在话下”[3]。其原理在于唯有信仰（“信心正因”）才是救世的关键：信仰他力的恶人较之信仰自力的善人，更容易往生净土。实际上，海德格尔晚年也曾喟叹“只有一个上帝能够救渡我们”。从根本上说，“求知”就是“求因”，即心理学所谓“归因”（causal attribution），指“根据行为或事件的结果，

---

[1] 亚里士多德：《形而上学》，北京：商务印书馆1959年版，第6页。

[2] 亚里士多德：《形而上学》，北京：商务印书馆1959年版，第1页。

[3] 唯圆房：《叹异抄》，毛丹青译注，北京：文津出版社1994年版，第10页。

通过知觉、思维、推断等内部信息加工活动而确认造成该结果之原因的认知过程”[1]。

可根据哲学基本问题——思维与存在的关系问题——而将“天文”或“天道”纳入“天”（存在）的范畴，将“人文”或“人道”纳入“人”（“思维”主体）的范畴。据此，可为“原因”和“理由”找到其归宿。即，“天文”或“天道”是“原因”的家，例如“堵车的原因是大雪”，“堵车的理由是大雪”；“人文”或“人道”是“理由”的家，例如，我们可以问某人“做坏事的理由”，不能问其“做坏事的原因”，也不能问某人因突然痉挛而“跌倒的理由”[2]。这种语言上的微妙差异，在于“原因”是标志时间推移的概念，它适用于自然事件，是外延的；而“理由”乃非时间概念，其适用于意义内容，是内涵的。英国作家萧伯纳说：“如果你有一个苹果，我有一个苹果，彼此交换，那么，每个人只有一个苹果；如果你有一个思想，我有一个思想，彼此交换，我们每个人就有了两个思想，甚至多于两个思想。”当中苹果和思想的不同，即对应于外延和内涵之区分。

讲求因的终极之法，必然上升到哲学本体论。印度哲学中的数论派，在世界的本原问题上，坚持二元论，认为世界有“神我”和“自性”两个本原，开唯心论和唯物论之先河。迦毗

---

[1] 刘永芳：《归因理论及其应用》，上海：上海教育出版社 2010 年版，第 1 页。

[2] 一之濑正树：《原因与理由的迷宫——因由哲学》，东京：劲草书房 2006 年版，第 2 页。

罗仙人对这两个本原分别提出了五个原因。第一，自性存在的五个原因：1. 各种事物都是有限的，有限的事物必有一个根本因；2. 世间万物有共通性，即不同的果都来自同一个因；3. 世间万物始终保持进步和发展，必有一个共同的因；4. 这个世界是果，有这个果，必有根本因；5. 世界是统一的，万物都来自同一个因。第二，神我存在的五个原因：1. 宇宙万物之所以井然有序，各得其所，一定存在某种使用世间万物的存在；2. 物质是构成苦和乐的材料；3. 必定存在某种事物庇佑着这个世界（例如毗湿奴）；4. 必定存在某种享受着这个世界的事物；5. 有向上的希望是最终能够达到上述境界的体现。[1] 或许，在中观派看来，这并非最彻底的求因之法，因为它尚未抵达该派所主张的“遮诠法”之究竟。且看如下两句：A.“我理想的居住地是某地”；B.“我理想的居住地不是某地”。作为否定句的 B 之外延显然比作为肯定句的 A 之外延要广，故能涵盖更多的可能，在此意义上，它堪称理想的藏身之所，此乃遮诠法的优越之处。在《瑜伽经》中，“般若”（prajñā）一词有“终极智慧”、“辨识智慧”之意，即，如实认知一切事物和万物本源的智慧。般若论立说，有为无为[2]一切诸法当体性空，破除由于假名（概念）所执着的实在。作为三论宗经典之一，龙树的《中论》最具特色的地方，在于使用了最能体现佛教思维方式的“遮诠

[1] 常磐大定：《印度文明史》，陈景升译，北京：华文出版社 2019 年版，第 199 页。

[2] 有为法和无为法的区分，可参阅唯识宗有关“五位百法”的阐述。

法”。其中，“遮”即否定，“诠”即说明。其基本思想是在否定中体悟事物的真理，认为对于事物的本来面目或最高实在，不能采用正面表述的方式来说明，而是应采用不断否定各种名相（概念）的方式来说明。在中国哲学中，亦不乏与“遮诠法”相关的经典表述。比如，《论语》的“吾日三省吾身：为人谋而不忠乎？与朋友交而不信乎？传不习乎？”“己所不欲，勿施于人”等命题，王阳明的“无善无恶心之体，有善有恶意之动，知善知恶是良知，为善去恶是格物”之“四句教”，即是从事物的否定方面，提出自己的正面主张。关于此种“否定”的特点和重要性，在黑格尔哲学中亦可见一斑。“中国人对黑格尔哲学、特别是其核心黑格尔辩证法的研究，长期以来忽视了两个最基本的要素，一个是体现为能动的自我否定的努斯精神，另一个是体现为反思方法的逻各斯精神。”[1] 龙树发扬性空而无碍于缘起的中道妙理，把《般若》等经中散见的不生不灭等说归纳为一颂，在《中论》的篇首提出了“不生亦不灭，不常亦不断，不一亦不异，不来亦不出”[2] 的“八不”之中道，以达“能说是因缘，善灭诸戏论”之理论目标。盖“生”、“灭”、“常”、“断”、“一”、“异”、“来”、“出”这八个概念，乃缘起诸法之假相，其与远离戏论的中道实相不相应。“不”是泯义、破义，并非对应“有”的“无”，而是超越有无的“中道”。“中”是相对

[1] 邓晓芒：《黑格尔辩证法讲演录》，北京：商务印书馆 2020 年版，第 5～6 页。

[2] 龙树：《中论》，韩廷杰释译，北京：东方出版社 2019 年版，第 19 页。

于“偏”[1]而言，可谓“不”中含“中”，“不”中蕴“中”。《“唵”声奥义书》云：唵“非内觉，非外觉，非内外俱觉，非知觉聚集，非智非非智；不可见，不可触，不可摄持，无有相，不可思，不可名，真元即自我识知之为独也……不二”[2]。一实之理，无彼此之别，故称“不二”。《中论颂》还用“诸法不自生，亦不从他生，不共不无因，是故知无生”[3]之偈句，证明诸法的无生不可得，诸法非“自因”、“他因”、“共因”、“无因”而生。作为理由，“任何法都不是从自己而生，如果是自己产生的，则有无义生、无穷生的过失；也不是从他法而生，否则，即有火焰生黑暗等一切生一切的太过；也不是从自他二者中产生，因为有前两种过失；也不是无因生，否则有结果恒时存在或恒时无有，以及因缘之勤作无有意义的过失”。[4]庄子认为神、道是自因，无始无终，“未始有物”[5]，“自本自

---

[1]“偏”，亦作“边”。相传，弥勒菩萨作《辩中边颂》给无著，无著传给其弟世亲，世亲作《辩中边论》。有一种偏见从事物有自性、能独立自存之立场出发，认为事物要么是“有”，要么是“无”，而将事物的因果关系概括为“生、灭、常、断、一、异、来、去”八个极端。龙树认为，这是对缘起事物的颠倒认识，是一种“边见”；只有否定这种非此即彼的思维模式，才能达至“中道”之境界。

[2]《五十奥义书》，徐梵澄译，北京：中国社会科学出版社2007年版，第519页。

[3]龙树：《中论》，韩廷杰释译，北京：东方出版社2019年版，第33页。

[4]全知麦彭仁波切：《中论释》，索达吉译，拉萨：西藏藏文古籍出版社2019年版，第97页。

[5]庄子：《庄子集解　庄子集解内篇补正》，王先谦、刘武撰，北京：中华书局1987年版，第17页。

根”[1]；我们是他因，有始有终。例如，梦为蝴蝶，此梦中之蝶，若由自生，则无梦，蝶可自生；若由他梦而生，则梦常生蝶；若蝶之自因和梦之他因，自他俱生，则自他各无生因，何由相合得生；若无自他而生，则如虚空，并无自他，可常生蝴蝶。如是而推，诸法便为不生、不可得。“无生”之观念，当源自古印度史书《摩诃婆罗多》。“你要知道原质和原人，这两者都没有起始；你要知道变化和性质，它们都产生于原质。效果、手段和行动者，原质被说成是原因；痛苦和快乐的感受者，原人被说成是原因。原人居于原质中，感受原质产生的性质，而对性质的执著，是善生和恶生的原因。至高原人居于身体中，是监督者和批准者，是支持者和感受者，至高自我和大自在者。谁能这样懂得原人、原质和性质，无论怎样活动，他也不再出生。”[2] 故《中观论疏》释曰：“佛虽说八不，则束归一无生。”概言之，此为佛陀因时因地的方便说法，如果说“十二因缘”是针对未习修过者而言，是以小乘教法说因缘之相，那么“八不”说教则是针对已经习修过佛法者而言，是以大乘教法说因缘之相，即世间万物毕竟是空，不是实有。《阿含经》曰：“色如聚沫，受如浮泡，想如野马，行如芭蕉，识为幻法。”[3]《心经》云：“色即是空，空即是色。”此处“色”是物质的（生

[1] 庄子：《庄子集解　庄子集解内篇补正》，王先谦、刘武撰，北京：中华书局1987年版，第59页。

[2] 毗耶娑：《薄伽梵歌》，黄宝生译，北京：商务印书馆2010年版，第127～128页。

[3]《增一阿含经》，梁踌继校注，线装书局2012年版，第466页。

理的)，“受”、“想”、“行”、“识”是精神的（心理的）。佛教认为，此“五蕴”皆空。《心经》还说：“诸法空相，不生不灭，不垢不净，不增不减”，犹如“瓶内贮虚空，瓶破空不破，人生有如是，生命如空喻”[1]，此与《道德经》开篇“道可道，非常道；名可名，非常名”之说，可谓曲径通幽。大概，这也是为什么水是“空行母”而非“H_2O”的终极解释。从原理上说，由于受视觉驱动，人看世界是戴着有色眼镜，是主观地赋予万事万物各种内涵，将万事万物打上或好或坏的各种标签，而这些标签并非那些东西的本性。这使人的判断出现两大倾向，一是“贪”，希望把好的东西占为已有；二是“嗔”，希望远离不好的东西。“善良（正当）原则”，即扬善抑恶、行善防恶，是伦理学五大“黄金律”之一。然而，究竟什么是“善”或“正义”？佛老（以及《理想国》中的苏格拉底）认为，由于无法如实地看待世间万物，这就形成了“痴”。凡此种种，可谓“概率”和“模糊性”问题之心理根源。今天，我们无从知晓每个文字曾经历什么，毕竟个人甚至难以记得自己曾经历什么。在“涅槃”（nirvana）一词“不生”、“灭”、“灭度”、“寂灭”、“圆寂”、“安乐”、“解脱”、“无为”的义项中，“不生”即生死苦果不再续生；“无为”即不再造作因缘惑业（烦恼和恶业）。总之，中观论借助“涅槃”概念，全面否定了“自因”、“他因”、“共因”、“无因”之存在。由是观之，无论在哲学本体论的意义上，

[1]《五十奥义书》，徐梵澄译，北京：中国社会科学出版社 2007 年版，第 601 页。

抑或在思维方式的意义上，中观论皆可谓是哲学史上最彻底的形而上学。

二

根据亚里士多德的观点，“一般本体论是研究原因的一般科学”，是“研究‘作为存在的存在’（‘that which is’ *qua* ‘thing that is’）”[1]。广松涉曾提出“‘作为’（拉丁语：qua。德语：als。日语：として）是比‘是’更深层的逻辑规定”[2]。立足此种存在论，亚氏在《形而上学》一书中提出了著名的“四因说”，即万物皆有其形式因、质料因、动力因和目的因。其中，“目的因”是终极的。既然“原因”是标志时间推移的概念，那么当把这种四分法，纳入标志时间概念的过去、现在和未来的“三分法”[3]中，将是怎样？

1. 质料因和形式因指向“过去”。没有人怀疑，“现在”源自“过去”。“现在”之源，应该到质料因和形式因中去找。在现代哲学中，质料与形式的关系，被描述为内容与形式的关系。殊不知，在追根究底的意义上，质料是形式的载体，形式是质料的 DNA。从现时思维的主体的视角来看，它们存在于遥远的

---

[1] 大卫·福莱：《劳特利奇哲学史》（第 2 卷），冯俊等译，北京：中国人民大学出版社 2017 年版，第 67 页。

[2] 邓习议：《四肢结构论——关系主义何以可能》，北京：中国社会科学出版社 2015 年版，第 137 页。

[3] 在印度教中，梵天、毗湿奴和湿婆，分别是掌管世界之创造、维持和毁灭的三大神，明显具有时间观念上的过去、现在和未来之象征意义。

过去。

2. 动力因指向“现在”。赫拉克利特说，“人不能两次踏进同一条河流”。这句话表明，“现在”必定是“动”的。同时，万物之“动”，唯有现在才能够观察到。若从“过去”的视角看，万物是沉寂的、死的，唯有现在才是喧闹的、活的。人们常说，“活在当下”。离开作为当下的“现在”，质料和形式便无从呈现，更无“未来”可言。说到“一”的不确定性，如果不忌讳因概念的叠床架屋而导致思维的内卷化，那么我们完全可以追根究底地一直问下去，譬如一小步的能量，或一条河的流量，是从什么时候开始蓄积的？至于“同一”，必须指出 1 = 1，只有在纯数学、纯逻辑的意义上才成立。一旦落实在现实当中，比如，1 颗麦粒 = 1 颗麦粒，则绝无可能。盖“世界没有两片相同的树叶”，每颗麦粒的结构、重量及养分，决无同一可言。

3. 目的因指向“未来”。在人类思想史上，“目的因”最引人争议，至今莫衷一是。目的论认为，任何变化都不完全是由物理力的作用引起的，它还取决于这种变化的某种终极目标。当亚里士多德说“目的因”是终极的，他所指向的显然是“未来”，用布洛赫的话来说，就是“尚未（德语 noch nicht，英语 not yet）”或“希望”。布洛赫非常看重康德“我能认识什么？我应当做什么？我可以希望什么？”[1] 中的第三个问题，认为康德奠定了“希望”的形而上学基础，真正把人建构成希望的主体。受其启发，布洛赫建立起自己的“希望哲学”。在他看

---

[1] 康德在晚年将之概括为一个根本问题：人是什么？

来，传统形式逻辑的公式是S is P（S是P），这是把世界当做一个既定的和完成的过程而加以描述的静态思维，乌托邦逻辑学的公式为S is not yet P（S尚不是P），这是把世界理解为一种尚未完成的过程的动态思维。总之，目的终究是尚未实现的；当其一旦实现了，便不成其为“目的”。在泛神论者看来，万物皆有意志，皆有目的。至今，在一些村落，有人还把某棵大树，当作神灵来祭拜。这一行为本身，当然蕴含祭拜者的目的，那就是祈求神灵保佑自己及其家人乃至天下平安、太平。一块石头从高处坠下把人打死，抑或一道闪电把人劈死，这类现象的背后，究竟是否隐含目的？对于这类问题，可谓见仁见智。斯宾诺莎主张神是“自由因（causa libera）”[1]、“内因（causa immanens）”[2]和“存在因（causa essendi）”[3]，而反对自然目的论。比如，“完满的东西是不完满的东西”这一命题，它的意思是不完满的东西之所以是不完满的，并不是基于一个使得它不完满的东西，而是基于它自身内包含着的一个完满的东西[4]。斯宾诺莎强调，“意志不能说是自由因，只能说是必然

[1] 斯宾诺莎：《伦理学》，贺麟译，北京：商务印书馆1983年版，第18页。

[2] 斯宾诺莎：《伦理学》，贺麟译，北京：商务印书馆1983年版，第21页。

[3] 斯宾诺莎：《伦理学》，贺麟译，北京：商务印书馆1983年版，第24页。

[4] 谢林：《论人类自由的本质及相关对象》，先刚译，北京：北京大学出版社2019年版，第13～14页。

的”[1]，“凡是仅仅由自身本性的必然性而存在、其行为仅仅由它自身决定的东西叫做自由 libera。反之，凡一物的存在及其行为均按一定的方式为他物所决定，便叫做必然 necessaria 或受制 coata。”[2]“人们因为意识到自己有意志和欲望，便自以为是自由的，但同时对于那些引起意志与欲望的原因，却又茫然不知。”“万物都预先为神所决定——并不是为神的自由意志或绝对任性 beneplactius 所决定，而是为神的绝对本性或无限力量所决定。”[3] 作为中世纪哲学拥护者的谢林则从捍卫奥古斯丁神正论的立场，认为有限者总是具有这样一个趋势，或者说有限者总是倾向于这样来理解他的“自由”：即绝对地在自身内存在或“不-在上帝之内-存在”。这就是恶的起源……与“人的个体自由”联系最为密切的是“恶”“罪”“罪责”“惩罚”等概念。在《哲学与宗教》更是直接以柏拉图的第二封信中的那句名言——“一切祸害的根源是什么?”——引申出有限事物的产生及其自由等问题。恶只能起源于有限者自己，是由于有限者错误地利用自己的自由——“基于自身而存在”的能力——破坏了原初的和谐与秩序[4]。他认为，“自然本身没有预定的目

[1] 斯宾诺莎：《伦理学》，贺麟译，北京：商务印书馆 1983 年版，第 29 页。

[2] 斯宾诺莎：《伦理学》，贺麟译，北京：商务印书馆 1983 年版，第 2 页。

[3] 斯宾诺莎：《伦理学》，贺麟译，北京：商务印书馆 1983 年版，第 35 页。

[4] 谢林：《论人类自由的本质及相关对象》，先刚译，北京：北京大学出版社 2019 年版，第 13～14 页。

的，而一切目的因只不过是人心的幻象……这种目的论实把自然根本弄颠倒了。因为这种说法实倒因为果，倒果为因；把本性上在先的东西，当成在后的东西”，正如“忽然有一块石头自高处坠下，恰好打在从下面走过的人的头上，竟把这人打死了。于是有人论证道：这块石头坠下的目的就在打死那人……我们也许回答道：这件事情发生是由于刮大风，而那人恰好在那时从那里走过……天意是无知的避难所”[1]。而根据胚胎学家康拉德·沃丁顿的解释，很多有机体存在两性分离的状况，从而允许了杂交育种和快速的自然选择，发育机制正是出于这种目的而导致了性别的分化。在我看来，关于泛神论或自然目的论，在甚至连自己为什么来到这个世界也未必能够解释清楚的情况下，目的论充其量只是人们价值观的投影。所谓价值追求或理想追求，从时间轴来看，必定是指向未来。有人甚至提出，这是人之所以区别于动物的根本所在。这类论点，同样不过是其价值观的投射，说到底仍是目的因的问题。

维恩把认为概率是一种事实，即一种事件伴随另一种事件发生的实际比例的观念，称作“实在论”；把认为概念是依附于命题存在的一种可信度的观念，称作“概念论”。多数人将“实际频率相等”和“发生概率相等”混为一谈[2]。布鲁诺夫斯基指出，我们对世界的描述，是由我们的生物学基础——我们

---

[1] 斯宾诺莎：《伦理学》，贺麟译，北京：商务印书馆 1983 年版，第 39～40 页。

[2] 雅各布·布鲁诺夫斯基：《知识与想象之起源》，上海：上海文化出版社 2020 年版，第 78 页。

如何感知、想象、象征，等等——决定的。在马克思主义哲学体系中，大体上是把形式因、质料因纳入“物质”的范畴及相应的“世界观”，其解释世界从何而来，强调“客观实在性”是物质（质料及形式）的唯一特性；动力因纳入“运动”的范畴（运动是物质存在的方式）及相应的“人生观”，譬如人们熟悉的“生命不息，奋斗不止”的格言；目的因纳入“价值”的范畴及相应的“价值观”。在马克思关于五种社会形态的划分中，“共产主义”是人类社会未来发展的应有方向。

若从哲学基本问题的维度将“三分法”进一步简化为“二分法”，则可归结为“存在”和“思维”[1]之分。大体上，“形式因”、“质料因”属于前者，“目的因”、“动力因”属于后者。当然，这种区分或容争议。不过，就可能性之大小而言，我们当下的意识改变过去的可能性很小，而改变未来的可能性极大。另外，从时间本身的特点来讲，康德曾从其“人为自然立法”的理论旨趣，断言时间属于内感觉。过去的事物——比如琥珀中的蜘蛛——无所谓时间，它是没有时间流动的存在，唯有现在（及未来）的事物，才契合流动的真正意义上的时间之特性，才能为当下主体的思维（意识）所把握。

所谓“大道至简”，必以至微至密的分析为基础，最大限度

---

[1] 唯识学将“六根”（眼、耳、鼻、舌、身、意）和“六尘”（色、声、香、味、触、法）统称“十二处”，加上“六识”（眼识、耳识、鼻识、舌识、身识、意识）而统称“十八界”。其中，根、尘、识的第一至第五界（即，耳、鼻、舌、身、意；色、声、香、味、触；眼识、耳识、鼻识、舌识、身识）为“色法”（即，存在）；根、尘、识的第六界（即，意、法、意识）为“心法”（即，思维）。

地抵近事物之因由。是否可以再将“二分法”简化为“一分法”？答案是可能的。那就是我们常从印度哲学中看到的“梵我合一”及中国哲学中看到的“天人合一”的观念。

现在是时间之环上的一个点，点的后面是过去，点的前面是未来。万物酝酿于过去，此谓“由来有自”，“日光之下并无新事”[1]；涌现于现在，此谓“独立自存”，“周虽旧邦，其命维新”[2]；奔向于未来，此谓“周行不怠”，“不废长江万古流”[3]。亚里士多德所说的质料因和形式因所表征的其实就是“过去”。寂护提出的“那瞬时性的事物就代表它自身的消灭”[4]的刹那存在公式表明，佛教所谓的实在并非自身消灭的经验对象。他区分了两种实在：经验的实在和终极的实在[5]。前者是经验的，相对的，即生即灭的，前一刹那不会有任何东西留存至后一刹那，它依附于点刹那；后者是先验的，绝对的，无始无终的，是终极而纯粹的点刹那。何谓“先验”？

---

[1]《圣经》，旧约·传道书，1：9。

[2]《诗经》，刘毓庆、李蹊译注，北京：中华书局2011年版，第643页。

[3] 杜甫：《杜诗详注》，仇占鳌注，北京：中华书局1979年版，第899页。

[4] 舍尔巴茨基：《佛教逻辑》，宋立道、舒晓炜译，北京：商务印书馆1997年版，第117页。

[5] 唯识论区分了“遍计所执性”（情有、理无）、“依他起性”（假有、实无）和“圆成实性”（真实、无相）这三种存在（即，“三自性”），并从认识论上分别称之为“幻有”（即“摩耶”，所谓“麻绳幻蛇蚖”）、“假有”和“真有”（真如）。谓“幻有”（体相都无［非有］）、“假有”（如幻假有［非空］）为“俗谛”；“真有”（真空妙有［非空］）为“真谛”。中论的“八不”，其主张也正是“非有”、“非空”之“中道”。

我们从奥义书找到“潜意识”的线索。譬如，人，亦由地、水、火、风、空这“五大元素”构成，其生成过程为“自我（Ātman，阿特曼）生虚空，由虚空生风，由风生火，由火生水，由水生土，由土生植物，由植物生食，由食生精液，由精液生人”（印度后来的宇宙论，则通过“五大元素”比例说——例如，水的构成是：1/2 水 + 1/8 土 + 1/8 火 + 1/8 风 + 1/8 空。其他土、火、风、空之构成，依此类推——将事物的互摄、相即关系进一步精致化）；人的身体，可区分为“食身（肉体、粗身）、元气身（生命机能）、意身（感性意识）、识身（经验的理智）、喜乐身（潜意识或先验意识）”之“五身”[1]。由是相应地，存在两种因果性：“经验的因果”和“终极的因果”[2]。那么，何谓“终极的实在”（点刹那）或“终极的因果”？唯一合理的解释是，作为质料因和形式因的过去。盖物质不灭，因果不灭。数论主张“因中有果论”，认为“任何结果只有原因的变异，在原因中已包含了结果；原因与结果在本质上是同一的，区别仅仅在于原因是隐性的存在，结果是显性的存在而已”[3]。正如树叶凋零，泥土还在；个体消亡，遗骸还在。物质，转换的只是形式，质料始终仍在这个宇宙，它是任何力量都消灭不了的。就此而言，所谓“不在性”，何尝不是始终都是

[1] 吴学国：《奥义书思想研究》第 2 卷，北京：人民出版社 2017 年版，第 744 页。

[2] 舍尔巴茨基：《佛教逻辑》，宋立道、舒晓炜译，北京：商务印书馆 1997 年版，第 152 页。

[3] 邱紫华：《〈薄伽梵歌〉和〈摩奴法论〉中的哲学思想》，《求是学刊》1997 年第 6 期。

另一种“在性”。刹那，是运动的概念，而运动的持续，则是时间。运动，必有其载体。此“载体”，可以是亚氏所谓的“质料”，或哲学本体论意义上的“水”、“火”、“种子”[1]或“以太”什么的，抑或时间意义上的“瞬间”、“点刹那”或“永恒”什么的，它本身只是作为有死的人对于事物运动的一种识见而已。这些范畴或概念无论叫什么，实则无关紧要，重要的是它“在”。印度哲学中的“万有唯一‘灵’，群生内中列，为一又为多，如现千江月”[2]（一切即一，一即一切）的说教，亚里士多德关于“第一实体”和“第二实体”[3]的区分，在原理上，与海德格尔所谓“存在者”（被造物）和“存在”（上帝）的区分是一致的。此种关系，犹如印度近代哲学家辨喜所言：每个人都有一个无限的圆，圆的中心是自己；神也有一个无限的圆，圆的中心是每个人。海子《九月》之“我把这远方的远归还草

---

[1] 在唯识学的种子说中，根据事物是一类抑或多类种子所变现，分为共相种子（山河大地等器世间）和不共相种子（眼、耳等根）；根据种子的性质，分为有漏种子（未来可产生杂染现象）和无漏种子（未来可导致清净诸法）；根据种子产生的时间，分为先天具有（无始无终，“本有”）和后天形成（始起，“熏习”。指生命个体当前思想、认识和行为积淀在阿赖耶识中的影响）。由熏习而成的种子称作“习气”，分为名言习气（运用语言、概念熏习阿赖耶识而成）、我执习气（生命个体执着阿赖耶识或生命肉体为我）和有支习气（生命个体的善恶行为熏习阿赖耶识而成，它使个体生命在下一轮回中遭遇不同的苦乐）。

[2]《五十奥义书》，徐梵澄译，北京：中国社会科学出版社2007年版，第601页。

[3]“第一实体”，指个别或具体的事物。“第二实体”，指一般或普遍的东西。例如，张三、李四是“第一实体”，“人”、“动物”则是“第二实体”。“第二实体”是“第一实体”的属和种。

原”的诗句，堪称这一关系的生动解释。

三

在亚里士多德之前，印度佛教早有关于原因的讨论。传说释迦牟尼29岁时，有感于人世生、老、病、死的各种苦恼、灭族战争的威胁以及对当时的婆罗门教不满，舍弃王族生活，出家修道，在菩提树下证得苦、集、灭、道之“四谛”，就本文探讨的主题而言，尤为体现在其就小乘声闻法说“十二因缘”，即无明、行、识、名色、六处、触、受、爱[1]、取、有、生、老死之道理，以达觉悟。“buddha”一词，音译“佛陀”，意译“觉”、“觉者”。据袁宏《后汉纪》十永平十三年记载：“西域天竺有佛道焉。佛者，汉言觉，将悟群生也。”盖“觉”有“自觉”、“觉他”（使众生觉悟）和“觉行圆满”三义，凡夫缺此三项，声闻、缘觉者缺后两项，菩萨缺最后一项，唯佛三项俱全，故能“悟群生”。

如上所见，在“十二因缘”当中，首要原因是“无明”。那么，如何破除无明呢？印度佛教提供了五种破除无明的方法，即工巧明、医方明、声明、因明和内明，其大约分别相当于今天的科学、医学、文学、逻辑学和佛学。五明，涵盖了生活的方方面面。要言之，“因明”自不待言，极而广之，五明实乃

---

[1] 在孟子哲学中，“爱”有“亲亲——仁民——爱物”之“差等”。在西方文学中，叶芝《致安妮·格雷戈里》有“亲爱的，唯有上帝，只为你而爱你，而不顾你金色的头发”之诗句。马克思主义认为，没有抽象的爱，在阶级社会中，“爱”具有阶级性。

“明因”之学问。因此之故，禅宗有“传灯”之说。灯，是一种象征，其所要破除，即是无明之暗。所谓“薪火相传”，也是同样的道理。

前面，我们引入时间概念着重解释了亚里士多德的“四因说”。而在早期佛教《阿含经》之“十二因缘”中，认为若摆脱十二因缘的束缚，即出离生死而证得涅槃，其对因果的解释远较亚氏艰涩、复杂。概言之，作为过去的“无明”、“行”之能引因，产生作为现在的“识”、“名色”、“六入”之所引果；作为现在的“触”、“受”、“爱”、“取”、“有”[1]之未来因，产生作为未来的“生”、“老死”之未来果。其中，“无明”、“行”、“识”、“名色”、“六入”为“一重因果”，“触”、“受”、“爱”、“取”、“有”、“生”、“老死”复为“一重因果”，这统称为“三世两重因果”说。广松涉的“四肢结构论”当受唯识学有关“能-所”和“十二因缘”学说之影响。在《存在与意义》两卷本中，广松系统地阐述了认识世界的四肢结构，即“现象的所知的二肢二重性（现象的所与-意义的所识）和能知的主体的二肢二重性（能知的某个-能识的某人）不是彼此独立的，而是以

[1]“十二因缘”，又称“十二缘起支”。“有”，指轮回的生命；“支”为原因（可参考中国古代之干支纪法）。所谓“有支”（bhavanga），即造成生命轮回于三世的原因。佛教认为，人们执着有我和外部世界，常与他人产生矛盾，造作种种身、口、意之不善业，并受所造业力的果报。佛学将这一作为造业受报之连续体的“我”称为“补特伽罗”（pudgala）。唯识宗指认，他是心识的种子，由阿赖耶识流转受生所形成。他与其说是由“我”任意支配的主体，不如说是遵循因果规律的一个客体。佛陀说三藏十二部经、八万四千法门，旨在揭示“人无我”和“法无我”，脱离六道轮回。

一种独特的方式相互关联，共同形成四肢性的连环结构”[1]；以及实践世界的四肢结构，即“用在的财物态的二肢二重性（实在的所与-意义的价值）和能为的主体的二肢二重性（能为的某个-职务的某人）不是彼此独立的，而是以一种独特的方式相互关联，共同形成四肢性的连环结构”[2]。

三世之关系是，过去造因，现在得果，现在造因，将来得果。此种“功能相依的因果关系”，反映了因的多重性、无穷性；其“相依缘起”之意义，则引出“此有故彼有”、“无真实之物生起，惟有相依”和“诸法不作”[3]三种因果律公式。《华严经金狮子章》以午门前的金狮子喻说金无自性，随工巧匠缘，遂有狮子相起，起即是缘，故名“缘起”。《十二门论》开篇曰：“众缘所生法，是即无自性；若无自性者，云何有是法。”自性，指离开其他任何事物而独立存在的东西，由因缘所产生的东西则是“无自性”。既然事物连自性都不成立，他性就更是无从谈起。世界万物处于普遍的因果联系中，都是“无自性”，是空；空不是虚无，而是说事物起于某种因缘。要言之，空是有与无、不有与不无的统一。说它无、不有，是指事物“无自性”；说它有、不无，是指一切事物皆依赖一定的因缘（条件）

[1] 广松涉：《广松涉著作集》第 15 卷，东京：岩波书店，1997 年版，第 181 页。

[2] 广松涉：《广松涉著作集》第 16 卷，东京：岩波书店，1997 年版，第 181 页。

[3] 舍尔巴茨基：《佛教逻辑》，宋立道、舒晓炜译，北京：商务印书馆 1997 年版，第 148 页。

而存在。禅宗认为，空的认识，是佛陀所说的绝对真理，是“真谛”；与之相对的观念，则是凡夫的“俗谛”。

“过去”，能否涵摄此处的无明及前述亚里士多德的质料因和形式因？蕅益大师在其《周易禅解》尝言：夫天下之物虽至赜，总不过阴阳所成；夫天下之事虽至动，总不出阴阳动静所为。从视觉上说，过去作为质料，若不借助现时的光线，其必定是漆黑的，而形式本身则是无形的，肉眼同样不可见。然而，正如老子所言，“天下万物生于有，有生于无”[1]，这一并非消极意义上的“无明”（阴）——实际上，“十二因缘”与其说是一种世界观，毋宁说是一种人生观、价值观——以及质料因和形式因，正是海德格尔积极意义上的“存在”，它是万物的本原、因缘和原因，或者说万物乃是其结果。说到原因与结果的关系，容易想到年终总结的时候，人们常说的一句话是“成绩代表过去”。这样一来，结果便又指向过去。常有人追问：“100年之前之后，世界没我，地球照转。那我存在的意义是什么？”说到底，从个体有限的生命尺度来看，正如黑格尔所谓“实体即主体”，我要说“先验即经验”，原因和结果从来是互通的，乃至可以说在时间之流中“原因即结果”，“结果即原因”。物理学所谓“存在又不存在的奇点”或哲学所谓“终极的原因”是没有的。亚里士多德所谓种大于属，与逻辑学书上的属大于种，视角虽有不同，道理却是一致。因果关系，犹如属种关系，下

[1] 《老子道德经注校释》，魏王弼注、楼宇烈校释，北京：中华书局 2008 年版，第 110 页。

属复为下属之上属，结果复为结果之原因。“果中所有的东西无不先存于因中，而因中真实的东西无不转化到果中。”[1] 就像钱穆有关生存和死亡的理解：朋友的死亡，不是他的死亡，而是我的死亡。因为朋友的意趣形象仍在我的心中，即是他并未死亡；而我在他心中的意趣形象却消失了，等于我已死了一分。此与海明威《丧钟为谁而鸣》扉页所引约翰·堂恩的“任何人的死亡使我有所缺损，因为我与人类难解难分；所以千万不必去打听丧钟为谁而鸣；丧钟为你而鸣”之诗句，可谓异曲同工。因果是消不了的，故“菩萨畏因，众生畏果”。关于生死、因果的这种格式塔式的转换，史铁生以文学的语言作了形象的描述：“太阳，它每时每刻都是夕阳也都是旭日。当它熄灭着走下山去收尽苍凉残照之际，正是它在另一面燃烧着爬上山巅布散烈烈朝晖之时。那一天，我也将沉静着走下山去，扶着我的拐杖。有一天，在某一处山洼里，势必会跑上来一个欢蹦的孩子，抱着他的玩具。当然，那不是我。但是，那不是我吗？宇宙以其不息的欲望将一个歌舞炼为永恒。这欲望有怎样一个人间的姓名，大可忽略不计。”[2] 而赖内·马利亚·里尔克（Rainer Maria Rilke）则感言“死是背向我们的，无光的生的侧面”（Der Tod ist die uns abgekehrte, von uns unbeschienene Seite des Lebens），所表达的意思与前者是完全一致的。

---

[1] 舍尔巴茨基：《佛教逻辑》，宋立道、舒晓炜译，北京：商务印书馆1997年版，第658页。

[2] 史铁生：《我与地坛》，北京：人民出版社2011年版，第21～22页。

《俱舍论》叙有“六因”、“四缘”和“五果”[1]之理。(一)“六因”是：1. 能作因。指当有为法生起时，不障碍他生起，或能助他生起者，有有力和无力之分。2. 俱有因。指互为因果，有互为果和同一果之分。3. 同类因。指过去与现在的一切有漏法，以同类相似的法为因。4. 相应因。指当“认识”发生时，“心”及“心所”同时相应而起，相互依存，二者同时具足同所依、同所缘、同行相、同时、同事等五义，此由“地球村”之称谓或“大同世界”之理念亦可见一斑。5. 遍行因。遍一切的杂染法，而能生起烦恼的原因，又名十一行惑。6. 异熟因。指善恶的因，产生了非善非恶的无记果。六因之中，俱有因、相应因是“同时因”[2]，是空间的因，指诸法的相依、相托，约似四因说中的“质料因”；同类因、遍行因、异熟因，是“异时因”[3]，是时间的因，指诸法的相续继起，约似四因说中的“形式因”；能作因则二者兼而有之，约似四因说中的“动力因”及“目的因”。如何看待亚氏四因说中的“形式因”涉及“异时因”？以下文字或可作为理解的线索。“古闻天地未判其名，混沌、乾坤未分，是名胚晖……是时一气盘中结，于是太易生水（未有气曰：太易），太初生火（有气未有体曰：太初），太始生木（有形未有质曰：太始），太素生金（有质未有体曰：太素），太极生土（形体已具曰：太极）。”在中国古代历法中，

---

[1] 杨白衣：《俱舍要义》，北京：东方出版社2020年版，第55～60页。

[2] 即“共时性”。

[3] 即“历时性”。

将甲、乙、丙、丁、戊、己、庚、辛、壬、癸称为“十天干”；子、丑、寅、卯、辰、巳、午、未、申、酉、戌、亥称作“十二地支”。十干和十二支依次相配，组成“六十甲子”。在天、地、人之起始问题上，谓“天开于子，地开于丑，人生于寅”[1]。（二）“四缘”为：1. 因缘。产生结果的主要条件为“因”，次要条件为“缘”。唯识学认为，眼睛要看清东西，须具备十个条件，即眼根、境（对象）、空间、明（光波）、眼识（见的种子）、作意（注意）、根本依（阿赖耶识）、染净依（末那识）、分别依（意识）和等无间缘[2]。“六因”之中，除了能作因，其它五因均为因缘。2. 等无间缘。又称“次第缘”，当前念的心、心所将消散时，会生起后念的心、心所的缘。此前念的心、心所，即是“等无间缘”。例如，以种子灭尽的缘，立即生出苗芽。3. 所缘缘。指心所攀缘的境界，即认识的对象。心是能缘，外境是所缘。所缘，乃心法生起的缘，即“所缘缘”。4. 增上缘。不妨碍或有助于他法的产生。就缘体之广大来说，一切法都是增上缘。史铁生一定深谙此理，他说：“我常以为是丑女造就了美人。我常以为是愚氓举出了智者。我常以为是懦夫衬照了英雄。我常以为是众生度化了佛祖。”[3] 就心用之广大而言，乃一切有为法之增上缘。所谓“心外无物”、唯意志主义抑或主观能动性，其所强调的实乃意识的反作用。

---

[1] 徐子平：《渊海子平》，北京：中医古籍出版社 2012 年版，第 1～2 页。

[2] 道安：《空的哲理》，北京：东方出版社 2015 年版，第 23 页。

[3] 史铁生：《我与地坛》，北京：人民出版社 2011 年版，第 16 页。

（三）“五果”是：1. 增上果。指依能作因的增上力所得的结果。2. 士用果。指人使用工具所创造的事情和结果。3. 等流果。又称“依果”，指由同类因和遍行因所生的果。后起的果在性质上与前因相似谓“等”，果依因而生谓“流”。4. 异熟果。又称“报果”，指由异熟因所招感的果报。异熟因与异熟果之关系，我想可从模态上区分六种可能，即，好心办好事[1]、好心办坏事、好心办非好非坏事；坏心办坏事、坏心办好事[2]、坏心办非好非坏事。5. 离系果。指通过修习佛法，离开一切烦恼的系缚，超脱生死轮回，归于涅槃。五果之中，“离系果”是无为果，其余四果是有为果。这一因果论体系所要阐明的中心问题是：作恶业而引起生死轮回，作善业而引向寂灭涅槃。要言之，小乘因果理论是佛教逻辑的精致化。

包括小乘因果理论在内，无论是老子的“人道—天道”之两种道德说，冯友兰的“自然境界—功利境界—道德境界—天地境界”之人生四境界说，抑或柏拉图的“现象—理念”之两重世界说、克尔凯戈尔的“审美—伦理—宗教”之人生道路三阶段说，中西哲学，千言万语，其所要解释和解决的，无非是现实与理想[3]的冲突和矛盾。

---

[1] 当为孟子、柏拉图及亚当·斯密之学说的出发点。

[2] 当为荀子、奥古斯丁及马基雅维利之学说的出发点。

[3] 现实和理想之关系，实可从四因说中的“质料因”与“目的因”的关系来理解。

四

关系万千重。对人而言，关系的范围无外乎“人与自然”、“人与社会”和“人与自身”的关系。如何沟通三者的关系，此中的选项非常有限。除了直接诉诸低下的生产力之改造，面对强大的自然力量，古人往往是迂回地借助梵音、符咒或香供、灯供之媒介来实现“三界”[1]的沟通，冲破天、地、人之间的壁垒和障碍。早在佛教创立之前，上古的婆罗门教和密教都认为，念诵咒语可以与天神的心灵直接感应而发生效力。密宗称持咒为“持明”，认为以身、口、意三密结合，就能取得法性光明的圆满成就。《密教通关》一书说：“盖口诵明，手结印，意念本尊，三业相应，圆成各种事业也。”《礼记·大学》提出：“大学之道在明明德。”朱熹解释说：“明德者，人之所得乎天而虚灵不昧，以具众理而应万事者也。”[2]在现代西方哲学中，逻辑实证论者基于二分法把语言区分为科学语言和情感语言，认为形而上学、道德、宗教语言都属于情感语言。唐君毅则强调文学语言属于情感语言，形而上学、道德、宗教语言属于启发语言（heuristic language)。根据牟宗三的解释：“这个启发语言，就如大学中所说的‘大学之道在明明德’，也好像佛家讲无明，从无明变成「明」，它是表示我们生命的 enlightment，使我

[1] 佛家所指的“三界”，一般是指欲界、色界、无色界。道家所指的“三界”，一般是指天、地、人。

[2] 朱熹：《四书章句集注》，北京：中华书局 1983 年版，第 3 页。

们的生命明。”[1] “发明”和“启蒙”，可谓是构成互文的两个词。

“世界观”一词，向来广为人知，据说即使文盲也有自己的世界观。至于究竟何为“观”的对象，根据印度教，其观法不外乎两种：一是观想心外的对象，此为“客观”，当中又分为：A. “声观”，即念诵“奥姆真心喜梵”，并沉思其含义（不二梵）；B. “相观”，即观想与梵相关的有形事物（如梵天、湿婆像），并沉思其本质（至上梵）。二是观想心内的对象，此为“主观”，即通过对心内对象的观想，如依次观想心为莲花苞、虚空相、觉谛相，以期悟入梵，甚或直接证会梵。

《“唵”声奥义书》即是对ॐ（OM，唵）的观想，属于声观[2]。传说，在“梵天”创造中，梵文便体现着一种“音”与“义”的基始性关系。它的每个字母都代表了一种力量源泉，因此在修炼的时候总会冥想着梵文字母。作为宇宙元音，“OM”表示宇宙之初的“嗡嗡”振动。海德格尔说：“语言是存在的家，正如云是天上的云一样。”[3] 在日语中，称呼物所发声音为“音”，人所发声音为“声”。说“由‘因由’句生成的‘原因’就是‘因由’句的‘音’，由‘因由’句生成的‘理

[1] 牟宗三：《中国哲学十九讲》，长春：吉林出版集团有限责任公司2010年版，第26页。

[2] ॐ，在字形上与“元”字神似，其被称作“宇宙元音”。

[3] 海德格尔：《海德格尔选集》，孙周兴选编，上海：上海三联书店1996年版，第406页。

由’就是‘声’”[1]，这与前述“‘天文’、‘天道’是‘原因’的家……‘人文’、‘人道’是‘理由’的家”是一致的。正如灵魂（spirit）一词的本义是“呼气”，其必定与“音”相纠缠。“唵！此声，此宇宙万有也。……凡过去者，现在者，未来者，此一切皆唯是唵声。其余凡超此三时者，此亦皆唯是唵声。此一切皆是大梵，此自我即是大梵。”[2]“彼为万有之主，为遍知者，为内中之主宰，为万物之胎藏，为存在者之始、卒。”[3]“以声（唵）合瑜伽，无声思至上，无声以观照，是‘有’非‘无’想。”[4]“不灭之‘唵’声，是‘超上大梵’，声已销歇时，彼自不销逝。”[5]该书认为，对大梵“OM”的正确敬思，即是同时敬思“A、U、M”三音，其分别代表空、天、地三界或梵天、毗湿奴、湿婆三大主神。基于“OM”声由“A、U、M”三音合成，如果各自分离地敬思“A、U、M”三音，则仅能得生死之果报，不能脱离轮回。若只敬思其中之一，死后投生人间善处；若同时敬思其中二者，则入月宫之后再返人间；若敬思全部三者，则通过天神道入于梵。盖大梵是

[1] 一之濑正树：《原因与理由的迷宫——因由哲学》，东京：劲草书房2006年版，第11页。

[2]《五十奥义书》，徐梵澄译，北京：中国社会科学出版社2007年版，第518页。

[3]《五十奥义书》，徐梵澄译，北京：中国社会科学出版社2007年版，第519页。

[4]《五十奥义书》，徐梵澄译，北京：中国社会科学出版社2007年版，第600页。

[5]《五十奥义书》，徐梵澄译，北京：中国社会科学出版社2007年版，第601页。

超越过去、现在、未来三时，是包含并超越醒位、梦位、熟眠位之三位的全体，只有三声合用，才成其为大自在、存在全体（sarvatmatva）。“OM”是内在与超越、相对与绝对、有相与无相、有德与无德、现象与本体的统一。1. “A”（阿）的发音是Ah，它是所有声音的开始，代表着宇宙的创造力及宇宙万物，它将宇宙与我们自己相连接，使人下腹部感受到声音的共鸣。此为“醒位”，代表创造神位于腹轮。2. “U”（乌）的发音是Ooh，意为集中宇宙间的能量以及思绪的轻微感受于自身，它让我们察觉到内心知觉的强大，使人腹腔神经丛感受到震动。此为“梦位”，代表守护神位于心轮。3. “M”（门）发音是Mmm的收口音，意为宇宙的能量与自己的思想、信仰的合一，它让人意识到自己的独一性，启发我们慢下来去感受与天地万物的联系，使人感受头顶的震动。此为“熟眠位”，代表大梵天位于顶轮。第四半音，为鼻音之收声，为梵文ॐ（OM）字上的圆点，称作“声点”。此为至上位（tunya，第四位），代表连结上述“A、U、M”三音的无音（amatra）。

《瑜伽经》强调，重复的念诵OM并深思其涵义，可扫除内心一切的障碍，到达三摩地[1]。OM被称作所有唱颂中最有力量，最能抚慰人心，最有益于身体和心灵的声音。此所谓“闻声入道”。盖作为绝妙的声波疗法，OM的共鸣腔，或在额头，或在喉咙，或在丹田，它的振动可直接按摩那附近的脉轮（Charkra），让人感受到“我存在、我感知、我愉悦”的内心平

[1] 三摩地，意为“正定”。

和。在现代西方哲学家中，尼采深受印度哲学的影响。在《悲剧的诞生》一书中，他论证了古希腊悲剧由“音乐的精神”演化而来，在黑暗而非理性的狄俄尼索斯（酒神）冲动中燃烧着悲剧的精髓。当这种冲动被日神阿波罗谨严的秩序规训，便诞生了埃斯库罗斯和索福克勒斯这般伟大的悲剧诗人。然而在欧里庇得斯的戏剧中，理性主义倾向日渐显明，苏格拉底主义占据主导地位，渐渐扼杀了古希腊悲剧的创造性冲动。在该书第20—25章，他试图把酒神精神与瓦格纳的音乐精神有机地联系起来。此后不久，尼采开始意识到瓦格纳一步步地屈服于他所最轻蔑的一切东西，卧倒在基督教的十字架前。在《瓦格纳事件》一文中，尼采径直把瓦格纳称作与“狄俄尼索斯”精神的艺术家正相反的“颓废”精神的艺术家。

起初，“OM”音衍生为“唵（ōng）、阿（ā）、吽（hòng）”三字咒，其意分别为“永恒常住，不生不灭，不垢不净，不增不减，遍满法界”、“无量无边，无际无尽，生生不息，开发光明”、“无边威德，无漏果圆，无上成就，迅速成就”；继而，扩展为“唵（ōng）、嘛（mā）、呢（nī）、叭（bēi）、咪（mēi）、吽（hōng）”六字咒。至于梵音的声调，也是有讲究的。如在净土宗开创者慧远和善导主张称名念佛即“南无阿弥陀佛”就能往生西方极乐世界的基础上，印光大师创立的“六字四声念佛法”，其要点在于六字四句“南无阿弥陀佛”中“阿”之四声的依次变化。

依《汉语大词典》的解释，咒语是“旧时僧、道、方士、神巫等施行法术时所念的口诀”。据《说文解字》记载：“祝者咒也”。道教有所谓“临兵斗者，皆阵列前行”九字咒，以及“急急如律令”之类。“咒”是否与“唵”声同源，目前未见确切的考证。传统上，认为道教的咒语起源于古代巫祝，盖黄帝时设有官职“祝由”（又名“咒由”），即用语言向神明发誓，告诉神明要求惩罚恶人。在电影《功夫》中，包租婆、琴魔就拥有以声音制人、杀人的超能力，后者复被前者以洪钟放大的狮吼功反杀。在西方，据说用拉丁文念咒语就有效果，通常以冰、水、火、风、大地等为祈求对象，借助诸如“冰结封灭阵”、“水神怒吼”、“灭绝众生之雷”、“疾风招来”及“土之城邦”之类的咒语，召唤超自然的力量。

道家有所谓“嘘（xū）、呵（hē）、呼（hū）、呬（xì）、吹（chuī）、嘻（xī）”之“六字诀”养生功，据说时常诵之而有调理内脏之功效，可谓与“唵”声奥义书理一分殊。其诀主张，1. 肝属木，“嘘”气为泻，吸气为补。2. 心属火，“呵”气为泻，吸气为补。3. 脾属土，“呼”气为泻，吸气为补。4. 肺属金，“呬”气为泻，吸气为补。5. 肾属水，“吹”气为泻，吸气为补。6. 三焦属气，“嘻”气为泻，吸气为补。练习时，做到口呼鼻吸，呼气时读字而不发出声音；呼气平稳而绵长直到无气可呼为止；然后闭口以鼻吸气……

据说，孔子当年编有《诗》《书》《礼》《乐》《易》《春秋》。惜乎，作为“六经”和“礼乐制度”之一的“乐经”今已失传。倘非如此，必定存有不亚于“唵”声奥义书之大论。除了《诗经》之音乐曲调亦已失传，从楚辞、汉赋到唐诗、宋词都是可以唱的，都有音乐曲调。有人认为，宋朝以前发明创造之所以层出不穷的原因之一，在于人们懂得音乐不仅有调理内脏的修身功效，而且还有发聋振聩的开智功能。

不过，也有与之不同的观点。其代表人物，当推作为“竹林七贤”之一的嵇康。他站在老庄哲学的立场所作《声无哀乐论》，对音乐的哀乐、教化和美学的存在给出了否定的回答，强调“心之与声，明为二物”，音乐是客观存在的音响，哀乐是精神触动之后而产生的感情，二者之间并无因果关系。在这一问题上，日本江户中期儒学家荻生徂徕实与嵇康殊途同归。荻生徂徕极端推崇中国的尧、舜、禹、汤、文、武、周公这七位圣人的“先王之道”。他强调先王的“制作”，主张“天人之分”，截断了朱子学那里“自然”与“道德”的连续性。荻生徂徕从直接反对伊藤仁斋、间接反对朱熹起步，其在日本哲学史的地位和影响，恰又有如朱熹之于新儒家。

当然，嵇康的意义，主要不在于该文所得的结论，而在于其以文学的形式提醒我们，任何关于源头的探讨，皆可能陷入“奥卡姆剃刀”的境地。而这，正是因由哲学之魅力所在。这是因为，从前述时间的原理来看，“剃刀”所指向的时段乃是“现在”，它始终无法切入诸如新冠肺炎之“0号病人”所指向的“过去”及“未来”。“0”，有似《道德经》第四十章所谓“天下万物生于有，有生于无”中的“无”，“无”并非“没有”。从历史来看，“0”（梵文：Sunya，音译“舜若”，意译“空”）最早出现于公元前2500年左右的印度古典《吠陀》中，表示“空”的位置，它反映了佛教空宗所强调的“一切皆空”之命题，是佛教认识万事万物的根本出发点（原点）。在时间的序列中，

“无”（0）是“过去”（和“未来”）。“有”（>0）是“现在”。魏晋玄学中的“贵无”、“崇有”抑或“独化”之争，实可还原为“时间”之争。实际上，对于这场争论，海德格尔的《形而上学导论》开宗明义地以“究竟为什么在者在而无反倒不在”之反诘，遥相呼应地表达了他对此类问题的态度。“形象”和“抽象”之别，亦可还原为“时间”之别。事实上，西方之帕斯卡尔、施莱格尔、克尔凯戈尔、伏尔泰、海德格尔、萨特、加缪、马尔库塞，东方之庄子、嵇康、泰戈尔、纪伯伦，这些思想大师，都可谓之为“诗人哲学家”。

五

世界是一个复杂系统。通用汽车公司收到了一封投诉信，说只要开着这辆车去买香草味的雪糕，就无法再次启动。但如果是买其他口味的雪糕呢，就可以再次启动，这简直不合逻辑！于是公司派了一个工程师去调查原因。经过三天跟踪调查，原来是发动机有堵塞，散热出了问题。买香草味的雪糕时间比较短，自然散热还不够充分，所以汽车无法再次启动，而买其他口味则耗费时间比较长，散热充分。十八世纪以来，随着科学的发展，人类探索了越来越多的因果关系。越来越多人认为这个世界是毫无例外地符合因果率的，或者说因果率是必然存在的，只不过说有部分的因果关系我们还没有探究出来而已。这种观点，有一个统一的名称叫“可知论”。可世界的真相是，有大量的事情不符合因果率，而具有不确定性、不可测、真随机的特点。比如说湍流，它是气体或液体的一种不规则的随机运动状态，它是真随机的状态，它是无法预测的。经典的三体问题，也是如此。所有的复杂系统都具有真随机性，因为复杂系统存在高度的分形[1]结构，而分形结构的变化是呈指数级上升的，其变化的可能性具有无穷多种，它意味着这类事情是不可测的。这个世界，除了有大量的事情符合因果率，还有大量的事情具有不确定性。我们与病魔做斗争，如果只用因果率的思维（治已病）去跟病魔做斗争，那会输得很惨。而中医对于不确定性提出了一个很好的方法论，那就是升一个维度，从整个系统去考虑解决方案。我们既需要尊重因果率，用科学的精神去研究，也要用中医的系统性思维（治未病）去应对不确定性。

马有多少颗牙齿？这个问题看似非常简单，但在1432年却引发了一场非常激烈的争吵。一群修士连续争吵了十三天，修

---

［1］ 1973年，芒德勃罗（B. B. Mandelbrot）在法兰西学院讲课时，首次提出了分形（Fractal）的设想。此词源于拉丁文形容词fractus，对应的拉丁文动词是frangere（“破碎”、“产生无规碎片”）。此外与英文的fraction（“碎片”、“分数”）及fragment（“碎片”）具有相同的词根。分形具有不规则、支离破碎等意义，通常被定义为“一个粗糙或零碎的几何形状，可以分成数个部分，且每一部分都（至少近似地）是整体缩小后的形状”，即具有自相似的性质。芒德布罗是想用此词来描述自然界中传统欧几里德几何学所不能描述的一大类复杂无规的几何对象。例如，弯弯曲曲的海岸线、起伏不平的山脉，粗糙不堪的断面，变幻无常的浮云，九曲回肠的河流，纵横交错的血管，令人眼花缭乱的满天繁星等。它们的特点都是，极不规则或极不光滑。关于分形概念的重要性，物理学家惠勒强调指出：谁不知道熵概念就不能被认为是科学上的文化人，将来谁不知道分形概念，也不能称为有知识。

士们大量引用各种典籍、编史，依然无法讨论出结果，最终由哲学家培根结束了这次争吵。他的方法也很简单，就是直接去数一数马的牙齿究竟有多少颗就行了。这就是著名的培根马故事。我们现实生活中依然充斥着各种反智的言论。其实很多反智的言论只要稍微地去归纳一下事实，很容易就会被打破。从培根开始，归纳法所代表的实验科学成为当时科研范式的1.0版本。但是，人们很快就发现了归纳法的漏洞。罗素讲了一个火鸡农场的故事，农场主每天十二点都会去给农场里面的火鸡喂食。于是火鸡里面的科学家就提出了一个原理，叫中午十二点喂食原理。但直到感恩节的那一天，十二点迎来的不是喂食，而是屠宰。这说明归纳法并不能很好地揭示事物的发展规律，于是在归纳法的基础上加上逻辑推理，建立模型并加以实验验证。从伽利略、笛卡尔、牛顿等人开始，这种模型科学成为科研范式的2.0版本，现代物理学都是建立在这一基础上。随着电脑技术的发展，电脑越来越广泛地应用于科研实践中，形成了3.0的模拟科学，以及4.0版本的大数据科学。而目前科研普遍采取的流程是，先明确研究目标，再收集经验以及专业知识，再制定计划并实施从而得出样本，对样本进行检测以及分析。从科研范式的1.0到4.0版本，可以说都是基于还原论的思想。还原论，是与整体论相对的思想。还原论的观点认为，事物的整体等于事物各个组成部分之和。事物由各个组成部分组成，只要研究清楚各个组成部分，那整体就研究清楚了。问题是，整体具备的一些属性，无法通过研究各个组成部分而研究清楚。比如说像素成像，无法通过研究每一个单独的像素而去明白整体。复杂系统具有非线性、涌现的行为特点。它们可能以不同方式响应相同的输入，这取决于它们的状态或上下文。复杂系统的特征并非来自其隔离状态的组成成分，而是由它们在系统中放置的相互作用、依赖性、或它们形成的关系而导致。复杂系统是基于整体论的思想而展开的一个研究领域，目前尚未形成统一的复杂系统的科研方式。钱学森先生认为，对于复杂系统的研究，应该从定性到定量，从宏观到微观。但是，这一思路仍处于一个很粗糙的阶段，并没有具体到流程。科学研究历经实验科学、模型科学、模拟科学、大数据科学之迭代，目前亟需科研范式的创新。可以预见，因由哲学与复杂系统的相向融合，是探寻哲学理论创新和科研范式创新的可靠路径。

*

此次，受直江清隆教授之邀作为日本东北大学访问研究员，使得有相对集中的时间来修改本书译稿，在此向直江先生表示感谢。东华大学沈佩翔博士、我院吴凡明教授和上海三联书店责任编辑徐柯（徐建新）老师，在译稿的校对、编辑和出版方面给予了诸多帮助、关心和支持，在此一并表示感谢。

邓习议

2021 年 3 月 16 日初稿于湖州

2022 年 9 月 6 日修改于仙台

图书在版编目（CIP）数据

原因与理由的迷宫：因由哲学/（日）一之濑正树著；邓习议译．—上海：上海三联书店，2023．11
ISBN 978-7-5426-8248-2

Ⅰ．①原…　Ⅱ．①一…②邓…　Ⅲ．①原因和结果—研究
Ⅳ．①B025．5

中国国家版本馆 CIP 数据核字（2023）第 181996 号

原因与理由的迷宫——因由哲学

著　者 /〔日〕一之濑正树
译　者 / 邓习议

责任编辑 / 徐建新
装帧设计 / 吴　昉
监　制 / 姚　军
责任校对 / 王凌霄　原梦雅

出版发行 / 上海三联书店
（200030）中国上海市漕溪北路 331 号 A 座 6 楼
邮　箱 / sdxsanlian@sina.com
邮购电话 / 021-22895540
印　刷 / 上海惠敦印务科技有限公司

版　次 / 2023 年 11 月第 1 版
印　次 / 2023 年 11 月第 1 次印刷
开　本 / 890 mm×1240 mm　1/32
字　数 / 200 千字
印　张 / 9.75
书　号 / ISBN 978-7-5426-8248-2/B・864
定　价 / 78.00 元

敬启读者，如发现本书有印装质量问题，请与印刷厂联系 021-63779028